2019年湖北省社科基金一般项目（后期资助项目）"公平视问题研究"（项目编号：2019195）

徐 璐 著

农民工随迁子女教育问题研究

NONGMINGONG SUIQIAN ZINÜ
JIAOYU WENTI YANJIU

知识产权出版社
全国百佳图书出版单位
—北京—

图书在版编目（CIP）数据

农民工随迁子女教育问题研究/徐璐著. —北京：知识产权出版社，2024.11.
ISBN 978-7-5130-9561-7

Ⅰ.G52

中国国家版本馆 CIP 数据核字第 2024UP1701 号

责任编辑：韩婷婷　王海霞　　　　　　责任校对：谷　洋
封面设计：乾达文化　　　　　　　　　　责任印制：孙婷婷

农民工随迁子女教育问题研究
徐　璐　著

出版发行	知识产权出版社 有限责任公司	网　　址	http：//www.ipph.cn
社　　址	北京市海淀区气象路 50 号院	邮　　编	100081
责编电话	010-82000860 转 8790	责编邮箱	93760636@qq.com
发行电话	010-82000860 转 8101/8102	发行传真	010-82000893/82005070/82000270
印　　刷	北京中献拓方科技发展有限公司	经　　销	新华书店、各大网上书店及相关专业书店
开　　本	720mm×1000mm　1/16	印　　张	13
版　　次	2024 年 11 月第 1 版	印　　次	2024 年 11 月第 1 次印刷
字　　数	235 千字	定　　价	79.00 元
ISBN 978-7-5130-9561-7			

出版权专有　侵权必究
如有印装质量问题，本社负责调换。

序

改革开放以来，我国经济体制、社会结构和城镇化发展水平发生了巨大变化。1978 年我国城镇化率为 17.92%[①]，2023 年常住人口城镇化率为 66.16%[②]。国家统计局抽样调查结果显示，2022 年外出农民工（农村户籍人口中外出务工的劳动力）总量为 17190 万人[③]，即农民工已经构成流动人口的主体。研究表明，我国人口流动大致要经历以下四个阶段：个人外出流动、夫妻共同流动、核心家庭流动和扩展家庭流动，目前我国流动人口家庭化发展正处于从第二阶段向第三阶段过渡的时期。这意味着伴随着城镇化发展，今后将会有更多的儿童加入流动人口行列。

教育不仅关系国家兴衰，亦紧系家庭福祉。科尔曼（Coleman）将教育机会均等从受教育起点均等、过程均等，拓展到学业成就均等。教育公平问题，不仅是指教育机会的公平，教育过程与结果的公平同样重要。在以"两为主""两纳入"为主导的随迁子女教育政策框架下，随迁子女"有学上"的问题基本得到了解决，"上好学"成了农民工家庭对子女教育的新诉求。"两为主"政策有待进一步深化，以解决农民工子女教育发展中更深层次的矛盾。当农民工子女教育从"有学上"向"上好学"（享受公平优质教育）和"多上学"（义务教育后就地升学）转变时，从教育公平的视角审视我国教育发展的城乡差异，探索推进农民工子女接受公平教育的政策措施，保障农民工随迁子女在城市公平接受教育，构建起适应人口流动和社会融合的体制机制，已是我国社

---

① 国家统计局. 沧桑巨变七十载　民族复兴铸辉煌：新中国成立 70 周年经济社会发展成就系列报告之一 [EB/OL]. (2019 – 07 – 01) [2024 – 05 – 25]. https：//www.stats.gov.cn/sj/zxfb/202302/t20230203_1900355.html.

② 国家统计局. 中华人民共和国 2023 年国民经济和社会发展统计公报 [EB/OL]. (2024 – 02 – 29) [2024 – 05 – 25]. https：//www.gov.cn/lianbo/bumen/202402/content_6934935.htm.

③ 国家统计局. 2022 年农民工监测调查报告 [EB/OL]. (2023 – 04 – 28) [2024 – 05 – 25]. https：//www.stats.gov.cn/sj/zxfb/202304/t20230427_1939124.html.

会发展的当务之急。

本研究利用大规模调查问卷和标准化测试的量化数据,以及个别访谈的质化资料,对义务教育阶段农民工随迁子女的教育问题进行了探讨。基于教育公平的理论视角,从教育起点、教育过程和教育结果出发,分别考察农民工随迁子女在"入学机会""学习适应性""学业成绩"三个方面的表现及其影响因素。实证研究的主要结论如下:

第一,从教育起点来看,农民工随迁子女选择不同类型的学校就读代表了入学机会的差别。公办学校在生均教育经费、生师比、师资质量、教学质量、社会声誉等方面均优于民办打工子弟学校,这意味着就读于公办学校的学生在入学机会上优于就读于民办打工子弟学校的学生。通过二元 Logistic 回归分析发现,在影响农民工随迁子女就读学校类型的个体因素中,独生子女、本地生活年限越长的随迁子女就读公办学校的可能性越大;从家庭因素来看,父母学历、父母职业、家庭社会网络均对学生就读公办学校有显著正向影响。在控制儿童个体因素与其他有关家庭背景变量的前提下发现,家庭社会网络对随迁子女获取不同入学机会有显著正向影响。进一步分析发现,其中真正发挥作用的是家庭社会网络的质量而非数量,其作用机制可能是,高质量的家庭社会网络为农民工家庭提供了更多的信息渠道和外部支持,进而帮助其子女获得更好的入学机会。

第二,从教育过程来看,随迁子女的学习适应状况是对学校受教育过程的直接反映。通过两水平分层模型分析发现,随迁子女学习适应性的差异有82.1%来自学生个体和家庭因素,17.9%来自班级因素。从个体因素的影响来看,小学生的学习适应性显著高于初中生,随迁子女的人际互动状况对其学习适应性有显著影响,同伴关系(好友数)越好,师生关系(感知到教师的关注)越好,越有利于提高其在学校的学习适应性。从家庭因素来看,家长的教育参与,包括陪伴子女开展文化活动和督促子女学习对随迁子女的学习适应性有显著促进作用。从班级和学校因素来看,教师对随迁子女的接纳度越高,学生的学习适应性越好;公办学校学生的学习适应性显著高于民办学校学生。

第三,从教育结果来看,随迁子女学业成绩是教育产出的重要衡量指标。采用两水平线性模型探讨随迁子女个体及家庭、班级和学校因素对学业成绩的影响发现,语文、数学和英语成绩差异来自学生个体及家庭的因素分别为57%、59%和38%。在学生个体因素中,性别、流动经历、学生交流网络均对学业成绩有显著影响。其中,女生在语文和英语成绩上的表现比男生好,男生则数学成绩更优；转学次数和跨省流动均对学业成绩有负向影响；学生的交流网络中，与家长建立的讨论网对语文、数学和英语成绩有较大的提升作用。在学生家庭因素中，家庭社会经济地位（SES）对语文和数学成绩有显著正向影响；家庭社会网络对语文和数学成绩有显著提升作用；家长陪伴对语文和英语成绩有显著影响；家长教育期望越高，子女的语文成绩越好。在班级与学校因素中，随迁子女比例与语文和英语平均成绩显著负相关；代表班级友好氛围的教师接纳度对语文成绩有显著正向影响；同时，学校类型也是影响学业成绩的重要因素，分析表明，公办学校在语文和数学成绩上显著高于民办打工子弟学校。

基于研究结论，本研究提出农民工家长应重视家庭中的教育参与，加强亲子沟通，积极扩展社会网络；学校应以促进融合教育为原则，加强家校互动；教师应构建多元文化的教育理念，平等地对待每一个学生，避免因出身和家庭背景的差异产生教育不平等；政策制定者应以维护教育公平为己任，创新教育供给模式，政府可向社会购买优质教育服务，满足随迁子女教育需求；进一步放宽随迁子女入学条件，尽快出台更加公平的异地中考、高考政策；等等。

目 录

第一章 绪 论 ………………………………………………………… 1
　第一节 研究问题 ………………………………………………… 1
　　一、时代背景 …………………………………………………… 1
　　二、政策背景 …………………………………………………… 6
　　三、问题的提出 ………………………………………………… 8
　第二节 研究意义 ………………………………………………… 10
　　一、促进农民工随迁子女教育公平 …………………………… 10
　　二、推动农民工随迁子女教育发展 …………………………… 11
　　三、拓展农民工随迁子女研究视野 …………………………… 11
　　四、促进农民工家庭的城市融合 ……………………………… 12

第二章 文献回顾 …………………………………………………… 13
　第一节 有关教育公平的文献 …………………………………… 13
　　一、有关教育公平的思想流派 ………………………………… 14
　　二、社会分层对教育公平的影响 ……………………………… 15
　　三、社会资本与教育获得 ……………………………………… 18
　第二节 有关随迁子女教育的文献 ……………………………… 24
　　一、入学问题研究 ……………………………………………… 25
　　二、教育过程研究 ……………………………………………… 28
　　三、学业成绩研究 ……………………………………………… 31
　第三节 研究述评 ………………………………………………… 39

第三章　研究设计 ································· 42
第一节　研究方法及数据 ····························· 42
一、研究范式选择 ································· 43
二、研究方法选择 ································· 44
三、计量模型选择 ································· 53
第二节　核心概念 ································· 58
一、农民工随迁子女 ······························· 58
二、入学机会 ····································· 60
三、学习适应性 ··································· 61
四、学业成绩 ····································· 62
第三节　研究框架与思路 ····························· 62

第四章　随迁子女入学机会影响因素研究 ················· 64
第一节　随迁子女学校选择的政策背景 ················· 65
一、"就近入学"政策与择校行为 ····················· 65
二、"两为主"政策与城市"入学门槛" ················· 67
第二节　随迁子女在城市学校的入学机会 ··············· 69
一、随迁子女就读学校类型的分布 ··················· 69
二、随迁子女入学机会之差异比较 ··················· 72
第三节　模型分析 ································· 78
一、理论模型 ····································· 78
二、研究假设 ····································· 79
三、模型构建 ····································· 82
四、分析结果 ····································· 86
第四节　本章小结及讨论 ····························· 89
一、研究结论 ····································· 89
二、分析与讨论 ··································· 90

第五章　随迁子女学习适应性影响因素研究 ··············· 95
第一节　随迁子女的学习适应状况 ····················· 96
一、随迁子女学习适应性的基本特征 ················· 96

二、随迁子女学习适应性的差异分析 …………………… 97
　第二节　随迁子女学习适应性的多层线性分析 …………… 100
　　一、研究假设 ……………………………………………… 100
　　二、变量选择 ……………………………………………… 105
　第三节　模型分析结果 ……………………………………… 107
　　一、零模型分析 …………………………………………… 108
　　二、加入第一层变量的随机系数模型 …………………… 109
　　三、加入第二层变量的完全模型 ………………………… 111
　第四节　本章小结及讨论 …………………………………… 115
　　一、研究结论 ……………………………………………… 115
　　二、分析与讨论 …………………………………………… 116

第六章　随迁子女学业成绩影响因素研究 …………………… 122
　第一节　随迁子女学业成绩描述分析 ……………………… 123
　　一、随迁子女学业成绩的总体表现 ……………………… 123
　　二、随迁子女学业成绩的差异性分析 …………………… 125
　第二节　研究假设与模型构建 ……………………………… 132
　　一、理论模型 ……………………………………………… 132
　　二、研究假设 ……………………………………………… 133
　　三、模型构建 ……………………………………………… 136
　　四、分析思路 ……………………………………………… 138
　第三节　研究分析结果 ……………………………………… 139
　　一、随迁子女语文成绩的分层分析 ……………………… 139
　　二、随迁子女数学成绩的分层分析 ……………………… 148
　　三、随迁子女英语成绩的分层分析 ……………………… 153
　　四、模型分析小结 ………………………………………… 161
　第四节　本章小结及讨论 …………………………………… 164
　　一、研究结论 ……………………………………………… 164
　　二、分析与讨论 …………………………………………… 166

第七章　研究结论与启示 ……………………………………… 168
　第一节　研究结论 …………………………………………… 168

第二节　有益建议 …………………………………………… 171
　　　一、家庭方面的建议 ………………………………………… 171
　　　二、学校方面的建议 ………………………………………… 174
　　　三、政策制定者方面的建议 ………………………………… 176

附　　录 ……………………………………………………………… 178

图目录

图1.1　我国城镇化率（1978—2023年） ………………………………… 2
图1.2　我国农民工规模及增速 ……………………………………………… 3
图1.3　义务教育阶段农民工随迁子女规模及学段分布 ……………… 4
图1.4　不同学段农民工随迁子女占本学段全国学生总数百分比 …… 5
图3.1　问卷调查抽样示意图 ……………………………………………… 46
图3.2　学生样本分布 ………………………………………………………… 48
图3.3　三种研究方法的运用情况 ………………………………………… 52
图3.4　研究框架 ……………………………………………………………… 63
图4.1　2010—2022年义务教育阶段随迁子女、留守儿童和
　　　　农民工子女在校生数 ……………………………………………… 71
图4.2　2010—2022年义务教育阶段随迁子女和留守儿童分别占
　　　　农民工子女在校生数的比例 …………………………………… 71
图4.3　2010—2022年进城务工人员随迁子女在公办学校就读比例 …… 73
图4.4　家庭社会网络三维度的结构位置示意图 ……………………… 82
图4.5　模型分析框架 ………………………………………………………… 82
图5.1　随迁子女学习适应性因子得分分布 …………………………… 97
图5.2　随迁子女学习适应性得分的城市比较 ………………………… 97
图5.3　随迁子女学习适应性模型分析框架 …………………………… 104
图6.1　父亲学历与随迁子女学业成绩 ………………………………… 128
图6.2　母亲学历与随迁子女学业成绩 ………………………………… 129
图6.3　父亲职业与随迁子女学业成绩 ………………………………… 129
图6.4　母亲职业与随迁子女学业成绩 ………………………………… 130
图6.5　随迁子女学业成绩分析框架 …………………………………… 135

表目录

表号	标题	页码
表3.1	量化研究与质化研究的比较	43
表3.2	调研样本分布情况（1）	46
表3.3	调研样本分布情况（2）	47
表3.4	农民工随迁子女样本基本情况	48
表3.5	城市教师样本基本情况	49
表3.6	学校样本基本情况	50
表3.7	HLM相关学者对样本数大小的建议	57
表3.8	政策文本中农民工随迁子女的称谓	59
表4.1	各城市义务教育阶段随迁子女入学政策	68
表4.2	四城市学校类型分布	75
表4.3	两类学校生均教育经费比较	75
表4.4	两类学校生师比比较	76
表4.5	两类学校专职教师年龄比较	76
表4.6	两类学校教师学历情况比较	77
表4.7	两类学校学生各科学业成绩比较	77
表4.8	两类学校社会声誉与区域氛围比较	78
表4.9	问题示例	85
表4.10	变量界定与测量	86
表4.11	影响农民工随迁子女就读学校选择的回归分析	87
表5.1	描述性统计资料	96
表5.2	随迁子女学习适应性的个体差异（独立样本 T 检验）（1）	98
表5.3	随迁子女学习适应性的个体差异（独立样本 T 检验）（2）	99

表 5.4	随迁子女学习适应性的群体差异（单因素方差分析）	99
表 5.5	不同父母受教育程度家庭的随迁子女学习适应性	99
表 5.6	不同父母职业得分家庭的随迁子女学习适应性	100
表 5.7	第一层变量界定与测量	107
表 5.8	第二层变量界定与测量	107
表 5.9	学习适应性零模型方差分析结果	109
表 5.10	随机系数模型参数估计结果（固定效应）	110
表 5.11	随机系数模型参数估计结果（随机效应）	111
表 5.12	固定效应估计结果	112
表 5.13	模型拟合优度比较	115
表 5.14	随迁子女与城市本地学生好友数量比较（独立样本 T 检验）	119
表 6.1	随迁子女各科平均成绩	123
表 6.2	四个城市随迁子女语文成绩	123
表 6.3	四个城市随迁子女数学成绩	124
表 6.4	四个城市随迁子女英语成绩	125
表 6.5	学业成绩的性别差异	125
表 6.6	是否在本地出生与学业成绩的关系	126
表 6.7	民族与学业成绩的关系	127
表 6.8	是否跨省流动与学业成绩的关系	127
表 6.9	是否为独生子女与学业成绩的关系	128
表 6.10	家庭社会经济地位与随迁子女学业成绩的关系	130
表 6.11	父母教育期望与随迁子女学业成绩的关系	131
表 6.12	父母辅导与随迁子女学业成绩的关系	131
表 6.13	第一层变量界定与测量	136
表 6.14	第二层变量界定与测量	137
表 6.15	随迁子女语文成绩零模型方差分析结果	140
表 6.16	随迁子女语文成绩随机效应模型参数估计结果（固定效应）	141
表 6.17	随迁子女语文成绩随机效应模型参数估计结果（随机效应）	143
表 6.18	随迁子女语文成绩完全模型的固定效应结果	145
表 6.19	随迁子女数学成绩零模型方差分析结果	148
表 6.20	随迁子女数学成绩随机效应模型参数估计结果（随机效应）	150

表 6.21　随迁子女数学成绩完全模型参数估计结果（固定效应）　………　151

表 6.22　随迁子女英语成绩零模型方差分析结果　……………………　153

表 6.23　随迁子女英语成绩随机效应模型参数估计结果（随机效应）　…　155

表 6.24　随迁子女英语成绩完全模型参数估计结果（固定效应）　………　157

第一章 绪 论

第一节 研究问题

一、时代背景

在中国式现代化发展进程中,"三农"问题及人口问题始终是党和政府面临的艰难问题,也是其工作的重中之重。农村剩余劳动力正是这两大问题的产物,而大规模农业人口流动则把城镇化、工业化、现代化有机结合在一起,为我国深化社会经济改革,加快工业化和城镇化进程注入强大动力。城镇化是指农村剩余劳动力不断向城镇转移,优质物质和人力资源不断向城镇聚集,从而导致城镇数量增加,城镇规模不断扩张,城市文化及生活方式扩散的一种历史过程。伴随城镇化发展和经济结构转型,我国城镇化率不断提高。1978年我国城镇化率为17.92%[①],2023年常住人口城镇化率为66.16%[②],城市人口年平均增长约1个百分点(见图1.1)。

毫无疑问,城镇化取得了巨大成就,已成为中国经济增长的主要动力。然而,学界对目前我国的城镇化水平有一定的争议,部分学者认为我国的城镇化水平被高估了。其依据主要有三个方面:其一,我国城镇化长期滞后于工业

[①] 国家统计局. 沧桑巨变七十载 民族复兴铸辉煌:新中国成立70周年经济社会发展成就系列报告之一[EB/OL]. (2019-07-01)[2024-05-25]. https://www.stats.gov.cn/sj/zxfb/202302/t20230203_1900355.html.

[②] 国家统计局. 中华人民共和国2023年国民经济和社会发展统计公报[EB/OL]. (2024-02-29)[2024-05-25]. https://www.gov.cn/lianbo/bumen/202402/content_6934935.htm.

化；其二，人口城镇化滞后于土地城镇化；其三，户籍人口城镇化滞后于常住人口城镇化或者说市民化。[1] 从统计层面来说，农民工及其家属占城镇人口的 10%~12%，但并不意味着他们享受了实际意义上的市民待遇。[2]

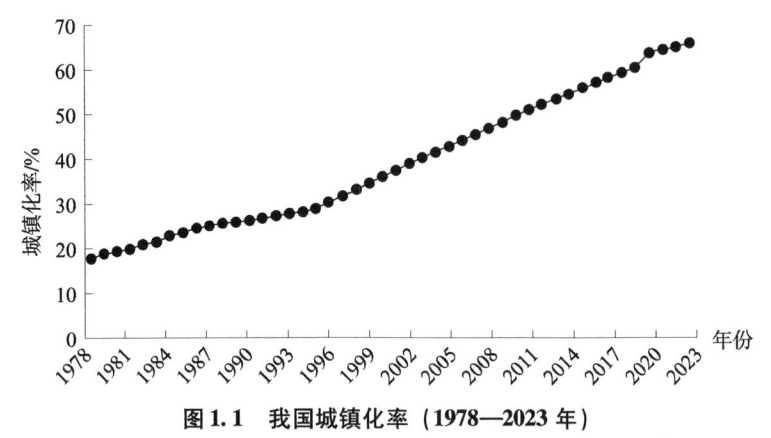

图 1.1 我国城镇化率（1978—2023 年）

注：图中原始数据来源于国家统计局网站历年《国民经济和社会发展统计公报》。

城镇化的难点在于人的城镇化，对于广大农民工群体而言，地域与职业的转换并没有带来身份和地位的转换，在户籍制度的限制下，大量农民工出现"就业在城市，户籍在农村；劳动力在城市，亲人在农村；收入在城市，积累在农村；生活在城市，根基在农村"的"半城镇化"现象，造成了巨大的社会代价。[3] 因此，新型城镇化建设的重点应是解决农业转移人口的"半城镇化"问题，通过改革户籍制度推动社会公平的实现，并完成农民工群体向城市市民身份的转换。

2020 年第七次全国人口普查数据显示，2020 年全国流动人口总量为 3.7582 亿人，占全国总人口的 26.62%[4]，相当于约 1/4 的人口处于流动状态；国家统计局抽样调查结果显示，2022 年外出农民工总量为 1.7190 亿人，比

---

[1] 中国人口与发展研究中心课题组，桂江丰，马力，等. 中国人口城镇化战略研究 [J]. 人口研究，2012，36（3）：3-13.

[2] 李强. 中国城市化进程中的"半融入"与"不融入" [J]. 河北学刊，2011，31（5）：106-114.

[3] 辜胜阻，刘江日，李洪斌. 中国城镇化的转型方向和配套改革 [J]. 中国人口科学，2013，(3)：2-9，126.

[4] 国家统计局，国务院第七次全国人口普查领导小组办公室. 第七次全国人口普查公报（第七号）：城乡人口和流动人口情况 [J]. 中国统计，2021（5）：13.

2021年增加18万人，增长0.1%。① 即农民工（农村户籍人口中外出务工的劳动力）已经构成流动人口的主体。图1.2展示了我国农民工规模及增速从2018年到2022年的变化趋势。数据显示，农民工数量在2020年有所下降，但在2021年迅速恢复，并持续增长至2022年。增速在2020年出现负增长后，于2021年达到2.4%的高峰，随后在2022年回落至1.1%。

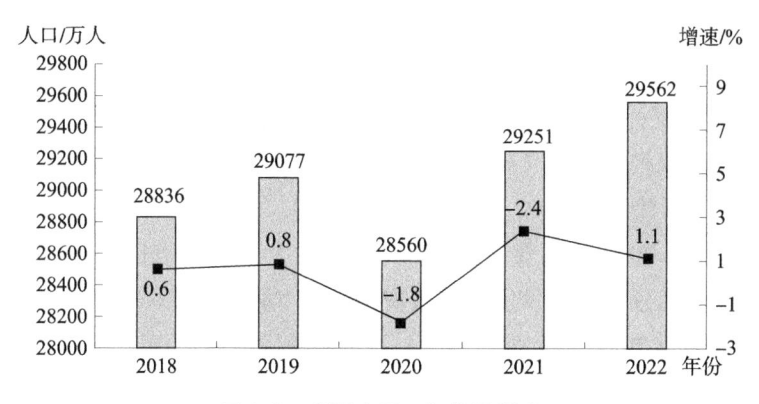

图1.2 我国农民工规模及增速

与此同时，农民工群体结构及流动方式也发生了重大变化。从流动结构看，新生代农民工（16~30岁农民工）占农民工群体的47.0%②；从流动方式看，与传统的临时性、钟摆式迁移不同，现在的人口流动呈现出"举家迁移"的特点。研究数据显示，2015年，流动家庭人口规模达2.61亿，比2013年增加了0.11亿，超过一半的家庭有3人或以上同城居住。③ 段成荣等提出，人口流动的家庭化过程呈现出四个阶段性特征：个人外出流动—夫妻共同流动—核心家庭化阶段—扩展家庭化阶段。在人口流动的第三阶段，如果经济条件允许，父母会将子女带在身边，让其在城镇学校接受教育。第四阶段是当流动家庭在流入地稳定生活下来后，进一步考虑将父母、老人带入城市定居。目前，我国流动的已婚青壮年多为夫妻一起流动，他们的未成年子女中，约3500万人随着父母流动，6100万人留守在老家。我国的人口流动正处于从第

---

① 国家统计局.2022年农民工监测调查报告［EB/OL］.（2023-04-28）［2024-05-25］. https://www.stats.gov.cn/sj/zxfb/202304/t20230427_1939124.html.
② 段成荣，马学阳.当前我国新生代农民工的"新"状况［J］.人口与经济，2011（4）：16-22.
③ 吕慈仙.异地高考政策是否削弱了歧视知觉对随迁子女城市文化适应的负面影响：基于国内若干个大中型城市的调查分析［J］.教育发展研究，2016，36（23）：22-33.

二阶段到第三阶段过渡的过程中。① 因此,随迁子女规模的不断扩大是该阶段人口流动的必然结果。

农民工"家庭化"迁移给城市带来了规模庞大的农民工随迁子女,且呈现出稳步增长的趋势。2020 年第七次人口普查数据显示,我国 0～14 岁的流动儿童规模为 5319 万人,占 3.8 亿流动人口的 14.00%,占全国 2.5338 亿 0～14 岁儿童的 20.99%。② 2010 年以来,教育部开始在历年《全国教育事业发展统计公报》中发布进城务工人员随迁子女的规模。通过对已公开发布的 2010—2022 年统计公报中随迁子女在城市就读情况的统计和计算,如图 1.3 所示,从总体规模上看,义务教育阶段农民工随迁子女在校生数量从 2010 年的 1167.18 万人增加至 2022 年的 1364.69 万人。其间,2010—2012 年在校生规模逐年增长,2012 年数量为 1393.87 万人,2 年累计增长近 20%。2013 年进城务工人员随迁子女在校生数量出现小幅度下降,为 1277.16 万人,随后又逐年增长,到 2020 年,达到 1429.74 万人。随后持续小幅下降,2021 年下降到 1372.41 万人,2022 年达到 1364.69 万人。③

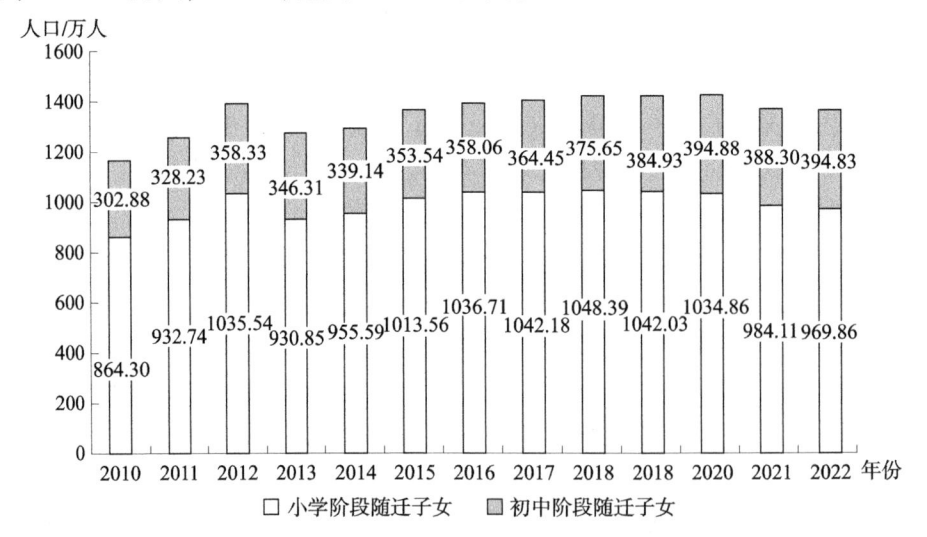

图 1.3　义务教育阶段农民工随迁子女规模及学段分布

---

① 段成荣,吕利丹,邹湘江.当前我国流动人口面临的主要问题和对策:基于 2010 年第六次全国人口普查数据的分析 [J]. 人口研究,2013,37(2):17-24.

② 韩嘉玲.中国流动儿童教育发展报告(2021～2022)[M].北京:社会科学文献出版社,2023:53-54.

③ 教育部.2010—2022 年全国教育事业发展统计公报 [R/OL]. (2023-07-05) [2024-05-25]. http://www.moe.gov.cn/jyb_sjzl/sjzl_fztjgb/.

其中，农民工随迁子女中小学在校生规模从2010年的864.30万人增长到2022年的969.86万人，涨幅约为12.2%。从初中阶段来看，农民工随迁子女中初中在校生人数从2010年的302.88万人，增长到2022年的394.83万人，涨幅约为30.4%。从义务教育阶段农民工随迁子女2010—2022年的总体规模变化趋势，以及小学和初中各自的变化趋势来看，随迁子女在小学阶段和初中阶段的变化趋势比较一致：均在2010—2012年逐年递增，2013年回落后再逐年递增，2021年下降。

图1.4反映的是2010—2022年，小学阶段和初中阶段随迁子女分别占本学段全国学生总数的百分比。从小学阶段来看，2010年农民工随迁子女小学在校生占全国小学在校生总数的8.69%，2022年达到9.06%[1]；从初中阶段来看，2010年随迁子女初中在校生占全国初中在校生总数的5.74%，2022年达到7.71%[2]。数据显示，随迁子女在小学阶段在校生人数在义务教育阶段所占的比例均高于初中阶段。这一分布特征和我国户籍制度捆绑的高考和中考政策有关，长期以来，农民工随迁子女在异地参加中考和高考受到户籍、学籍等条件的制约，即使在城市就读，依然需要返回农村老家参加中考和高考。

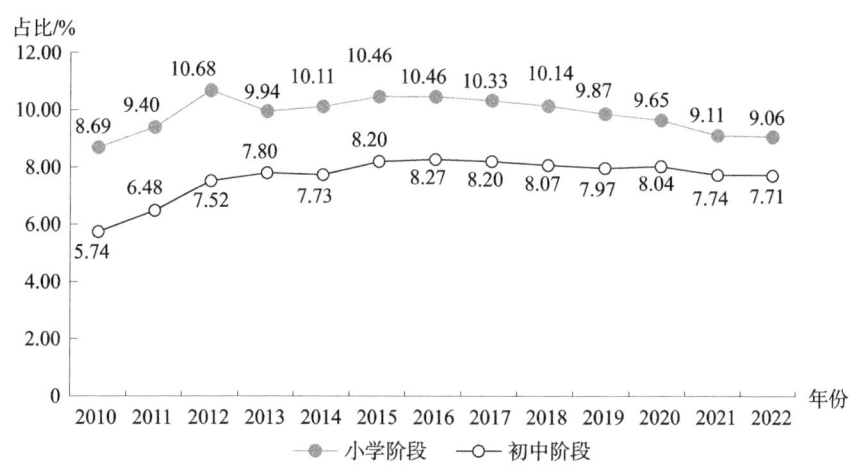

图1.4 不同学段农民工随迁子女占本学段全国学生总数百分比

---

[1] 教育部.2010年全国教育事业发展统计公报［R/OL］.（2012-03-21）［2024-05-25］. http：//www.moe.gov.cn/srcsite/A03/s180/moe_633/201203/t20120321_132634.html.

[2] 教育部.2022年全国教育事业发展统计公报［R/OL］.（2023-07-05）［2024-05-25］. http：//www.moe.gov.cn/jyb_sjzl/sjzl_fztjgb/202307/t20230705_1067278.html.

二、政策背景

这些学龄儿童的受教育权利和受教育需求给城市教育资源带来了较大影响。农民工随迁子女教育政策不仅是教育内部的制度安排,也与我国城镇化道路的战略选择以及政府对农民工群体的定位有密切关系。新中国成立以来,我国城镇化发展大致经历了四个阶段:起步期(1949—1965 年)、停滞期(1966—1977 年)、平稳期(1978—1994 年)和高速期(1995 年至今)。[1] 每个阶段的发展重心不仅是经济社会发展的规律使然,更体现了政府强大的调控力。政府从改革开放初期提出"严格控制大城市",2000 年后提出"多样性城镇化道路",2006 年后提出"城镇群作为推进城镇化的主体形态"[2],到党的十八大报告提出要增强中小城市和小城镇产业发展、公共服务、吸纳就业、人口集聚功能。从人口政策上看,改革开放以前,政府通过户籍制度严格限制农民向城市迁移;改革开放以后,制造业的兴起推动劳动力从农村向城市流动;20 世纪 80 年代,劳动力流动仍然受到户籍制度的约束;20 世纪 90 年代后,我国逐步推进户籍制度改革。[3]

随着城镇化的不断发展,政府对农民工劳动力的政策管控逐步放松,针对随迁子女的教育政策与此同步。通过梳理中央政府出台的针对流动儿童的一系列政策文本,可以看出流动儿童义务教育政策演变经历了"限制流入"阶段—"两为主"阶段—"两纳入"阶段—"两统一"阶段四个阶段。

(一)"限制流入"阶段(2001 年以前)

改革开放初期,我国城镇化道路的导向是严格控制大城市,通过创办乡镇企业,发展小城镇,从而解决农村剩余劳动力问题。1981 年国务院《关于严格控制农村劳动力进城做工和农业人口转为非农业人口的通知》明确指出农民工不能在城乡之间自由流动。在限制人口在城乡间自由流动的政策背景下,1998 年出台的《流动儿童少年就学暂行办法》明确提出,流动儿童少年常住

---

[1] 李浩,王婷琳. 新中国城镇化发展的历史分期问题研究 [J]. 城市规划学刊,2012 (6):4 - 13;武力. 1978—2000 年中国城市化进程研究 [J]. 中国经济史研究,2002 (3):73 - 82.

[2] 李强,陈振华,张莹. 就近城镇化与就地城镇化 [J]. 广东社会科学,2015 (1):186 - 199.

[3] 陆铭. 玻璃幕墙下的劳动力流动:制度约束、社会互动与滞后的城市化 [J]. 南方经济,2011 (6):23 - 37;孙文凯,白重恩,谢沛初. 户籍制度改革对中国农村劳动力流动的影响 [J]. 经济研究,2011,46 (1):28 - 41.

户籍所在地人民政府应严格控制义务教育阶段适龄儿童少年外流。这一时期，政府对流动儿童在流入地就读的政策以限制为导向，户籍是儿童接受义务教育的条件，由于户籍制度的限制，农民工所享有的包括子女教育在内的公共服务只能在户籍所在地实施。

（二）"两为主"阶段（2001—2009年）

2000年后，政府提出要发展多样性城镇化道路，"完善区域性中心城市功能，发挥大城市的辐射带动作用，防止盲目扩大城市规模"①。2001年发布的"十五"计划，提出均衡发展的教育理念，要求打破城乡分割体制，改革户籍制度，取消对人口流动的不合理限制。城镇化发展的战略调整进一步促进农民劳动力向城市流动，2001年5月出台的《国务院关于基础教育改革与发展的决定》首次提出解决流动人口子女义务教育的"两为主"政策，即以流入地区政府管理为主，以全日制公办中小学为主，采取多种形式，依法保障流动人口子女接受义务教育的权利。"两为主"政策的出台具有里程碑式的重要意义，明确了落实流动儿童受教育权利的责任主体是流入地区政府。随后，2003年出台的《关于进一步做好进城务工就业农民子女义务教育工作的意见》进一步落实了"两为主"政策，并在政府责任、规章制度、经费保障、接收渠道等方面做了具体规定。2006年修订的《中华人民共和国义务教育法》（以下简称《义务教育法》）以法律形式保障流动儿童免费接受义务教育的权利。至此，以"两为主"政策为起点的流动儿童义务教育政策体系逐渐完善。

（三）"两纳入"阶段（2010—2015年）

随着"两为主"政策的基本落实，随迁子女在城市接受义务教育的权利得到有效保障。高中阶段教育及就地高考问题逐步凸显，异地中考、异地高考成为流动人口新的利益诉求。2010年颁布实施的《国家中长期教育改革和发展规划纲要（2010—2020年）》提出了确保进城务工人员随迁子女平等接受义务教育，以及在当地参加升学考试的办法。2012年出台的《关于做好进城务工人员随迁子女接受义务教育后在当地参加升学考试工作的意见》要求，各地方政府要根据城市功能定位、区域产业结构布局和资源承载能力，综合考虑进城务工人员的就业、定居、参加社保、子女在当地就读年限等情况，确定随

---

① 李强，陈振华，张莹. 就近城镇化与就地城镇化[J]. 广东社会科学，2015（1）：186-199.

迁子女在当地参加升学考试的具体条件，制定具体办法。该政策提出了缓解流入地公办教育资源供求矛盾的多元途径。在该政策的指导下，截至2014年8月，全国有27个省份制定了随迁子女在当地参加中考的政策，30个省份出台了随迁子女在当地参加高考的政策。[1] 2014年出台的《国务院关于进一步推进户籍制度改革的意见》提出，逐步完善并落实随迁子女在流入地接受中等职业教育免学费和普惠性学前教育的政策。可以看到，上述政策将随迁子女的义务教育纳入各级政府教育发展规划和财政保障范畴（简称"两纳入"），在随迁子女在城市接受义务教育的权利得到保障后，流动儿童教育政策逐步向义务教育阶段的两端延伸，涵盖了随迁子女学前教育、异地中考、异地高考。

（四）"两统一"阶段（2016年至今）

2016年，国务院出台《关于统筹推进县域内城乡义务教育一体化改革发展的若干意见》，要求适应户籍制度改革要求，建立以居住证为主要依据的随迁子女入学政策，推动"两免一补"资金和生均公用经费基准定额资金可随学生流动（简称"两统一"）。2017年发布的《县域义务教育优质均衡发展督导评估办法》规定，符合条件的随迁子女在公办学校和政府购买服务的民办学校的就读比例不低于85%，并将这一指标作为衡量县域义务教育优质均衡发展的重要依据。2020年《关于进一步加强控辍保学工作健全义务教育有保障长效机制的若干意见》要求认真做好随迁子女就学工作，密切关注辍学学生的复学问题。《中华人民共和国国民经济和社会发展第十四个五年规划和2035年远景目标纲要》提出要保障农业转移人口随迁子女平等享有基本公共教育服务。在这一阶段，中央政府强化自身的分担责任，以缓解地方政府的管理和财政压力，同时进一步细化相关保障政策，更加关注随迁子女教育的过程公平和结果公平。

三、问题的提出

教育不仅关系国家兴衰，亦紧系家庭福祉。随着我国城镇化进入高速发展阶段，农民工核心家庭比例不断提高，学龄阶段的随迁子女规模也逐步扩大，随迁子女的教育问题愈发凸显。学界对随迁子女教育议题的研究与相关教育政

---

[1] 姚晓丹. 户籍改革如何推动教育公平［N］. 光明日报，2014-08-04（06）.

策的演变趋势一脉相承。在"两为主"政策尚未颁布之前，受户籍制度限制，农民工随迁子女在城市的受教育机会问题受到广泛关注，研究聚焦于教育机会公平问题，即随迁子女能否进入城市学校就读。2001年，"两为主"政策的出台在一定程度上打破了原有的义务教育属地化的管理体制造成的"制度区隔"，为随迁子女在城市接受义务教育的权利提供了政策保障。一些城市提出让农民工随迁子女享受"同城待遇"，让"流动的花朵共享一片蓝天"的口号。在此基础上，研究者对这一问题的关注应从最初的教育机会的公平，逐步拓展到农民工子女享受整体的教育公平问题。

科尔曼将教育机会均等从受教育起点均等、过程均等，拓展到学业成就均等。教育公平问题，不仅是指教育机会的公平，教育过程与结果的公平同样重要。如果将入学机会等看成是起点均等，那么，享受同等教育资源、教师对不同类型的学生一视同仁的态度等都可以看成是教育过程均等；而不同类型的儿童能够获得同等教育产出的机会，并能使儿童得以全面发展（包括学习成绩在内的心理、社会态度等的德智体美的全面发展），则可以被看成是教育结果的公平。学生受教育是一个连续的过程，随迁子女这一特殊群体在社会转型期面临的学校选择、入学后的学习状况以及学业表现等问题更应受到关注和重视。

一些针对随迁子女在城市就读的状况以及受教育结果的实证研究发现，尽管目前流入地政府已基本实施随迁子女入学"两为主"政策，但部分政府以屏蔽城市优质教育资源的方式剥夺了随迁子女接受优质教育的权利，这种有限度开放的行为无疑是另一道"隐性门槛"。即使在同一所学校中，少数学校存在单独编班、分校区的方式，阻碍随迁子女融入城市。研究表明，随迁子女的认知水平与本地儿童相比存在一定差距[1]，尤其是就读于民办农民工子女学校的随迁子女。[2] 在随迁子女在城市"入学难"的问题得到缓解后，其在城市面临的教育不公问题仍然存在。

在以"两为主""两纳入"为主导的随迁子女教育政策框架下，随迁子女"有学上"的问题基本得到了解决，"上好学"成了农民工家庭对子女教育的新诉求。尤其是从最新的流动人口发展趋势来看，农民工群体结构也在悄然发生变化，从农民工群体中分化出来的新生代农民工（也称为"第二代农民

---

[1] 周皓, 巫锡炜. 流动儿童的教育绩效及其影响因素：多层线性模型分析 [J]. 人口研究, 2008 (4)：22-32；中央教育科学研究所课题组. 进城务工农民随迁子女教育状况调研报告 [J]. 教育研究, 2008 (4)：13-21.

[2] 冯帅章, 陈媛媛. 学校类型与流动儿童的教育：来自上海的经验证据 [J]. 经济学（季刊）, 2012, 11 (4)：1455-1476.

工")群体规模庞大,其占农民工总量的比例逐年提升。根据第六次全国人口普查数据推算,1980年以后出生的新生代流动人口约占劳动年龄流动人口的半壁江山(49.9%),规模接近9000万人[1],其中绝大部分是农民工群体。调查表明,他们在子女教育质量、教育公平、城市教育等方面有较强烈的偏好。[2]

在上述政策背景和现实状况下,本研究关注的是农民工随迁子女的教育公平问题。我国学者探讨教育公平问题时,关注的常常是教育资源配置的不平衡和教育机会分配不均这两种主要的表现形式。然而事实上,教育内部的差异是十分多样化的,作为个体的受教育者及其家庭的差异也是千差万别的。因此,受教育状况的差异并不必然等同于教育不平等,与其说我们探讨的是是否"平等"的问题,不如说实质讨论的是造成差异的因素。具体到随迁子女教育的问题,本研究关注的是:①随迁子女入学机会及其影响因素;②随迁子女受教育过程中的学习适应性及其影响因素;③随迁子女学业表现及其影响因素。通过对随迁子女入学机会、受教育过程和教育产出三个阶段现状的研究,试图描绘随迁子女在城市受教育的相对完整的图景。

第二节　研究意义

农民工随迁子女的教育问题是伴随我国社会经济转型产生的一个重大社会问题。从微观层面来看,义务教育形成的人力资本积累对流动儿童青少年的全面发展有重要的影响。能否接受义务教育以及其质量的好坏是他们在未来能否接受更高层次教育的基础,与他们未来能否顺利就业及收入水平息息相关。从宏观层面来看,规模如此宏大的随迁子女的教育问题直接关系到当前和谐社会的构建,也关系到我国社会经济发展、社会进步的大局。

一、促进农民工随迁子女教育公平

改革开放以来,我国经济的持续发展推动农村人口不断向城镇流动。农民

---

[1] 国家卫生和计划生育委员会流动人口司. 中国流动人口发展报告2016 [M]. 北京:中国人口出版社,2016:8.
[2] 雷万鹏. 新生代农民工子女教育调查与思考 [J]. 华中师范大学学报(人文社会科学版),2013,52(5):139-146.

工子女教育是保障适龄儿童的基本受教育权利,已成为政府和社会各界共同关注的焦点。农民工子女教育的发展情况,不仅与教育资源的公平分配有关,更与社会有序流动与政治稳定密切相关。不断分化的社会阶层逐渐表现出多元的利益价值诉求,农民工子女教育应当在传承社会主义核心价值观、促进社会阶层流动、实现社会融合、推进城乡经济社会一体化发展方面发挥重要作用。伴随城镇化发展,"两为主"政策有待进一步深化,以消除农民工子女教育发展中更深层次的矛盾。当农民工子女教育从"有学上"向"上好学"(享受公平优质教育)和"多上学"(义务教育后就地升学)转变时,从教育公平的视角审视我国教育发展的城乡差异,探索推进农民工子女接受公平教育的政策措施,保障农民工随迁子女在城市公平接受教育,构建起适应人口流动和社会融合的体制机制,已是我国社会发展的当务之急。

二、推动农民工随迁子女教育发展

城乡一体化发展是中国现代化和城镇化发展的新阶段,党的二十大报告中指出,要始终坚持把解决好"三农"问题作为全党工作重中之重。建立健全城乡一体化发展的保障机制,以城乡规划、设施设备、公共服务等方面为抓手,推进城乡一体化发展,其根本在于促进城乡要素平等交换和公共资源均衡配置。在城乡一体化视野下审视城乡分割的教育制度之弊端,探索使农民工随迁子女接受优质教育的政策措施,构建起适应人口流动和社会融合的体制机制,是办好人民满意的教育的重要途径,也是我国经济社会发展的重中之重。"两为主"政策的实施为妥善解决流动儿童教育问题提供了政策保障,然而也凸显出一些新的问题。深化体制机制改革,消除农民工随迁子女教育发展中更深层次的矛盾,使流动儿童享有与城市儿童同等的优质教育资源,这是一个重大的现实问题。本研究立足该现实问题,从城乡一体化发展视角,探索推动农民工随迁子女教育发展的体制机制。

三、拓展农民工随迁子女研究视野

在分析教育不平等问题时,研究者往往从家庭背景、儿童个体智力、学习动机等方面着手,而忽视了人与人之间关系中或者社会结构中的资源。将社会资本引入农民工随迁子女教育问题的研究中,将为我们分析社会分层或教育不平等提供另一种视角，有助于透视其背后更深层次的社会因素和文化因素。尤其是我国所面临的农民工随迁子女教育问题的背景是高速的城镇化发展，在此过程中出现的随迁子女是大规模劳动力流动与长期固化的二元经济社会制度之间碰撞的结果。我国农民工随迁子女的教育问题有其特殊性和本土性，本研究以社会资本理论为切入点，学习和借鉴西方社会资本理论教育的相关理论，从教育学、社会学等理论视角，进一步思考教育与社会分层、教育与社会公平之间的关系，进而从制度上反思我国义务教育资源配置，从微观上反思家庭教育、学校融合教育等问题。

四、促进农民工家庭的城市融合

我国有关人口迁移与流动的研究，是伴随改革开放以来城镇化的推进逐步深入的。从现实上看，关注农民工随迁子女的受教育状况是对政府关注民生问题的一个切实回应。由于我国公共政策及其背后的福利安排在区域间、城乡间存在较大差异，农民工群体在经济、文化、心理等方面难以融入城市。在以人为本的新型城镇化战略下，农民工群体在城市的社会融合问题值得关注。在迁移过程中，农民工流动或者迁移的行为载体不仅是个体，在传统儒家文化的浸染下，包括子女受教育状况在内的家庭整体福祉是影响农村劳动力是否迁移、迁移后是否能够融入城市的重要因素。这就要求我们不仅要关注农民工流动行为的宏观后果，还要加强迁移对其个体和家庭影响的研究，尤其要关注他们在流入地的生存和发展状况。面临不断分化的社会阶层及多元的利益诉求，农民工随迁子女教育应当在传承社会主流价值观、促进社会流动、实现社会融合、推进城乡经济社会一体化发展方面发挥重要作用。

第二章 文献回顾

伴随着大规模的人口流动,农民工随迁子女的相关社会问题逐渐引起社会各界的广泛关注,不同的学者从多维视角对农民工随迁子女教育问题展开研究和讨论。农民工随迁子女是我国经济社会转型过程中产生的特殊群体,它不是孤立存在的。本部分的文献按照从宏观到微观、从一般性的理论探讨到具体议题的研究综述进行安排。首先,从理论上看,有关教育公平的思想有不同的思想流派;同时,教育与阶层的关系是教育不平等研究中一个不可回避的结构性话题,来自西方工业社会的经验表明,教育既促进了社会平等化,也在某种程度上维持着社会不平等;在此基础上进一步深化对教育公平议题的讨论,探讨社会资本对学生教育获得的重要作用。其次,聚焦随迁子女本身,从起点、过程、结果三个方面梳理有关随迁子女教育问题的文献。

第一节 有关教育公平的文献

对公平问题的讨论是社会科学研究中的经典议题,不同学科对这一议题都有许多讨论。在政治学的研究中,学界主要从社会公共权力借助社会契约,并通过制度机制调整阶层间、个体间关系的角度,探讨教育公平的议题;从社会学维度来看,学界主要从社会结构出发,通过对阶层关系和人际关系的分析,探讨教育公平问题;从伦理学的维度来看,学界主要从公平、伦理的价值上讨论教育公平问题;在教育学领域的研究中,学界主要是从教育活动中个体间的关系及其对人的发展的影响的视角,探讨教育公平问题。[①] 在本研究中,对有

[①] 项贤明. 论教育目的的公平转型[J]. 华东师范大学学报(教育科学版),2017,35(2):24-32,116.

关教育公平文献的综述主要从下述几个方面展开：首先是对教育公平的思想流派进行梳理；其次是教育与社会分层的相关文献，包括社会分层对教育公平的影响，以及教育的社会分层功能；最后是社会资本与教育获得的有关研究。

一、有关教育公平的思想流派

有关教育公平的思想具有极为深远的学术渊源。从西方教育思想史来看，教育公平的思想促进了西方国家教育权利平等理念的兴起。卢梭（Rousseau）、爱尔维修（Helvétius）等启蒙思想家认为人是生而平等的，教育平等是一种基本的人权。此后，人们关于教育公平的观念开始越来越明确和清晰，其中有三位学者关于教育公平的观点是值得一提的，即胡森（Husén）、科尔曼和莱文（Levin）的教育平等观或教育公平观。[①]

胡森在他的《平等：学校和社会政策的目标》一文中把教育公平划分为三个方面：一是教育起点均等，其前提假设是，个体的能力禀赋与其所对应的社会等级基本相符，教育的作用是筛选出精英人才，但其前提是每个人都有平等接受教育的权利；二是教育过程平等，认为教育的功能在于消除影响儿童发展的外部障碍，如经济不均等、社会阶层不平等等因素，使每个儿童的潜能和天赋都有机会得到发挥；三是教育结果均等，是指每个儿童在接受教育后，获得学业成功和教育成就的机会平等。[②] 胡森对教育均等的划分，为探讨教育均等问题提供了很好的分析思路。

科尔曼对教育不平等的研究具有里程碑式的意义。他调查了来自美国4000 所学校的60 万名学生后发现，相比较而言，学生的学业成绩与学校质量间的关系并没有人们所认为的那么大，而家庭背景是学生学业成绩最重要的影响因素之一。根据该研究结论，他于1966 年发表了著名的《教育机会均等报告》[③]。他将学生的学业成绩引入对教育均等的探讨中，并系统论述了教育机会均等的四个维度。一是教育起点或入学机会的公平，也就是为所有儿童提供免费教育，使来自不同背景的儿童有机会接受同样的教育。二是参与教育的机会均等，是指在受教育过程中，不同出身的学生能获得均等的教育机会，向所

[①] 刘精明. 教育公平与社会分层 [M]. 北京：中国人民大学出版社，2016：4-7.

[②] 托尔斯顿·胡森，张人杰. 平等：学校和社会政策的目标（上）[J]. 外国教育资料，1987 (2)：11-16，50.

[③] COLEMAN J S. Equality of educational opportunity [J]. American journal of sociology, 1967, 73 (3): 354-356.

有儿童提供同样的"普通课程"。三是教育结果公平,是指为不同性别、不同种族、不同文化背景、不同家庭社会经济背景的学生,提供进入同等学校的机会、同样的获得教育成功的可能性。四是在给定地区范围内向所有儿童提供教育对个体生活前景机会的影响均等,是指个体通过接受教育,能够克服其出身及个人禀赋带来的差异,即教育能弥补个体在家庭经济收入、社会网络、文化资源等方面的不足,使这些因素不会影响个体获得教育成就、收入、社会资源等方面的机会。

莱文在研究西欧教育机会与社会不平等时提出,教育机会均等可以涵盖四个方面。[①] 其一,对具有同样教育需求的人给予均等的教育机会;其二,对于来自不同家庭、社会、经济背景的学生给予均等的教育机会;其三,不同背景的学生获得教育成功的机会均等,与科尔曼的观点相似的是,这种成功不仅包括学业上的成就,还包括人们的生活技能、行为、惯习等;其四,教育对个体生活机会的影响是均等的。

通过对教育公平含义的梳理,可以看到,尽管不同学者对教育公平的阐释不同,但其基本思想是相似的,即教育公平是社会公平理念在教育领域的体现。对教育公平的评价是用公平的理念对教育资源进行分配的过程,以及对分配结果的价值判断。在此意义上,教育公平包含了对教育资源配置合理性的评价。

二、社会分层对教育公平的影响

社会分层与教育的关系是社会学和教育学领域中的经典议题。相关研究主要围绕两者的相互作用展开,即教育如何使社会结构分层,社会分层又会如何影响教育活动。教育作为人力资本积累,是实现社会阶层流动的重要途径之一。教育学对两者关系的研究重点是从公平、正义的角度出发,通过教育机会均等探讨实现教育公平的有效途径。教育通过社会化和选择发挥着稳定社会和再分配的作用,通过阶层流动对社会分层进行重整。相反,社会分层也会反作用于教育发展,这具体表现在如下三个方面。

(一)教育机会分配的分层

从历史角度看,教育机会的分配包含社会分层的基本特征,但总体而言是

---

① LEVIN H M. Educational opportunity and social inequality in Western Europe [J]. Social problems, 1976, 24 (2): 148-172.

从不平等的状态逐渐转向平等化。[①] 教育的不断普及，保障了公民基本的受教育权利，但是优质的教育资源仍从技术上具有消费的竞争性和收益的排他性，因此，教育机会有质量高低之分。有研究表明，在不同的历史阶段，家庭或个人所处的社会阶层直接决定了其获得教育机会的可能性。[②]"寒门难出贵子"现象及其背后的教育机会公平议题已成为民众关注的焦点。从各教育阶段看，教育机会分配的分层现象集中体现在基础教育阶段和高等教育阶段。程红艳对武汉市基础教育学校的实证研究发现，按照教学质量把学校分为四个等级，以家庭平均收入衡量家庭的社会资本，发现家庭平均收入与学校质量等级显著正相关，即高收入家庭的孩子就读于高质量学校的机会大于其他家庭的孩子。此外，父母的职业直接决定了其所处的社会阶层。[③] 在高等教育阶段，教育机会分配的分层现象更加明显。有研究指出，父亲的职业为单位负责人或高级专业技术人员的高校学生比例在逐年递增，而父亲职业为农、林、牧、副的学生比例则逐年递减。[④] 杨东平认为，教育机会分配的分层表面上看是由学校质量差异以及学生个体学业成绩的差异造成的，但本质上是由于社会阶层在学校之间的分化。[⑤] 吴愈晓和黄超曾使用"中国教育追踪调查（CEPS）"数据分析当前我国初中学校的阶层隔离现状，研究发现学校在当地排名越靠前，该校学生所在家庭的平均阶层地位越高，出身于精英家庭学生的比例越大。[⑥] 有学者探讨不同阶层是否能够实现"知识改变命运"，发现城乡背景带来的阶层差异会影响大学生的就业状况。[⑦] 吴晓刚通过对三种不同层次高校的样本进行分析发现，家庭社会经济地位和居住地对于学生进入不同层次的高校仍然有直接的影响，但是否就读重点高中，以及是否获得高考特殊政策的照顾，对进入不同层次的高校作用更加明显。这些发现对理解中国当代高等教育在精英形成过程和

[①] 李春玲．社会政治变迁与教育机会不平等：家庭背景及制度因素对教育获得的影响（1940—2001）[J]．中国社会科学，2003（3）：86-98.

[②] 李煜．制度变迁与教育不平等的产生机制：中国城市子女的教育获得（1966—2003）[J]．中国社会科学，2006（4）：97-109.

[③] 程红艳．区域内学校非均衡发展与社会阶层分化：以中部省会城市W区为例[J]．教育研究与实验，2008（3）：7-12.

[④] 丁小浩．规模扩大与高等教育入学机会均等化[J]．北大教育经济研究（电子季刊），2006（2）：24-33.

[⑤] 杨东平．中国教育公平的理想与现实[M]．北京：北京大学出版社，2006：201-227.

[⑥] 吴愈晓，黄超．基础教育中的学校阶层分割与学生教育期望[J]．中国社会科学，2016（4）：111-134.

[⑦] 魏然，翟瑞．知识改变命运?：从农村大学生就业看高等教育社会分层功能的弱化[J]．教育学术月刊，2016（6）：39-45.

社会分层中的作用具有重要的启示意义。[1]

(二) 教育资源占有的分层

通常而言,用基尼系数来衡量社会总体的资源分配情况,资源的分配直接影响着家庭和个人的消费能力。换言之,家庭的社会经济地位直接决定了其消费的层次和数量。在我国传统的城乡二元结构下,各类资源分布不均衡的特点在教育领域表现得尤为明显。从宏观政策来看,我国的公共财政是一种逆向调节机制,城乡教育不均衡是历史遗留问题,即财政投入重城市、轻农村,如生均教育事业费用长期存在城乡差异。[2] 随着国家对义务教育均衡发展的大力推进,城乡学校在师生比、生均图书册数等硬件设施指标上达到了基本均衡状态。尽管如此,真正对城乡教育公平形成挑战的是城乡学校的阶层构成差异。[3] 从家庭角度看,家庭消费能力的分层直接影响到孩子的学业成就和发展。有研究指出,儿童早期的学习环境至关重要,刺激环境能帮助儿童恢复丧失的潜能,而刺激环境的营造一方面取决于父母的受教育程度,另一方面取决于家庭的消费能力。[4] 社会分层不仅影响受教育机会,还会影响受教育的类型和质量。郑若玲对高等教育与社会分层互动的研究发现,高等教育是影响代际阶层流动的重要因素,可以有效抑制社会分层,但是固有的社会分层也影响了高等教育的起点、过程和结果公平。[5] 此外,家庭的经济背景、父母的职业等因素影响家庭在择校过程中的地位,也进一步说明了教育资源消费的分层,或者说社会分层对教育产生的影响作用。

(三) 教育结果获得的分层

可以从学业成绩、升学机会和就业机会来看教育结果获得的分层现象。在现阶段,家庭背景与学业成败也逐步受到学术界和人们的普遍关注。父母的受教育程度,家庭的社会资本占有量和社会网络的广泛度、可达高度等因素进一

---

[1] 吴晓刚. 中国当代的高等教育、精英形成与社会分层 来自"首都大学生成长追踪调查"的初步发现 [J]. 社会, 2016, 36 (3): 1-31.
[2] 陆学艺. 当代中国社会结构 [M]. 北京: 社会科学文献出版社, 2010: 248.
[3] 吴愈晓. 社会分层视野下的中国教育公平: 宏观趋势与微观机制 [J]. 南京师大学报 (社会科学版), 2020 (4): 18-35.
[4] 巴兰坦. 教育社会学: 一种系统分析法 [M]. 朱志勇, 范晓慧, 译. 南京: 江苏教育出版社, 2005: 185.
[5] 郑若玲. 高等教育与社会的关系: 侧重分析高等教育与社会分层之互动 [J]. 现代大学教育, 2003 (2): 21-25.

步加剧了社会分层对教育的影响。① 近年来，国际学生评估项目（PISA）测试的数据分析也进一步验证了社会分层导致的学生学业成绩差异。钱民辉认为，教育一方面可以实现向上的社会阶层流动，但另一方面，并非每个人都有流动的能力。因为社会分层进一步导致了教育分层，教育的分层又使教育系统更近似于一种筛选机制，经过教育的培训，不同的个体有不同的个体特征、劳动素养，人力资本积累的程度不同，由此导致其教育结果的分层。② 谢怡的实证研究发现，社会分层和教育分层与大学生的就业分层显著正相关，大学生父母的阶层属性、个人所接受的教育层次等因素都显著影响其就业层次，由此剖析了大学生就业分层的客观必然性。③

三、社会资本与教育获得

教育获得是教育公平研究中的重要议题，将社会资本概念引入教育获得的研究，可以为分析教育公平问题提供一个较好的理论视角，使我们更好地了解包括教育机会与教育成就在内的教育不平等背后所隐藏的社会不平等和教育机会不平等的问题。

（一）社会资本及其表现形式

要了解家庭社会资本，首先需要了解社会资本的内涵。从理论渊源上看，引入社会资本主要是与新经济社会学对社会学和经济学范式的反思有关。④ 新经济社会学的代表人物格兰诺维特（Granovetter）和科尔曼在对经济学与社会学理论有关人类行为两种极端化假设批判的基础上，提出镶嵌性概念和社会资本概念，将原子化的个人回归于社会网络之中，社会组织和社会关系不仅作为一种结构存在，而且作为一个历史性和连续性结构，对经济系统的功能发挥也有独立影响。⑤

---

① 钟云华，沈红. 社会分层对高等教育公平影响的实证研究 [J]. 复旦教育论坛，2009，7(5)：56-61.

② 钱民辉. 教育真的有助于向上社会流动吗：关于教育与社会分层的关系分析 [J]. 社会科学战线，2004（4）：194-200.

③ 谢怡. 当前大学生就业分层现象探析：对某高校2001届毕业生的实证研究 [J]. 学术论坛，2004（1）：175-177.

④ GRANOVETTER M. Economic action and social structure: The problem of embeddedness [J]. American journal of sociology, 1985, 91 (3): 481-510.

⑤ 雷万鹏. 中国大陆高等教育需求中的城乡差异研究 [D]. 香港：香港中文大学，2004.

第一个系统表述社会资本概念的是法国社会学家布迪厄（Bourdieu）。他在1983年发表的《资本的形式》（*The Forms of Capital*）中提出，"资本"是一个复合性的社会学概念，具体可分为"经济资本""社会资本""文化资本"三种类型。经济资本以货币收益为符号，表现为制度化的财产权，且可以直接转换成金钱。文化资本以著作、学历、文凭等为符号，以教育资格的形式被制度化，在特定条件下能转换为经济资本。社会资本由一系列个体承担的社会义务组成，表现为制度化的某种社会头衔或社会职务，社会资本在一定条件下可以转换成经济资本，如利益交换、权力寻租等。布迪厄进一步指出，社会资本是由多种现实和潜在资源构成的资源网络，并被社会群体所熟识和认可。个体所拥有的身份直接决定他们占有的社会资本量。社会资本会从集体的角度为每个成员提供支持。

尽管科尔曼不是最早提出社会资本理论的社会学家，但是他的理论在教育研究领域的运用最为广泛。科尔曼主张社会科学应该以社会系统为单位进行研究，而不是以个人或者组成系统的其他成分为单位。由于社会结构资源可以与其他资源有机结合，通过识别社会结构功能，可以对微观和宏观层面上的差异性行为及结果展开研究。科尔曼把社会资本理论界定为个人拥有的社会结构资源，是个体资本财产的组成部分之一。

美国政治学家帕特南（Putnam）则首次把社会资本应用于政治学研究，将这一概念从微观领域推向宏观领域。他通过将社会资本引入意大利南北政府绩效的比较研究发现，不能将南北政府制度绩效上的差异完全归因于两者经济现代化的差异。[1]

一般认为，社会资本的理论框架是由上述三位学者建立起来的，后来的学者在此基础上对社会资本的理论进行演绎、批判和发展。通过上述对社会资本理论的理论流派和概念界定的梳理可以看到，有关社会资本的概念和分析层次目前仍然存在很多争议。经济学家肯尼思·阿罗（Kenneth J. Arrow）认为社会资本概念最大的问题是，其内涵的复杂性导致对社会资本测量存在科学性和准确性的问题。

从理论上看，特定行动者处于不同场域的社会关系网络中，这些场域下的社会网络关系相互叠加，共同构成了行动者的生活世界。[2] 布迪厄在阐述社会

---

[1] PUTNAM R, LEONARDI R, NANETTI R Y. Making democracy work: civic tradition in modern Italy [J]. Contemporary sociology, 1993, 23 (3): 258.

[2] 邹宇春, 周晓春. 大学生社会资本：内涵, 测量及其对就业的差异化影响 [J]. 华中科技大学学报（社会科学版）, 2016, 30 (6): 94-103.

资本理论时提到了场域的概念。由于社会被高度分化为各种相对独立且具有相对自主性的社会小世界，社会小世界是有其自身逻辑的客观关系的空间，而这些社会小世界的实质就是一种场域。与成年人不同，学生的学习、生活场所主要集中在原生家庭和学校内部，两者的社会资本在表现形式与构成上必然存在很大差别。关于学生的社会资本的构成及测量，不同的学者有不同的尝试。

科尔曼在其经典文献《社会资本在人力资本创造中的作用》(Social Capital in the Creation of Human Capital) 中，探讨了社会资本对人力资本积累的影响。一般来说，在考查学生在学校的学习成就的研究中，家庭背景被看作一个整体变量。但实际上，家庭背景至少可以分解为三个方面：经济资本、人力资本和社会资本。家庭经济资本可以用家庭财富或收入来衡量，家庭的物质资源可以为儿童提供固定的书房、学习资料、用于解决家庭困难的资金等。人力资本主要指父母的受教育程度。家庭社会资本分为家庭内部社会资本和家庭外部社会资本。其中，家庭内部社会资本包括父母与子女之间的联系，科尔曼的研究采用以下指标来衡量这种联系的紧密程度：①家庭状况，即单亲或双亲家庭；②兄弟姐妹的数量；③父母对子女的教育期望，即是否希望子女读大学。科尔曼认为，父母与子女之间的这种互动关系是父母将自身的人力资本或者技能和生产力传递给子女的主要途径。家庭外部社会资本包含文化规范和社区的价值体系，家庭及其亲友网络的密度和深度则内嵌于社区之内。家庭外部社会资本主要指代际闭合 (intergenerational closure)，但科尔曼同时指出，代际闭合无法直接测量，只能采用一些近似的间接指标。①

一些学者运用科尔曼"社会闭合"的分析框架，测量社会闭合的状况。例如，赵延东和洪岩璧试图将布迪厄的"网络资源"和科尔曼的"社会闭合"两种研究思路纳入同一个研究框架中。② 他们认为两类社会资本间的主要差异体现在社会资本的来源不同，"网络资源型"社会资本的来源是家长的社会网络，旨在为孩子提供更好的教育机会；而"社会闭合型"社会资本则来源于家长、孩子、教师之间形成的紧密社会结构，孩子可以直接从此类社会资本中获益。但两种社会资本之间又存在复杂的交互作用，可以共同促进孩子的学业成绩提升。

---

① Coleman J S. Social capital in the creation of human capital [J]. American journal of sociology, 1988, 94 (1): 95 – 120.
② 赵延东，洪岩璧. 社会资本与教育获得：网络资源与社会闭合的视角 [J]. 社会学研究，2012, 27 (5): 47 – 69, 243 – 244.

杨亚俊等将学生的社交封闭性以及不同类型学校分别作为对社会闭合度和学校社会风气的测量指标。其中，学生的社交封闭性考察的是："请在脑海中回顾高中时代对你意义最大（比如最有感情、最有帮助、影响最大）的三个朋友A、B、C，他们之间的关系是不认识、认识但不熟、朋友、好朋友。"将两两之间的关系赋值相加得到社交闭合度。学校社会风气则由学校类型来反映，他们认为公办学校和私立学校的风气不同，来自两类学校的学生可以被看作不同群体的学生。[①]

另外一些学者倾向于将父母的社会资本等同于整个家庭的社会资本。雷万鹏[②]在探讨社会资本对中国大陆学生高等教育需求的研究中，采用广泛度、达高度和声望幅度作为测量社会网络资源变量的方法，依据陆学艺等提出的"中国社会十大分层"所对应的职业，测量学生家庭社会网络的广泛度、达高度和声望幅度。通过因子分析法将三个维度合成一个名为"社会资本"的因子，进而测量社会资本对大陆学生高等教育需求的影响。这一测量方法有较大的适用范围。

（二）社会资本与教育

学校、家庭和社会对人的发展具有不同程度的影响，但人们常常把它们当成孤立的单元来看待。现在，越来越多的学者开始关注学校、家庭、社会之间的网络以及学生、家长、教师之间的关系对学生学业成就和学校发展的影响，这种网络或关系是社会资本的表现形式。基于已有的相关研究，家庭背景主要通过两条路径影响子女的教育获得。首先，家庭背景对子女教育机会有显著影响，主要指学生在各阶段学校教育中入学和升学的机会；其次，家庭背景中的经济资本、社会资本、文化资本等要素作用于子女的教育和培养，导致子女在教育资源、学习动机、学习习惯、学习效能等方面形成一定差异，进而影响其教育获得。[③]

1. 社会资本与入学机会

从入学机会来看，社会资本对于教育机会的影响首先表现在学生入学机会

---

① 杨亚俊，虞鑫，刘震. 初始禀赋、社会资本与高中生的学业成绩［J］. 清华大学教育研究，2014，35（6）：115-120.
② 雷万鹏. 中国大陆高等教育需求中的城乡差异研究［D］. 香港：香港中文大学，2004.
③ 王平. 城市中家庭背景对子女学业表现的影响［M］. 北京：社会科学文献出版社，2013：236-245.

的不同，当学生家庭持有更多社会资本时，学生所拥有的入学机会也会更多。[1] 先赋型社会资本限制学生的学校选择和入学机会，同时，先赋型社会资本占有量的差异导致获取的信息也存在差异，从而造成教育机会不平等。蒂其曼（Teachman）等探讨了社会资本对高中生辍学行为的影响。研究表明，社会资本对辍学行为有重要影响。同时，社会资本与家庭经济资本、人力资本之间存在教育效应。[2]

学生的家庭背景及所拥有的社会资本会影响学生接受教育的性质与类型，刘精明研究了家庭背景对子女接受重点教育机会的影响，在控制城乡、性别和学龄等变量后，其发现家庭背景、阶层和社会资本对重点初中的入学机会存在显著作用；在对比了重点初中和重点高中的入学机会后发现，这种由家庭背景带来的影响，会随着重点中学教育时长的累积而不断放大。[3] 肖富群和张登国基于全国17所高校2914名毕业生的问卷调查数据研究发现，农村大学生在毕业去向、初次就业的地区、产业、起薪等方面都与城镇大学生存在显著差异。[4]

以上研究主要讨论了教育资源分配方面的不平等，而在学校场域，学生过往资本的历史连贯性和一些其他的关系网络，都会影响教师对学生的印象和评价，公平竞争的表象下同样隐藏着不公平。[5] 严文蕃考察了社会资本对美国少数民族参与高等教育的影响，研究发现，在学生层面，家庭社会经济地位、中学阶段的专业课成绩和选修课程对美国少数民族学生的高等教育入学机会有显著影响；在学校层面，学校社会经济地位、教会学校以及学校的教育期望对少数民族学生高等教育机会影响显著。[6] 李春玲的研究则指出，在改革开放前，我国教育机会分配的主要趋势是朝着平等化方向发展，改革开放后教育机会不平等趋势有所凸显，家庭背景及制度因素对教育获得的影响效应不断增强。[7] 李煜发现家庭教育背景是改革开放初期教育不平等的主要影响因素，市场化改革加深之后，教育不平等的影响机制转变为以家庭阶层背景的资源转化和文化

---

[1] 程莉莉. 社会资本与教育机会均等［J］. 教育发展研究，2005（14）：54-57.
[2] TEACHMAN J D. Intellectual skill and academic performance: do families bias the relationship? ［J］. Sociology of education, 1996（1）：35-48.
[3] 刘精明. 能力与出身：高等教育入学机会分配的机制分析［J］. 教育文化论坛，2014（5）：139.
[4] 肖富群，张登国. 农村与城镇大学生初次就业的差异：兼论农村大学生的就业特征［J］. 广西师范大学学报（哲学社会科学版），2015，51（5）：67-75.
[5] 马维娜. 学校场域：一个关注弱势群体的新视角［J］. 南京师大学报（社会科学版），2003（2）：64-70.
[6] 严文蕃. 社会资本对美国少数民族参与高等教育的影响［J］. 教育研究，2003（4）：73-79.
[7] 李春玲. 当代中国社会阶层的经济分化［J］. 江苏社会科学，2002（4）：64-73.

再生产为核心特征的双重模式。①

2. 社会资本与学业成绩

科尔曼（Coleman）认为社会资本作为中介变量，在人力资本的再生产中具有重要作用。他阐述了家庭内部社会资本和家庭外部社会资本对教育的影响。家庭内部社会资产是指父母与子女间的紧密联系，在家庭教育中通常体现为子女教育中的父母参与；家庭外部社会资产包括家庭与社区其他人之间的联系，如家长与其他孩子家长或者教师之间形成一种支持性社群（functional community），可以从该社群中获取和传递有关孩子生活与学习的信息，有利于监督和鼓励孩子，从而提高孩子的学业成就。② 布迪厄（Boudieu）阐述了社会资本对教育获得的影响机制：家长拥有的社会资本能为其子女提供更多更好的机会，通过更高质量的教育使其获得更高水平的教育成就。③ 赵延东和洪岩璧综合布迪厄和科尔曼的观点，讨论两种定义下的社会资本对学生学业成就的作用，研究发现布迪厄的"网络资源型"社会资本通过给学生提供更好的教育机会起作用，而学生本身可以直接从"社会闭合型"社会资本中受到影响。而且两种社会资本之间存在复杂的交互关系，可以通过互相作用共同提升学生的学业成绩。④

从家庭内部社会资本与子女学业成绩的关系来看，研究者们通过实证研究来论证父母对子女的教育期望、教育支持能提升子女的学业成绩。王甫勤和时怡雯的研究论证了父母的教育期望和子女学业成绩之间的关系，他们认为子女的大学教育期望主要与父母的教育期望有关，前者最终可以转化为大学教育获得的优势。⑤ 侯利明和雷鸣进一步细化了中国家庭的亲子互动模式，认为在教育参与过程中，母亲作为子女"经纪人"的角色，不仅持续地支持和鼓励子女学业，还积极参与到子女的补习教育、教育资源整合和个性化学习路线定制

---

① 李煜. 制度变迁与教育不平等的产生机制：中国城市子女的教育获得（1966—2003）[J]. 中国社会科学，2006（4）：97 – 109.

② COLEMAN J S. Social capital in the creation of human capital [J]. American journal of sociology, 1988, 94 (1): 95 – 120.

③ BOURDIEU P. The forms of capital [M] //. RICHARDSON J E. Handbook of theory and research for the sociology of education. Westport: Greenwood Press, 1986.

④ 赵延东，洪岩璧. 社会资本与教育获得：网络资源与社会闭合的视角 [J]. 社会学研究，2012, 27 (5): 47 – 69, 243 – 244.

⑤ 王甫勤，时怡雯. 家庭背景、教育期望与大学教育获得基于上海市调查数据的实证研究 [J]. 社会，2014, 34 (1): 175 – 195.

中，这些实践都能够帮助子女在教育竞争中获得优势。[①]

从家庭外部社会资本与子女学业成绩的关系来看，家长与教师的联系频率、家长与其他家长之间的熟悉程度等对子女学业成绩有影响。瓦伦祖拉（Valenzuela）等对移民家庭的情况进行研究，发现移民家庭因其拥有的社会关系网络不足，故而常常使用家庭社会资本来影响子女教育获得；[②] 庞（Pong）等认为学业成就通常与父母的教育期望，以及因此产生的一系列关于子女教育的参与行为成正相关关系；[③] 孙（Sun）的研究发现，学生在学校和社区中的社会资本，即其参与学校和社区组织情况、在学校中与同学的联系等变量，都与其考试成绩存在正向关系。[④]

第二节　有关随迁子女教育的文献

教育学、心理学、社会学等学科有关城镇化过程中的特殊群体——随迁子女和移民子女受教育情况的研究非常丰富。心理学主要关注流动对儿童心理发展的影响，如随迁子女在心理健康、孤独、自卑、身份认同、歧视知觉等方面的状况。社会学更多关注儿童在城市中的社会适应、社会融入、社会排斥、文化适应情况等方面。从教育学的视角来看，早期的研究聚焦于随迁子女在城市"入学难"的问题，从宏观、微观两方面探讨随迁子女在城市受教育上面临的困境。"两为主"政策逐步得到落实后，随迁子女在城市"能上学"的问题得到基本解决，研究视角也逐步转向"上好学"。前者体现的是受教育机会，后者体现的是受教育过程。公平是教育的基本价值诉求之一，实现教育公平的关键在于保证教育的起点、过程和结果公平。现有文献从这三方面对农民工随迁子女的教育公平问题展开了丰富多样的研究，具体而言：一是农民工随

[①] 侯利明，雷鸣. 社会资本与教育获得：基于亲子互动模式的潜在类别分析 [J]. 西安交通大学学报（社会科学版）. 2019, 39（4）：114 - 125.

[②] VALENZUELA A, DORNBUSCH S M. Familism and social capital in the academic achievement of Mexican origin and Anglo adolescents [J]. Social science quarterly, 1994, 75（1）：18 - 36.

[③] PONG S L, HAO L X, GARDNER E. The roles of parenting styles and social capital in the school performance of immigrant Asian and Hispanic adolescents [J]. Social science quarterly, 2005（86）：928 - 950.

[④] SUN Y M. The academic success of east - Asian - American students: an investment model [J]. social science research, 1998, 27（4）：432 - 456.

迁子女的入学问题，即保证平等的受教育机会；二是以学校适应为主导的教育过程研究；三是将学业成绩作为衡量教育结果的指标，通过推动学业成绩的提升来实现结果公平。

一、入学问题研究

农民工随迁子女的入学问题主要是指农民工随迁子女能否顺利入学以及同等享受教育资源。[①] 通过对文献的梳理发现，针对农民工随迁子女入学问题的研究主要围绕入学的制度障碍和对"入学门槛"政策的讨论展开。

（一）随迁子女入学的制度障碍

从宏观制度来看，计划经济体制遗留的户籍制度被认为是造成大量留守儿童难以进城就学和流动儿童在城市就学难的主要原因。我国原有户籍管理制度是在计划经济背景下制定的，户籍制度并非简单的人口登记制度，农村户口和城市户口的背后是城乡公民权利与福利的差异。在以市场化经济为主导的时代背景下，户籍管理制度与劳动力流动的状况不适应，这种制度安排影响了教育资源配置的公平性。研究表明，产业的梯度转移、市政动迁等因素都会导致外来务工人员及其子女的流动。从抽样实地调查的区县情况来看，无论是在公办学校还是在农民工子弟学校，外来人口子女随其父母流动，且流动率很高（10%～20%），由此给教育资源的规划建设和资源配置造成一定的困难。现有经费保障机制是影响农民工随迁子女义务教育公平性的主要因素。我国义务教育阶段的经费采用属地化管理政策，实行地方负责、分级管理体制，在经费上实行以户籍人口的学龄儿童数为依据进行划拨的政策。高流动性对义务教育资源规划配置提出了新挑战。长期以来，人口流动所带来的教育投资外溢性导致流动人口子女受教育权利和机会的实现遭遇巨大挑战。[②]

规模庞大的外来人口流入城市，带来了城市教育资源的争夺。有学者提出，人口输入主要目标地的东部发达地区被认为是对流动人口子女的"不友好"地区，中西部地区更易接纳流动人口子女随迁。因此，与其说农民工子

[①] 刘善槐. 进城务工人员随迁子女公办学校入学机会问题探讨 [J]. 教育发展研究, 2009, 29 (2): 17-19.

[②] 李军, 朱琦. 谈我国户籍制度改革背景下教育公平的实现 [J]. 当代教育科学, 2003 (19): 11-12, 16; 卢伟. 入学不易升学更难：农民工随迁子女之教育困境及对策探讨 [J]. 中小学管理, 2020 (12): 13-16.

女的个人特征影响着他们是否流动,还不如说是户籍制度制约着学龄儿童的流动。① 杨舸等利用"北京市1‰流动人口调查"数据,发现入学难易程度是流动人口子女是否随迁的主要影响因素之一。② 城市公办学校的教育政策对流动人口子女就学地的选择具有显著影响。③ 没有城市户口意味着外来流动人口子女不能和城市的儿童一样享受良好的教育。因此,户籍制度成为阻碍农民工子女享受城市教育权利的社会制度屏障。

(二)"入学门槛"问题研究

所谓入学门槛,是指流入地政府因地方教育资源供给能力不足,通过设立高收费、烦琐的入学手续、多重证明材料等形式的限制条件,将农民工随迁子女拒之门外。农民工随迁子女的入学率低于全国学龄儿童的平均水平,不能适龄入学现象依然存在,且许多农民工随迁子女有辍学或失学经历。④ 农民工随迁子女能否顺利入学与"入学门槛"合理性密切相关。中央政府推动实施"两为主"政策,规定"以流入地政府为主,以公办学校为主"解决随迁子女在城市入学的问题。然而政策的模糊性,使各地区对政策的执行力度不一,各地区对随迁子女入学设立的门槛也存在差异。研究表明,珠三角地区的入学门槛显著高于其他地区,且随迁子女在公办学校就读的随迁子女比例较低,例如东莞、中山等地区,80%以上的随迁子女就读于民办学校,符合条件而进入公办学校就读的随迁子女比例不足20%。⑤

从"入学门槛"的表现形式上看,主要有两种类型:一是政策制度壁垒,各地区设立的"入学门槛"种类繁多,大致可以分为"积分制""优惠政策""材料准入"三种模式。⑥ 无论是何种模式,都需要农民工随迁子女家庭提供相应的证明材料以获取相应的入学资格,其中,家长就业证明、暂住证和实际

---

① 梁宏,任焰. 流动,还是留守?:农民工子女流动与否的决定因素分析 [J]. 人口研究,2010,34 (2): 57 - 65.

② 杨舸,段成荣,王宗萍. 流动还是留守:流动人口子女随迁的选择性及其影响因素分析 [J]. 中国农业大学学报(社会科学版),2011,28 (3): 85 - 96.

③ 陶然,孔德华,曹广忠. 流动还是留守:中国农村流动人口子女就学地选择与影响因素考察 [J]. 中国农村经济,2011 (6): 37 - 44.

④ 段成荣,梁宏. 我国流动儿童状况 [J]. 人口研究,2004 (1): 53 - 59;王放. 中国城镇化进程中的流动人口子女受教育问题 [J]. 中国青年研究,2005 (9): 27 - 31.

⑤ 谢建社,牛喜霞,谢宇. 流动农民工随迁子女教育问题研究:以珠三角城镇地区为例 [J]. 中国人口科学,2011 (1): 92 - 100,112.

⑥ 雷万鹏,汪传艳. 农民工随迁子女"入学门槛"的合理性研究 [J]. 教育发展研究,2012,32 (24): 7 - 13.

居住证明是多个地区共同需要的入学材料。[1] 另有研究表明,许多地区要求随迁子女家庭"五证",即身份证、就业证、居住证(租房合同)、缴纳社保证明和计生证齐全。事实上,同时拥有"五证"的农民工随迁子女占比仅为17.45%。[2] 二是通过高收费实现排他,早期部分城市公办学校在招收进城务工人员子女时收取较高的借读费,这种不合理的收费成为随迁子女进入公办学校的又一道壁垒。同时,除了额外的收费,高昂的课外教育支出也使农民工随迁子女的平等入学机会受到挑战。[3]

除了制度性的显性入学门槛,还有隐性的入学门槛。虽然政府制定了相关政策保障农民工随迁子女进入公办学校,但有些指定的公办学校对于接收农民工随迁子女入学存在一定的抵触情绪,认为随迁子女的教育起点低、基础薄弱等。[4] 对相关政策文本的分析表明,部分城市并没有对随迁子女开放当地所有的中小学,尤其是优质中小学,农民工随迁子女不能与城市户籍儿童享有真正均等的入学机会。[5] 高中教育是推进流动人口子女教育公平的转折点,但现阶段各城市的异地中考政策依然无法满足大部分流动人口随迁子女升学的需求。很多流动人口家庭因为难以达到异地中考的条件,或让子女继续留在身边但放弃升学,或为了就读高中而无奈返乡,使子女成为留守儿童。[6] 换言之,地方政府在明文设置入学的"显性门槛"时,也可能限制随迁子女选择城市优质学校的机会,这就构成了农民工随迁子女入学的另一道"隐性门槛"。[7]

围绕"入学门槛"存在的原因,国内许多学者展开了较为深入的研究。对农民工随迁子女设置"入学门槛",反映了城市地区的教育供求矛盾,尤其

---

[1] 中央教育科学研究所课题组. 进城务工农民随迁子女教育状况调研报告 [J]. 教育研究, 2008 (4): 13-21.

[2] 邬志辉, 李静美. 农民工随迁子女在城市接受义务教育的现实困境与政策选择 [J]. 教育研究, 2016, 37 (9): 19-31.

[3] 吴贾, 张俊森. 随迁子女入学限制、儿童留守与城市劳动力供给 [J]. 经济研究, 2020, 55 (11): 138-155.

[4] 刘善槐, 邬志辉. 农民工随迁子女公办校的教育质量困境与应对策略 [J]. 教育发展研究, 2013, 33 (6): 1-5.

[5] 雷万鹏, 汪传艳. 农民工随迁子女"入学门槛"的合理性研究 [J]. 教育发展研究, 2012, 32 (24): 7-13.

[6] 吴贾, 张俊森. 随迁子女入学限制、儿童留守与城市劳动力供给 [J]. 经济研究, 2020, 55 (11): 138-155.

[7] 王智超. 农民工子女就学的制度性障碍与建议 [J]. 东北师大学报(哲学社会科学版), 2007 (6): 152-156.

是优质教育供不应求的现状,实质上是属地化教育体制对人口流动的不适应。① 有学者认为,与福利捆绑的户籍制度是诱发农民工随迁子女"入学门槛"问题的深层制度原因。② 教育投资体制是形成"入学门槛"的重要原因之一。"两为主"政策只强调了流入地政府在教育投入与管理方面的责任,而大规模的人口流动导致流入地教育投入捉襟见肘,学位供给不足。③ 从教育财政政府分担的角度看,有学者基于公共产品理论提出教育的正外部效应,使得流入地政府教育投入不足,不得不设立"教育门槛"。④ 针对这种情况,有学者提出,应建立合理的中央、省、流入地政府责任分担机制,通过转移支付来提高流入地政府的教育供给能力。⑤

二、教育过程研究

教育过程公平包括两个内涵,即平等对待学生和差异对待学生。平等对待学生的目的是将平等内化为一种平等的人格——自尊,为学生的发展提供内部动力;差异对待学生意味着满足不同学生的学习需要。⑥ 学校是学生生活和成长的重要场所,能否适应学校生活影响着学生的健康成长与发展。随迁子女在进入城市学校后,面临新的学校环境、人际关系,需要重新适应城市学校生活,而能否尽快地适应与融入城市学校成为衡量随迁子女教育过程公平性的重要指标。因此,本部分对随迁子女在城市学校受教育过程文献的梳理主要集中于对学生在学校适应状况的考察。

个体发展遵循着"处境不利—压力—适应不良"的理论模型,个体所处环境越差,对其未来发展就越不利。换言之,处于不利环境下成长的儿童的发展水平、适应能力也会低于正常儿童。对国内流动儿童学校适应情况的实证调查发现,流动儿童的学校适应水平明显低于本地儿童。孙晓莉研究发现,流动儿童的学校适应情况明显差于城市儿童,但在流动儿童内部存在学校差异,城

---

① 雷万鹏. 新生代农民工子女教育调查与思考 [J]. 华中师范大学学报(人文社会科学版), 2013, 52 (5): 139 – 146.
② 徐丽敏. 农民工随迁子女义务后教育: 问题与对策 [J]. 教育发展研究, 2009, 29 (6): 76 – 79.
③ 刘俊贵, 王鑫鑫. 农民工随迁子女义务教育经费保障问题及对策研究 [J]. 教育研究, 2013, 34 (9): 72 – 77.
④ 付卫东. 论流动儿童教育与义务教育财政制度改革 [J]. 教育探索, 2008 (6): 74 – 76.
⑤ 范先佐. "流动儿童"教育面临的财政问题与对策 [J]. 教育与经济, 2004 (4): 1 – 5.
⑥ 吕星宇. 教育过程公平的意蕴 [J]. 教育理论与实践, 2011, 31 (11): 3 – 5.

市公立学校流动儿童的表现要优于打工子弟学校的流动儿童。[1] 王丹阳发现，公立学校流动儿童在师生关系、同伴关系、自我评价、学习适应性方面优于打工子弟学校儿童。[2]

关于流动儿童学校适应的影响因素的讨论，主要可以归纳为儿童个人、家庭背景、教师、流动经历等因素。许传新研究发现，年级、媒介接触、城市体验、活动参与等因素对流动人口随迁子女的学校适应情况有显著的影响。[3] 辛普森（Simpson）和福勒（Fowler）在研究儿童流动与情绪、行为的关系时发现，流动频率越高（尤其是流动三次以上）的儿童，越容易表现出行为或情绪问题。[4] 但也有研究者认为，如果儿童的流动是与其亲生父母一起进行的，那么流动本身并无明显的有害影响。[5] 相关研究表明，高流动性对学生学业的负面影响是较为严重的，调查显示，流动学生中成绩差的学生占比明显高于非流动学生。[6]

关于师生关系的研究发现，教师支持与关心学生有利于学生之间形成和谐的同伴关系[7]，而且能够推动学生的社会性发展，使其更亲近社会。[8] 邹泓等研究发现，师生关系越好，流动儿童的心理健康水平越高。[9] 教师作为至关重要的教育要素之一，其投入直接影响着教育过程的公平性。在教学这一重要的教育实施环节，师生互动、生生互动都是重要的因素。教师和城市儿童对流动儿童的歧视与偏见往往会直接造成其互动的不公平，从而影响教育过程公平的

---

[1] 孙晓莉. 流动儿童学校适应性现状研究 [J]. 现代教育科学, 2006 (6): 20-21.

[2] 王丹阳. 公办学校中流动儿童学校适应性现状调查报告 [J]. 上海青年管理干部学院学报, 2008 (4): 50-53.

[3] 许传新. 流动人口子女公立学校适应性及影响因素研究 [J]. 青年研究, 2009 (3): 18-26, 94.

[4] SIMPSON G A, FOWLER M G. Geographic mobility and children's emotional/behavioral adjustment and school functioning [J]. Pediatrics, 1994, 93 (2): 303-309.

[5] TUCKER C J, MARX J, LONG L. "Moving on": residential mobility and children's school lives [J]. Sociology of education, 1998, 71 (2): 111-129.

[6] 石人炳. 美国关于流动儿童教育问题的研究与实践 [J]. 比较教育研究, 2005 (10): 29-33.

[7] HUGHES J N, CAVELL T A, WILLSON V. Further support for the developmental significance of the quality of the teacher-student relationship [J]. Journal of school psychology, 2001, 39 (4): 289-301.

[8] CHANG L, LIU H Y, WEN Z L, et al. Mediating teacher liking and moderating authoritative teachering on Chinese adolescents' perceptions of antisocial and prosocial behaviors [J]. Journal of educational psychology, 2004, 96 (2): 369-380.

[9] 邹泓, 刘艳, 李晓巍. 流动儿童受教育状况及其与心理健康的关系 [J]. 教育科学研究, 2008 (8): 49-53.

实现。教师在课堂提问、座位安排、答疑解惑、批改作业上，对待外来务工人员子女和城市儿童的态度等都可能存在不平等的表现。从徐微等的研究结果来看，流动儿童教育不公平现象主要表现在教学过程的互动中。研究发现，教师在课堂上对流动儿童主动发起的提问次数明显少于城市儿童，流动儿童得到的积极反馈也明显少于城市儿童。在生生交往中，流动儿童有时也是处于被歧视、被排斥的地位，其在学校也就失去了一些应有的和同伴交流的机会。[①] 有学者建议，随迁子女多数以"老乡"为主进行同伴交流，在以促进其社会融入为基础搭建制度平台时，不可忽视随迁子女在生活方式和价值理念方面与城市儿童的差异。[②]

此外，越来越多的研究者重视家庭教育在儿童成长中的作用。外来务工人员为城市建设和经济发展做出了巨大贡献，然而他们由于忙于生计，对子女的教育过程参与较少。外来务工人员一般在服务业和制造业就业，属于劳动密集型行业，这也导致他们难以腾出富余的时间和精力与子女进行沟通和交流，以及实施家庭教育。[③] 由于家庭文化环境与学校文化环境不同，随迁子女都要经历家庭活动与学校活动的不断变换，因而一些儿童会产生不适应学校环境的问题。[④] 此外，一些外来务工人员对子女的教育方法和教育手段存在较大的随意性与盲目性。[⑤] 已有研究发现，流动人口父母简单粗暴的教养方式与城市流动儿童的心理适应问题（孤独、社交焦虑）有密切关系。[⑥] 相比于城市居民来说，外来务工人员经济状况较差，难以满足子女对课外特长班、兴趣班等的需求，一些培训、比赛的机会基本上也与流动儿童"擦肩而过"，这导致了流动儿童教育过程的不公平。总之，外来务工人员的收入、时间、精力、能力等方面的不足都导致了流动儿童在家庭教育过程中处于相对弱势的地位。

---

① 徐微，任华，李艾纹. 流动学前儿童教育过程公平现状及其改进对策 [J]. 学前教育研究，2010 (11)：32 - 36.
② 张丹，计莹斐. 上海市随迁子女城市社会融入政策的实践推进 [J]. 教育研究，2018，39 (9)：154 - 158.
③ 左光霞，冯帮. 社会排斥与流动人口子女的教育公平 [J]. 现代教育科学，2009 (6)：5 - 7.
④ 樊秀丽，姜方华，张宗倩. 从行为习惯养成看家庭与学校的关系：基于北京进城务工人员随迁子女学校的田野研究 [J]. 民族教育研究，2018，29 (3)：108 - 114.
⑤ 钟涛，吴国清. 流动儿童教育问题探析：基于教育公平的视角 [J]. 农村经济与科技，2007 (3)：30 - 31.
⑥ 张翔，王娟，陈良辉，等. 城市流动儿童孤独及社交焦虑与人格特征及父母教养方式关系 [J]. 中国儿童保健杂志，2014，22 (6)：576 - 579.

三、学业成绩研究

综观现有研究,教育生产函数模型方法是探索学业成就影响因素的经典理论模型。因此,本部分首先对教育生产函数的实证研究进行回顾,再将文献聚焦于农民工随迁子女学业成绩的影响因素进行探讨。

(一) 教育生产函数研究

教育除了是提升生产能力的投资活动,其本身也是一个生产的过程。教育生产函数测量的是教育过程中可测量投入与学校产出之间的关系。该函数致力于找出各项影响学生学习成果的输入因素及其相对效力,再加上对各因素的成本分析,学校教育决策者便可以根据各自面对的客观条件和资源限制,选取最优的投入组合,寻求最具成本效益的教学过程。[1]

西方教育经济学者非常关注使用教育生产函数模型来研究学生认知成绩的影响因素。最早的研究可以追溯到1966年美国的《教育机会平等》报告。该研究在对美国4000所公立学校的教师、校长、学区区长和学生进行大规模调查的基础上,使用教育生产函数研究学校投入与产出之间的关系,结果发现学校投入对学生学业成就的影响不大,而家庭和同伴影响是决定学生学业成就的关键因素。[2] 这一结论引发了学术界的激烈争论,并推动了对学校资源与学业成绩关系的广泛研究。研究者一般将投入指标分为学校投入、家庭投入、同伴投入和个人特征等。学校投入的指标一般包括生均支出、教师特征变量(如教师的受教育程度、职称、性别、种族等),以及学校的组织特性(如班级规模、硬件设施等)。家庭投入的指标一般采用父母社会经济背景,包括父母受教育程度、收入水平和家庭规模等。同伴特征通常用学校中其他学生的人口特征的总和表示。[3]

国内开展教育生产函数研究的时间相对较晚,早期国内学者探讨学生学业成绩时,多采用均值比较、相关分析、方差分析等分析方法。随着对学业成绩影响因素的探讨渐趋深入,学界逐渐将教育生产函数模型引入学业成绩的讨论

---

[1] 钟宇平,陆根书. 人力资本与个体及社会经济发展 [J]. 高等教育研究, 1997 (6): 24-31.
[2] COLEMAN J S. Equality of educational opportunity [J]. American journal of sociology, 1967, 73 (3): 354-356.
[3] 薛海平. 学生成绩提高的原理与策略:义务教育生产函数分析 [M]. 北京:北京大学出版社, 2011: 73-74.

中。此后，一些学者对计量方法进行了改进，将多层线性模型、数据包络分析方法（DEA）等计量模型引入实证研究中，选取的数据也能提供更多的变量选择。

综上，教育产出体现在学生的培养质量上，具体包括认知水平与非认知水平两个层面。知识与技能的习得是学校教育的基本立足点，因此多数研究者将学业成绩作为衡量教育产出最核心的变量指标。下面将按照投入要素进行国内外文献的回顾。

1. 学校要素对成绩的影响

学校资源配置与学生学业成绩之间的关系是教育生产函数研究的核心议题，然而学界对此并未达成共识。汉纳谢克（Hanushek）先后多次总结了美国以及发展中国家的教育生产函数研究。1989 年，他采用投票计数法（vote counting）对美国 187 项教育生产函数研究结果进行了统计分析，结果表明，师生比、教师学历、教师工龄、教师工资、生均开支等学校投入没有产生预期的显著影响。[1] 考虑到发展中国家与发达国家教育水平的差异，1994 年，他在总结发展中国家教育生产函数研究的基础上，得到学校投入的提高并不必然能够带来成绩提高的结论。[2] 1997 年，他对已发表的 376 项教育生产函数研究成果进行了更为详尽的综述。他自始至终都认为传统的学校投入与学生学业成绩之间没有强有力的、显著的关系。[3] 2003 年，汉纳谢克改进统计方法，对高质量的教育生产函数文献进行了元分析，这些文献采用了增值模型来解决内生性问题，并且研究数据仅来源于同一个州，以此降低教育的累积性以及州际差异产生的误差，结果仍然支持其早期研究的结论。[4] 20 世纪 90 年代中期，赫奇（Hedges）等对汉纳谢克的投票计数法提出质疑，他们使用元分析方法对已有研究进行重新分析，其研究结果与汉纳谢克的相反，分析发现增加生均费用对

---

[1] HANUSHEK E A. The impact of differential expenditure on school performance [J]. Educational researcher, 1989, 18 (4): 45 - 62.

[2] HANUSHEK E A. Making school work: improving performance and controlling costs [M]. Washington D. C.: Brookings Institution Press, 1994: 125 - 136.

[3] HANUSHEK E A. Assessing the effects of school resources on student performance: an update [J]. Educational evaluation and policy analysis, 1997, 19 (2): 141 - 164.

[4] HANUSHEK E A. The failure of input - based schooling policies [J]. The economic journal, 2003, 113 (485): 64 - 98.

学生学业成绩具有较大的正向影响。① 此外，教师工龄、班级规模和教师工资也对成绩有显著影响，教师工龄显示出正向影响，而后面二者的影响则不确定。

一般来说，人们认为更多的教育投入会产生更高的教育质量。联合国教科文组织在拉丁美洲15个国家开展的系列教育评估研究发现，校园基础设施的质量和课堂教学用具品质均与学生成绩呈显著正相关关系。② 胡咏梅和杜育红利用两层线性模型分析发现，不同学校之间的教育质量悬殊，其中人力资源、物力资源是影响教育质量的重要因素。③ 赵必华基于对53所学校校长、490名初三教师、4010名初三学生的问卷调查和学生中考成绩的数据，通过两水平线性分析发现，校际差异可解释学生成绩22.66%的变异。④ 然而，也有一些实证研究结果表明，仅仅通过增加生均支出、改善教育设施并不能使学生成绩大幅度提升。马洛（Marlow）采用看似无关回归模型估计教育支出的影响，发现较高的支出没有带来较好的成绩，他的解释是较高的支出可能被花费在学区、管理者、教职员工身上，而与教育过程无关。⑤

一些研究探讨教育支出对学生学业成绩的影响。洛普斯（Lopus）采用普通最小二乘法，对美国经济教育全国调查数据进行了分析，发现州一级生均支出、教学支出、班级教育支出均对成绩产生了显著影响。⑥ 薛海平通过分析我国中部和东部省份的抽样数据，用同样的计量方法考察了教育质量的影响因素，研究发现城乡和校际以生均公用经费与教师质量为核心的学校教育资源配置的不均衡在很大程度上决定了城乡和校际教育质量的差异。⑦ 蒋鸣和通过对来自我国东部、中部、西部9个省份、328个县1990年的教育经费和教育事业

---

① HEDGES L, LAINE R, GREENWALD R. Does money matter? A meta-analysis of studies of the effect of differential inputs on student outcomes: an exchange, part 1 [J]. Educational researcher, 1994, 23 (3): 5-14.

② MURILLO F J, ROMÁN M. School infrastructure and resources do matter: analysis of the incidence of school resources on the performance of Latin American students [J]. School effectiveness and school improvement, 2011, 22 (1): 29-50.

③ 胡咏梅，杜育红. 中国西部农村中小学教育生产函数的实证研究 [J]. 教育研究, 2009, 30 (7): 58-67.

④ 赵必华. 影响学生学业成绩的家庭与学校因素分析 [J]. 教育研究, 2013, 34 (3): 88-97.

⑤ MARLOW M L. Spending, school structure, and public education quality: evidence from California [J]. Economics of Education Review, 2000, 19 (1): 89-106.

⑥ LOPUS J S. Do additional expenditures increase achievement in the high school economics class? [J]. The journal of economic education, 1990, 21 (3): 277-86.

⑦ 薛海平. 我国义务教育公平研究：教育生产函数的视角 [J]. 教育与经济, 2009 (3): 1-9.

统计数据进行实证分析,利用相关分析模型和多变量方差分析方法,讨论基础教育经费、各地区基础教育投入与产出的差异,以及各类教育投入(包括教师学历、校舍及设备)对教育质量的影响。[1]

教师质量是教育生产函数研究中的热点,研究者主要探讨教师工作年限、教师学历、教师资格和教师培训四个因素对教育产出的影响。一些实证研究发现,那些观测到的教师特征似乎与学生成绩关系不大。汉纳谢克(Hanushek)的研究综述总结了三类教师特征对学生成绩有显著影响,即教师教育背景(9%)、工作年限(29%)和教师工资(27%),结论表明教师特征没有呈现出所预期的对学生成绩的正向影响。然而,另一些研究则发现教师对学生成绩有显著影响。[2] 奈伊(Nye)等采用多层线性模型估计了教师对学生成绩的影响后发现,教师对学生成绩有重要影响,且这种影响家庭在社会经济水平较低的学生中更大。[3] 戴维(Dewey)等分别采用传统最小二乘法和工具变量法比较教师工作年限的影响,发现教师工作年限对学生成绩有显著影响,且采用后者估计的影响更大。[4] 还有研究发现师生性别相同且均为女性时,学生的学业成绩有显著的提高,即女性教师对女生的学业成绩有正向影响。[5] 在来自中国的证据中,邓业涛运用教育生产函数模型分析甘肃四个县的小学师资状况与学生成绩的关系,研究发现,教师学历、教龄、女教师占比和公办教师占比对学生学业成绩均有显著的影响。[6] 上述两项研究均未讨论学生家庭经济背景对其成绩的影响,但仍然是很有意义的尝试。

班级因素也是研究者讨论学生成绩时关注的重要变量。从班级规模上看,在汉纳谢克统计的152项班级规模的影响因素中,27项显著,其中只有14项是正相关,而另外13项是负相关,如较小的班级规模并不必然提高学生成绩。[7] 勒瓦西(Levacic)等对英国的学生数据进行研究发现,初中班级规模对

---

[1] 蒋鸣和. 教育成本分析 [M]. 北京:高等教育出版社, 2000: 70 – 79.
[2] HANUSHEK E A. Assessing the effects of school resources on student performance: an update [J]. Educational evaluation and policy analysis, 1997, 19 (2): 141 – 164.
[3] NYE B, KONSTANTOPOULOS S, HEDGES L V. How large are teacher effects? [J]. Educational evaluation and policy analysis, 2004, 26 (3): 237 – 57.
[4] DEWEY J, HUSTED T A, Kenny L W. The ineffectiveness of school inputs: a product of misspecification? [J]. Economics of education review, 2000, 19 (1): 27 – 45.
[5] DEE T S. Teachers and the gender gaps in student achievement [J]. Journal of human resources, 2007, 42 (3): 528 – 54.
[6] 邓业涛. 关于小学师资状况与教育质量关系的实证研究 [D]. 北京:北京大学, 2005.
[7] HANUSHEK E A. Assessing the effects of school resources on student performance: an update [J]. Educational evaluation and policy analysis, 1997, 19 (2): 141 – 164.

学生成绩有显著的负向影响。① 克鲁格（Krueger）的研究表明班级规模降低1%，学生成绩可以提高4%。② 还有一些研究发现班级规模对学生成绩的影响并不显著。例如，对我国甘肃农村基础教育调查数据的分析发现，班级规模对学生成绩的影响不显著。③ 从分班策略上看，研究发现按能力分班对高成绩班级的学生具有正向效应，而对低成绩班级学生则有显著的负向效应。④ 关于学校投入的大量实证研究表明，不同研究使用不同教育投入效果的形式是不一致的，学校投入的影响往往是混合的，仅仅增加学校投入并不一定能提高学生的学业成绩。

2. 家庭要素对学生成绩的影响

教育生产过程是学校和家庭两个空间共同作用的结果，学校与家庭对学生学习过程的影响是相互联系的。教育的联合生产是指在不同地点、以相互影响的方式促进学生发展的过程。⑤ 经济学家用两种方式估计家庭在教育生产中的作用：第一，在教育生产函数中，引入学生的家庭背景变量，诸如学生父母的受教育程度、职业、收入水平等；第二，经济学家根据父母投入子女教育中的时间建模，分析其效用。

研究者对于家庭在教育中产生作用的探讨，重点在于学生家庭社会经济背景对其成绩的影响。研究者普遍发现，父母受教育程度能够显著正向预测学生的教育产出，即父母受教育程度越高，子女的学习成绩通常就会越好。布洛（Blow）等对家庭收入对学生发展影响的文献进行综述后得到以下结论：第一，家庭当前收入的影响较小；第二，家庭的长期收入对成绩的影响比当前收入的影响大得多，但这种影响在引入更多变量后通常有所下降；第三，与种族、性别等父母特征相比，收入对教育产出的影响较小；第四，收入对家庭的

---

① LEVACIC R, JENKINS A, VIGNOLES A, et al. The effect of school resources on pupil attainment in English secondary schools [R]. Institute of education and centre for the economics of education, Institute of Educaiton, 2006.

② KRUEGER A B. Experimental estimates of education production functions [J]. The quarterly journal of economics, 1999, 114 (2): 497-532.

③ PARK A, HANNUM E. Do teachers affect learning in developing countries? Evidence from matched student - teacher data from China [R]. Paper prepared for the conference rethinking social science research on the developing world in the 21st century, Social Science Research Council, 2001.

④ PRECKEL F, SCHMIDT I, STUMPF E, et al. High - ability grouping: benefits for gifted students' achievement development without costs in academic self - concept [J]. Child development, 2019, 90 (4): 1185-201.

⑤ 卡诺依. 教育经济学国际百科全书 [M]. 2版. 闵维方, 译. 北京：高等教育出版社, 2000: 430-445.

影响通常是非线性的,其对低收入水平家庭子女的影响较大。① 卡内罗(Carneiro)和赫可曼(Heckman)研究发现,对6岁儿童来说,不同家庭收入水平儿童的数学成绩有显著差异,在接下来的6年中,这些差异会进一步扩大,并且父母受教育程度、家庭收入对学生成绩的影响具有长期效应。② 张月云和谢宇认为,儿童所能获得的家庭教育资源包括经济投入、父母参与和家庭环境资源三类,其研究发现尽管当前中国儿童的兄弟姐妹普遍较少,但其获得的各项教育资源及其学业成绩依然随兄弟姐妹的增多而显著降低。③ 不仅如此,儿童的教育资源获得还可以有效解释兄弟姐妹数量对学业成绩的消极作用。

许多学者试图测量家长参与和儿童成绩之间的关系,但是并未得到一致结论。研究者发现,母亲陪伴孩子的时长越长、质量越高,孩子的成绩越好。④ 此外,家庭规模、家庭结构等因素也影响孩子的学业成绩。美国一些关于家庭规模影响的研究发现,来自较大规模家庭的儿童成绩通常比较差。⑤ 薛海平等研究发现,学生家庭社会经济背景、学校同伴、教师素质、班级规模与分权管理制度均显著影响甘肃农村初中数学和语文教育的质量。⑥ 但也有研究发现,父母教育参与和学龄儿童学业成绩并无显著正相关关系。例如,一项以我国中学生为研究对象的实证调查结果表明,父母教育参与对8年级学生的学业成绩无显著影响。⑦ 在一项元分析中还发现,父母参与儿童的家庭作业与儿童学业成绩呈负相关关系。⑧

---

① BLOW L, GOODMAN A, KAPLAN G, et al. How important is income in determining children's outcomes? A methodology review of econometric approaches [R]. A report for her majesty's treasury evidence based policy fund, forthcoming as an IFS discussion paper, 2004.
② CARNEIRO P, HECKMAN J J. The evidence on credit constraints in post-secondary schooling [J]. The economic journal, 2002, 112 (482): 705-734.
③ 张月云,谢宇. 低生育率背景下儿童的兄弟姐妹数、教育资源获得与学业成绩 [J]. 人口研究, 2015, 39 (4): 19-34.
④ LEIBOWITZ A. Home investments in children [J]. Journal of political economy, 1974, 82 (2): 111-131.
⑤ BLAKE J. Family size and achievement [M]. Berkeley: University of California Press, 1989: 67-89.
⑥ 薛海平. 我国义务教育公平研究:教育生产函数的视角 [J]. 教育与经济, 2009 (3): 1-9.
⑦ XIONG Y, QIN X, WANG Q, et al. Parental involvement in adolescents' learning and academic achievement: cross-lagged effect and mediation of academic engagement [J]. Journal of youth and adolescence, 2021, 50 (9): 1811-1823.
⑧ HILL N E, TYSON D F. Parental involvement in middle school: a meta-analytic assessment of the strategies that promote achievement [J]. Developmental psychology, 2009, 45 (3): 740-763.

(二) 随迁子女教育学业成就影响因素的经验研究

1. 我国随迁子女学业成绩影响因素的实证研究

借鉴教育生产函数的分析框架，对随迁子女学业成绩影响因素的讨论也可以分为学校、家庭及学生个体等维度展开。研究表明，随迁子女作为相对弱势群体，能够从家庭中获得的教育资源有限，因此他们的学业成绩更多地依赖于学校内部资源的支持。[1] 一些实证研究发现，随迁子女在城市就读的学校类型对其学业成绩有较大影响。打工子弟学校作为流入地接纳外来人口子女的重要载体，与公办学校相比，存在办学条件差[2]、师资力量不足[3]、教师流动性大[4]等问题，对学业成绩存在一定消极作用。

中央教育科学研究所课题组的研究表明，公办学校农民工随迁子女与城市本地学生的学业成绩差异不大，但民办学校农民工随迁子女自我评价的学习成绩和学习态度均落后于公办学校农民工随迁子女。[5] 冯帅章和陈媛媛通过对上海市11所公办学校和9所农民工子弟学校进行问卷调查和标准化考试，在控制家庭和学生个人因素，并利用2008年前父母的居住地作为工具变量调整内生性问题后，其研究结果显示，在不同类型的学校，即农民工子弟学校和公办学校就读的流动儿童之间存在较大的成绩差距，进一步的分位数回归结果显示，学校类型对于成绩较差的学生影响更大。[6]

家庭社会经济地位对随迁子女学业成绩起重要作用，周皓和巫锡炜通过对北京市12所公立学校和7所流动儿童学校的不同群体学生进行调查，利用多层线性模型考察不同群体学生学业成绩的影响因素。研究发现，本地儿童和流动儿童、公办学校流动儿童和打工子弟学校流动儿童的学业成绩均存在显著的差异。尽管家庭社会经济地位对随迁子女学业成绩有显著影响，但是也有研究

---

[1] 范先佐. 教育公平与制度保障：进城务工人员子女接受义务教育的现状分析 [J]. 教育发展研究, 2007 (23): 5-9.
[2] 姚薇薇. 北京城市打工子弟学校的现状和问题 [J]. 北京社会科学, 2010 (3): 78-81.
[3] 冯帅章, 陈媛媛. 学校类型与流动儿童的教育：来自上海的经验证据 [J]. 经济学（季刊）, 2012, 11 (4): 1455-1476.
[4] 曾俊霞. 打工子弟学校教师流动意愿及影响因素分析 [J]. 贵州社会科学, 2012 (7): 52-55.
[5] 中央教育科学研究所课题组. 进城务工农民随迁子女教育状况调研报告 [J]. 教育研究, 2008 (4): 13-21.
[6] 冯帅章, 陈媛媛. 学校类型与流动儿童的教育：来自上海的经验证据 [J]. 经济学（季刊）, 2012, 11 (4): 1455-1476.

发现学校平均社会经济地位、班级规模、父母教育期望、亲子交流能够调节家庭社会经济地位对随迁子女学业成绩的影响。[1]

随迁子女的流动经历对其学业成绩有一定影响。张绘等利用有序概率选择模型分析流动儿童学习成绩的影响因素，研究发现转学次数的增加会显著导致流动儿童学习成绩下降，而且这一效应在性别、学段与学校类型上存在一定的差异性；此外，研究还发现家庭经济状况只对男童以及初中阶段、公立学校和有证打工子弟学校的学生有显著正向影响。[2]

从随迁子女家庭投入的角度看，蔺秀云等采用整群抽样的方法对北京流动儿童与本地儿童进行问卷调查，研究发现公立学校本地儿童的父母对教育的投入程度最高，公立学校流动儿童的学习努力度和学业表现较好，而打工子弟学校流动儿童表现最差，父母教育投入与儿童自己的学习投入均不足。[3] 周序指出，相较于本地家庭而言，农民工家庭文化资本相对匮乏，其中父母教育期望、母亲文化程度对随迁子女学业成绩有显著影响。[4] 谢小红则从宏观社会资本、家庭社会资本、学校社会资本三个角度研究随迁子女的社会资本，发现随迁子女的社会资本均少于城市学生，部分家庭社会资本、学校社会资本对随迁子女的学业成绩有显著影响。[5]

2. 国外流动学生学业成就的有关研究

人口流动是当代社会经济发展的必然趋势，美国也保持着较高的学龄人口流动率，美国的人口流动情况复杂多样，流动儿童可能是由于父母工作需要而流动，有的是因为父母工作不稳定而不得不换工作地点，也有的是因为来自移民家庭或者军人家庭。因此，美国学者也特别关注流动儿童的教育问题。他们研究发现，流动尤其是频繁流动，在一定程度上妨碍了学生的成功。而且，频繁流动不仅不利于流动儿童自身的发展，也会在一定程度上影响学校甚至学区的教育水平。高流动性对学生的学业有明显的负面影响，相关数据表明，流动

---

[1] 周皓，巫锡炜.流动儿童的教育绩效及其影响因素：多层线性模型分析 [J].人口研究，2008 (4)：22 – 32.

[2] 张绘，龚欣，尧浩根.流动儿童学校选择的影响因素及其政策含义 [J].人口与经济，2011 (2)：95 – 100.

[3] 蔺秀云，王硕，张曼云，等.流动儿童学业表现的影响因素：从教育期望、教育投入和学习投入角度分析 [J].北京师范大学学报（社会科学版），2009 (5)：41 – 47.

[4] 周序.文化资本与学业成绩：农民工家庭文化资本对子女学业成绩的影响 [J].国家教育行政学院学报，2007 (2)：73 – 77.

[5] 谢小红.社会资本理论视域下进城流动学生的学业成就研究 [D].重庆：西南大学，2013.

学生中成绩差的学生占比明显高于非流动学生。[1] 学生流动越频繁，对其学习构成的威胁越大。

为此，美国采取了各种措施解决流动学生的教育问题，保障流动学生的教育权利与学业成功机会。其一，完善立法，如"迁移者教育计划"（Migrant Education Program）为迁移学生（主要指5~17岁迁移的农场工人的子女）提供补偿教育和各种支持与服务；2002年《不让一个孩子掉队法案》（No Child Left Behind Act）颁布，希望消除流动学生与非流动学生间的差别，保证每一个学生都能接受到平等的学校教育。其二，利用信息技术、互联网技术更新和传递流动学生信息，保证流动学生学习的连续性。其三，加强学校（社区）与流动儿童家庭的联系，通过家访、学校聚会等多种形式，加强学生、教师、家长之间的联系，保证流动儿童能够得到学习上、社交上、情感上的支持。[2]

第三节 研究述评

对与教育公平和农民工随迁子女教育有关的文献的梳理，为本研究的设计和开展奠定了理论基础和方法论基础。然而，现有研究仍存在不足之处，具体表现在如下几个方面：

第一，有关农民工随迁子女教育全过程的研究有待扩展。从教育的三个阶段来看，农民工随迁子女的入学、受教育过程和教育结果是构成其教育研究的三个重要部分。然而，现有研究对这三个方面的研究是相对割裂的，往往仅关注其中的某个方面。而从教育公平的有关理论来看，起点公平、过程公平和结果公平是影响学生受教育状况的三个重要方面，因此，有必要从教育的全过程出发，构建一幅相对完整的农民工随迁子女教育研究图景。与此同时，作为研究对象的学生个体，是生活在群体和社会环境之中的。如果对研究对象（学生）的群体现象予以整体考虑，一所学校中的学生所聚合的家庭社会经济地位、班级学生的师生关系、同伴交往等变量可以被视为学校脉络的一部分，共同纳入对农民工随迁子女相关议题的讨论中。

---

[1] 石人炳. 美国关于流动儿童教育问题的研究与实践 [J]. 比较教育研究, 2005 (10): 29-33.

[2] 谢小红. 社会资本理论视域下进城流动学生的学业成就研究 [D]. 重庆：西南大学, 2013.

第二，有关社会资本在教育领域的研究给人们提供了有益启发。社会资本理论为分析教育中的不平等现象提供了新的视角，也提供了一种在教育过程中分析人与人之间的互动关系、学校和家庭环境对个体影响的"嵌入性"方法。从社会资本的教育功能来看，已有研究基本证实了父母的社会经济背景和社会资本会对子女的教育产生较大的影响，包括学业成就、教育机会、教育获得等方面。然而，目前有关社会资本在教育领域的应用的研究仍然存在可以进一步探索的空间。一些研究普遍关注代表社会资本的部分指标对教育的影响，在概念操作化的过程中，雷万鹏[1]、钟宇平[2]、许善娟[3]等学者分别在学生社会资本的测量上进行了探索。本研究可以在借鉴以上学者研究的基础上，进一步对社会资本涉及的有关维度进行测量，如有关"参与""期望""社会网络"等社会资本核心要素。

第三，社会分层与教育的双向互动作用被割裂开进行研究。城镇化和社会分层为我们分析农民工随迁子女的教育问题构建了时代背景和社会背景。传统的城乡二元结构在城镇化进程中逐渐转向"乡村—流动人口—城市"的三元结构，社会结构的分层现象日趋明显。在现有的社会分层结构中，教育和社会分层有显著的双向互动作用，而当前的研究更多集中于单向的影响，将教育的社会分层作用以及社会分层对教育的影响人为割裂了。根据布迪厄的相关理论，应将社会分层和教育之间的影响作用视为一个整体加以研究，即要看到现有社会分层带来的教育分层，由此给教育的起点、过程和结构等带来影响。事实上，农民工随迁子女及其家庭和学校教育，创造了一个连续性的、有效的教育环境，这意味着学校、家长与儿童个体在一个共同的环境中培植关系，相互信任、分享、沟通，形成以儿童为中心，以家庭为支撑，以学校班级环境为情境的教育全过程。这些对于儿童的教育至关重要。

第四，学校过程的"黑箱"有待被进一步揭示。科尔曼的报告以及大量后续的实证研究都分析了学校因素和非学校因素对学生学业成绩的影响。经济学家对学校投入因素特别感兴趣，因为这些投入可以被学校管理者操控并以此影响教育资源的配置，科尔曼等的研究引发了学界对"学校效能"的讨论。这些研究旨在测度学校教育资源投入的效果，识别对学校产出有价值的投入，

---

[1] 雷万鹏. 中国大陆高等教育需求中的城乡差异研究 [D]. 香港：香港中文大学，2004.
[2] 钟宇平，陆根书. 社会资本因素对个体高等教育需求的影响 [J]. 高等教育研究，2006（1）：39-47.
[3] 许善娟，丁小浩，钟宇平. 香港高中学生的社会资本对高等教育需求的影响分析 [J]. 清华大学教育研究，2006（1）：77-84，95.

而对学校过程的"黑箱"讨论不足。后来的研究则逐渐加入一些过程变量，如学校氛围、教师行为、行政人员管理方式等。但是，由于投入要素作用机制的复杂性，这些研究并未得到一致的结论。在非学校投入层面，学生家庭社会经济背景与同伴关系对学生学业成绩有重要影响的观点得到大量实证研究的支持，人们相信学校以外的因素会影响学生的教育产出，一些公共政策也会受此影响。在教育研究中，学者们对影响个人教育成就的因素极为关注，一般认为个人的教育成就主要与三个因素有关：天赋能力、努力程度和机遇。[1] 其中天赋能力主要由基因决定，后两者则与儿童所处的家庭、社区社会经济环境有极大关联。

第五，农民工随迁子女学业成绩的多层次数据模型有待发展完善。关于农民工随迁子女学业成就影响因素的研究还相对较少，但从论证过程来看，已有研究的质量较高。针对农民工随迁子女这一特殊群体，流动性、学校类型、家长教育参与等因素均对其学业成绩具有重要影响。但是，相关研究仍然存在一定局限。首先，几乎没有针对随迁子女教育生产函数的研究，尽管已有研究的模型构建涉及生产函数中有关教育投入的若干因素，但比较系统的构建子女教育生产函数的文献还相对欠缺。其次，大部分已有研究的数据并未采用嵌套数据，基本是分析单一层次变量的数据；同时，大多数据来源于区域性局部调查，样本代表性不够。例如，冯帅章、陈媛媛[2]的研究来自上海市的数据，周皓、巫锡炜[3]选取的是来自北京市的数据。这些研究给我们的启示是，数据是研究的基础，高质量的教育生产函数研究需要来自学校、教师、学生个人及其家庭多个层面且相互匹配的投入变量。因此，在取样和计量方法上，需要获取学校、教师和学生三个层面的匹配数据，否则研究很有可能因为没控制住重要变量而出现内生性和遗漏变量等问题，进而导致估计偏差。

---

[1] 赵延东，洪岩璧. 网络资源、社会闭合与宏观环境：教育获得中的社会资本研究及发展趋势[J]. 社会学评论，2013，1（4）：42 – 51.
[2] 冯帅章，陈媛媛. 学校类型与流动儿童的教育：来自上海的经验证据[J]. 经济学（季刊），2012，11（4）：1455 – 1476.
[3] 周皓，巫锡炜. 流动儿童的教育绩效及其影响因素：多层线性模型分析[J]. 人口研究，2008（4）：22 – 32.

第三章　研究设计

人类科学可大致划分为自然科学、社会科学、人文科学三类。自然科学关注自然现象背后的客观规律，人文科学关注人和人之间的主观特殊性，而社会科学是介于人文科学和自然科学之间的学问。正如哈耶克（Hayek）所说："社会科学研究的不是物与物的关系，而是人与物或人与人的关系。"① 而教育研究旨在通过研究人类教育现象，解决教育问题和揭示一般教育规律，属于社会科学范畴。当下社会科学研究有三大基本取向：实证主义取向、诠释主义取向和批判主义取向。本研究属于实证主义研究。

第一节　研究方法及数据

通常认为研究方法包括三个层面：第一层是认识事物的普遍价值和共同规律，采用具有一般特性的哲学方法，重在理论思辨；第二层是以科学方法认识事物的规律与特点，重点关注"研究范式"；第三层是通过定量研究或定性研究获取认识资料的具体方法论，包括具体的收集和分析处理资料的方法。② 根据研究目的需要，对于农民工随迁子女教育获得的研究，本书主要采用量化与质化相结合，以量化研究为主、质化研究为辅的混合研究范式。

---

① 江宏春. 自然科学、社会科学、人文科学的关系：一种"学科光谱"分析 [J]. 自然辩证法研究，2014，30（6）：61-66.

② 马和民. 新编教育社会学 [M]. 上海：华东师范大学出版社，2002：49-59.

一、研究范式选择

量化研究与质化研究是社会科学研究中的两种不同价值取向和研究范式。从其哲学基础看，量化研究遵循实证主义，强调事实的客观实在性，注重研究结论的普适性和可推广性；质化研究以建构主义等为哲学基础，注重对现象的解释和理论建构，强调研究者和研究对象在社会情境中的行为互动，并剖析行为互动背后的逻辑、机制。量化研究与质化研究的比较见表3.1。第一，从研究问题来看，量化研究往往有预先的问题假设，而质化研究则是一般性引导，在研究中发现和剖析问题；第二，在结构设计上，量化研究更为严谨，质化研究则多以松散的设计呈现，以保证研究过程的灵活性；第三，两者的资料获取方法不同，前者多用统计报表法、问卷法，后者多用访谈法、观察法等方法；第四，两者对资料的处理方式不同，量化研究多采用数理统计方法验证其问题假设，质化研究则通过对现有资料的理解和阐释来描述现象。

表 3.1 量化研究与质化研究的比较[①]

项目	量化研究	质化研究
研究问题	预先明确	一般性引导
结构设计	严谨	松散
资料获取方法	统计报表法、问卷法、量表测量法	访谈法、观察法、文献法
资料处理方式	数理分析	理解、阐释

然而，量化研究与质化研究的区分只是相对的，针对具体研究问题，两者各有其侧重点。量化研究重在对事物的事实性描述，而质化研究重在分析事件发生的原因和过程。混合研究方法是继量化研究和质化研究之后的第三种教育研究范式或教育研究运动的"第三次浪潮"。混合研究范式有三层含义：第一，在同一研究中，两种研究范式的使用具有先后顺序；第二，两种研究方法以多种方式相结合贯穿于研究中的任何阶段；第三，具体研究问题决定了应选择何种研究方法，量化与质化相互结合，能够互相取长补短。美国学者约翰逊（Johnson）和奥屋格普兹（Onwuegbuzie）对混合研究方法的优势进行了系统

[①] PUNCH K F. 社会科学研究法：量化与质化取向 [M]. 林世华，陈柏熹，黄宝园，等译. 北京：心理出版社，2005：37.

的总结[①]，其主要观点是：①研究中所使用话语、图片和故事等质性材料与量化数据相得益彰，前者丰富了量化数据背后的意义，后者则从整体上保证了前者的准确性；②同时运用两种研究方法，能够同时彰显量化研究与质化研究的优势，避免两种研究方法各自的不足；③两种研究方法的结论相互论证，提高了研究结论的信度；④提高了研究结果的可推广性。可见，量化研究和质化研究并非相互排斥的，而是相互兼容的。融合量化和质化研究的理由是利用两种研究的特点，取长补短，但是否采用混合研究方法，应根据研究者面对的实际环境而定。

通过上述比较不难发现，研究方法本身并不存在绝对意义上的好坏之分，只有与研究问题以及研究过程中其他因素相联系时才可能衡量其是否适宜。在研究范式的选择上，本研究采用以量化研究为主、质化研究为辅的范式。理由在于，教育的对象是人，教育研究是人文社会科学的一部分，既然称之为"科学"，其中必然包含一定的客观规律和事实；然而，作为研究对象的主体，人的行为选择是极其复杂的，可能蕴含一定主观特征的人文价值和意义。若只使用定量研究，容易给人以"冷冰冰"的感觉；而单纯使用质化研究，对事实背后的规律则难以把握和挖掘。因此，本研究采用量化研究与质化研究相结合的方法，通过量化数据呈现事物的状况和一般规律，辅以深度的访谈、个案研究和实地观察，增进对数据背后意义的理解。

二、研究方法选择

阿斯加里（Tashakkori）和堤利（Teddlie）根据两种研究方法在研究中的地位和顺序，将混合研究方法分为以下五种类型[②]：一是顺序设计（sequential studies），其又可分为解释性设计或探索性设计两类。解释性设计是指先对量化资料进行分析后，再通过质性资料加以解释、验证；探索性设计是指先收集质性资料，结合质性资料的初步分析结果编制量化研究工具，再进行量化资料收集与分析。[③] 二是平行设计或同时设计（parallel/simultaneous studies），是指

[①] JOHNSON R B, ONWUEGBUZIE A J. Mixed methods research: a research paradigm whose time has come [J]. Educational researcher, 2004, 33 (7): 14 – 26.
[②] TASHAKKORI A, TEDDLIE C. Mixed methodology: combining qualitative and quantitative approaches [M]. Thousand Oaks: Sage, 1998: 139.
[③] CRESWELL J W. Educational research: planning, conducting, and evaluating quantitative and qualitative research [M]. Upper Saddle River: Prentice Hall, 2005: 30 – 36.

研究者同时运用两种方法收集和分析资料。三是主辅设计（dominant – less dominant studies），是指以质化或量化中的一种研究方法为主，以另一种方法为辅。四是同等地位设计（equivalent status designs），是指研究者平等地使用量化与质化方法。五是多层取向设计（designs with multilevel use of approaches），是指研究者针对不同的研究群体，选择不同的收集资料和分析资料的方法，以相互验证和分析。

根据研究问题的实际需要和实地操作的可行性，本研究采取主辅设计的方式，即量化为主、质化为辅的研究方法。具体研究工具、研究方法和研究步骤如下。

（一）问卷调查法

为了深入了解农民工随迁子女教育问题，华中师范大学课题组于2015年10—12月对广东、湖北两省6个城市的15个区（县）展开实地调研并获取第一手数据。

1. 研究工具制定

研究工具由华中师范大学课题组设计，主要包括针对三类不同群体的调查问卷，即"学生卷""教师卷""学校卷"。问卷的设计包括以下步骤：第一，在课题组多年来对随迁子女教育状况持续研究的基础上，阅读国内外相关文献，确定此次问卷调查研究的主要议题和问卷架构；第二，通过开放式访谈所形成的经验观察，参考已有研究中相关概念的测量方法，设计问卷题目；第三，为了保证调查工具的信度和效度，课题组先后召开5次专家座谈会、20余次小型研讨会，在武汉市、英山县、长阳县三地进行4次试调查，征求学生家长、学生、一线教育工作者和教育行政人员的意见与建议。课题组完成试调查后，经过17个版本的反复修订，最终形成正式问卷。

2. 抽样说明

对学生的抽样主要采取分层整群法，具体抽样步骤如下（见图3.1）：①选取代表中部省份的湖北、代表东部省份的广东作为调研省份，按照经济发展水平、流动人口或外出务工人员规模以及地理位置等因素分别选取6个城市，分别为深圳、东莞、韶关、武汉、宜昌、黄冈。其中，深圳、东莞、武汉、宜昌作为农民工随迁子女的取样城市，韶关、黄冈作为留守儿童的取样城市。①②城市学校抽样：每个地级市分别选取一个中心城区、一个远城区、一个城乡接合部；每个区至少选择两所学校（包含小学、初中），所选学校农民工随迁子女的比例超过30%；另外，选择两所民办打工子弟学校（小学、初中各一所）。③农村学校抽样：每个县分别选取一个城关镇，一个经济发展中等的乡镇，一个相对边远、经济欠发达的乡镇；每个镇选取位于乡镇的初中和小学各一所、农村小学一所。④学生抽样：选取小学五年级、初中二年级学生作为调查对象，每个年级随机选择2~3个班级的全体学生开展问卷调查。

按照经济发展水平、流动人口或外出务工人员规模、地理位置等因素分别选取6个城市 → （1）原则上每个地级市分别选取中心城区、远城区和城乡接合部
（2）根据学校地理区位、农民工随迁子女和留守儿童规模及分布特征，每个区县至少选取2所学校（包含小学、初中）
（3）选取每所学校的小学五年级、初中二年级学生作为调查对象，每个年级随机选择2~3个班级的全体学生开展问卷调查

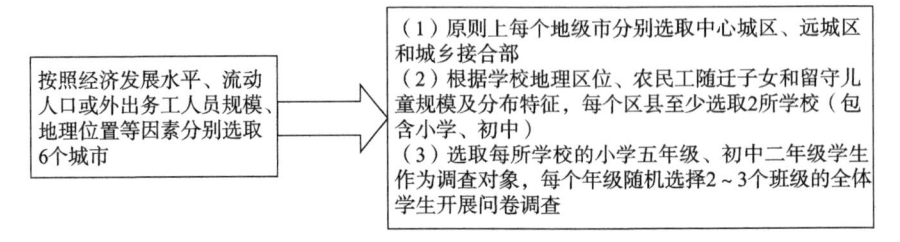

图 3.1　问卷调查抽样示意图

依照上述抽样思路，课题组在2省6城市15个区（县）的37所中小学校开展问卷调查，最终获取学生样本4150个、教师样本488个、学校样本37个。同时，学生—教师—学校数据形成嵌套关系。调研样本分布如表3.2、表3.3所示。

表 3.2　调研样本分布情况（1）

城市	样本区（县）
深圳市	罗湖区、南山区、龙岗区
韶关市	武江区、乐昌市
东莞市	东城区、南城区
武汉市	江汉区、汉阳区、硚口区、武昌区
宜昌市	猇亭区、夷陵区、长阳县
黄冈市	英山县

---

① 抽样说明：考虑到外出务工人员流动形式有跨省流动、省内跨城市流动、市内跨区县流动三种，选取样本城市时，参考各地外出务工人员流动主要特征，深圳、东莞代表跨省流动城市，武汉代表省内流动城市，宜昌代表市内跨区（县）流动城市。

表 3.3　调研样本分布情况（2）

城市	学生/人	教师/人	学校/所
深圳市	577	100	4
韶关市	580	71	5
东莞市	783	92	6
武汉市	677	103	7
宜昌市	731	53	8
黄冈市	802	69	7
总计	4150	488	37

3. 样本基本情况

（1）学生样本基本情况描述

本次问卷调查获取学生样本4150个，学生样本来自农民工随迁子女、城市本地学生、农村留守儿童和农村非留守儿童四类人群。如前所述，在城市取样中，深圳、东莞、武汉、宜昌是农民工随迁子女和城市本地学生的取样城市，韶关、黄冈是留守儿童和非留守儿童的取样城市。由于本研究的研究对象是农民工随迁子女，因此，文中分析所涉及的数据来源于深圳、东莞、武汉和宜昌四个城市。[①] 从图3.2中可以看出样本中这四类群体的分布情况：①在深圳、东莞、武汉、宜昌四个城市学校中的农民工随迁子女样本有713个，占样本总量的17%；②在深圳、东莞、武汉、宜昌四个城市学校中的本地学生有1523个，占样本总量的37%；③在韶关、黄冈两个地区学校中的留守儿童样本有545个，占样本总量的13%；④在韶关、黄冈两个地区学校中的非留守儿童样本有652个，占样本总量的16%。

[①] 需要说明的是，基于实际情况，将深圳、东莞、武汉、宜昌作为农民工随迁子女、城市本地学生的取样城市；将韶关、黄冈作为农村留守儿童和非留守儿童的取样城市。本研究的主要研究对象是来自深圳、东莞、武汉、宜昌四个城市的农民工随迁子女，如无特殊说明，对学生卷、教师卷、学校卷的有关统计均来自上述四个城市。而其他三类学生群体以及对应的教师数据、学生数据作为农民工随迁子女及其教师、学校数据的参照。

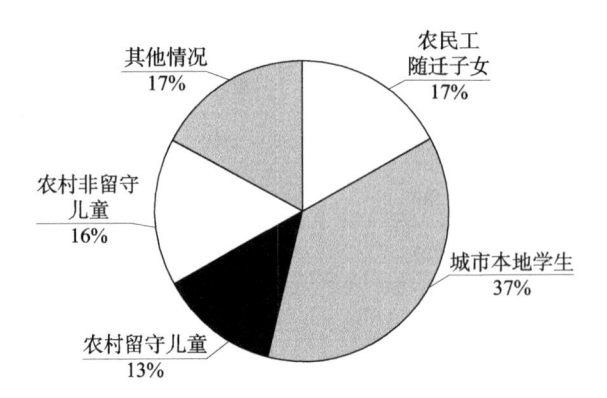

图 3.2　学生样本分布

表 3.4 表明，农民工随迁子女样本的基本情况是：①从人口学特征上看，总样本中男生占 54.8%，样本平均年龄为 11.9 岁，汉族学生占 93.1%；来自五年级的占 47.1%，来自八年级的占 52.9%。②从地域分布上看，来自深圳市的占 23.4%，来自东莞市的占 25.7%，来自武汉市的占 28.2%，来自宜昌市的占 22.7%，表明样本的分布较为均衡。③从家庭结构上看，农民工随迁子女家中兄弟姐妹的平均个数为 1.16 个，从比例上看，独生子女占 26.8%，有 1 个兄弟姐妹的占 45.2%，有 2 个兄弟姐妹的占 17.9%，有 3 个及以上兄弟姐妹的占 10.1%。④从随迁情况上看，在本地出生的随迁子女占 23.8%；在本地平均生活时间为 6.86 年，结合平均年龄来看，可以发现大部分农民工随迁子女从小学入学阶段进入本地生活。平均转学次数（不包括正常升学）为 1.03 次，从比例上看，没转过学的占 40.1%，转过 1 次学的占 35.1%，转过 2 次学的占 13.9%，转过 3 次及以上的占 10.9%。

表 3.4　农民工随迁子女样本基本情况

类别	数值	类别		数值
男生占比/%	54.8	平均转学次数		1.03
平均年龄/岁	11.9	转学次数占比/%	没转过	40.1
汉族占比/%	93.1		1 次	35.1
本地出生学生占比/%	23.8		2 次	13.9
在本地平均生活时间/年	6.86		3 次及以上	10.9

续表

类别		数值	类别		数值
兄弟姐妹平均数/个		1.16	来源占比/%	深圳市	23.4
兄弟姐妹数量占比/%	无	26.8		东莞市	25.7
	1个	45.2		武汉市	28.2
	2个	17.9		宜昌市	22.7
	3个及以上	10.1	年级分布占比/%	五年级	47.1
				八年级	52.9

（2）教师样本基本情况描述

与农民工随迁子女相对应的是，本研究的教师样本选择的是来自深圳、东莞、武汉、宜昌四个城市学校的教师，相对于来自韶关和黄冈的教师而言，来自这四个地区的教师可称为"城市教师"[①]。城市教师的样本数为348个，占教师总数的71.3%。

表3.5表明，城市教师样本的基本情况是：①从人口学特征上看，总样本中男性占27.7%，平均年龄为37.1岁，平均教龄为14.9年，汉族占92.2%。②从地域分布上看，来自深圳市的占28.7%，来自东莞市的占26.4%，来自武汉市的占29.6%，来自宜昌市的占15.3%，表明样本的分布较为均衡。③从婚姻状况上看，未婚的占20.1%，已婚的占76.4%，其他占3.5%。④从教师的身份上看，公办教师占68.7%，特岗计划（省编）教师占2.0%，代课教师占9.3%，其他占20.0%；被调查教师中，有近一半担任班主任，占比为47.8%。⑤从教师个人资质上看，最高学历为初中及以下的占0.3%，高中和中专的占2.6%，大专学历的占23.4%，本科占66.5，研究生及以上的占7.2%，这反映出大部分教师有高等教育背景；教师职称为初级的占20.6%，中级的占46.5%，高级的占14.8%，未评级或其他占18.1%。

表3.5 城市教师样本基本情况

类别		数值	类别		数值
男性占比/%		27.7	婚姻状况情况占比/%	未婚	20.1
平均年龄/岁		37.1		已婚	76.4
平均教龄/年		14.9			
汉族占比/%		92.2		其他	3.5

---

① 如无特殊说明，本研究中有关教师的数据均来源于"城市教师"数据。

续表

类别		数值	类别		数值
职称情况占比/%	初级	20.6	班主任占比/%		47.8
	中级	46.5	最高学历情况占比/%	初中及以下	0.3
	高级	14.8		高中和中专	2.6
	未评级或其他	18.1		大专	23.4
教师身份情况占比/%	公办教师	68.7		本科	66.5
	特岗计划（省编）教师	2.0		研究生及以上	7.2
	代课教师	9.3	来源占比/%	深圳市	28.7
	其他	20.0		东莞市	26.4
				武汉市	29.6
				宜昌市	15.3

（3）学校样本基本情况描述

表 3.6 表明，学校样本的基本情况是：①从学校基本信息看，45.9% 的学校是完全小学，37.8% 的学校是初中学校，16.3% 的学校是九年一贯制学校，其中公办学校、非寄宿制学校分别占 89.2%、72.2%；②从学校位置看，67.6% 的学校位于城区，24.3% 的学校位于乡镇，可见调研学校以城镇样本为主，仅 8.1% 的学校位于乡村；③从学校所在地区看，平原、丘陵、山区学校分布较为均匀，37.8% 的学校位于平原地区，35.1% 的学校位于山区，24.3% 的学校位于丘陵地区。

表 3.6　学校样本基本情况

类别		数值	类别		数值
公办学校占比/%		89.2	学校位置占比/%	城区	67.6
				乡镇	24.3
寄宿制学校占比/%		27.8		乡村	8.1
学校类型占比/%	完全小学	45.9	所在地区占比/%	平原地区	37.8
	初中	37.8		山区	35.1
	九年一贯制	16.3		丘陵地区	24.3
				其他	2.8

（二）成绩测试

成绩测试作为一种评估教学质量的手段，在学校中被广泛应用。测验用于考查学生对一套内容广泛的教学目标的掌握程度。一套编制良好的测验通常具有以下特征[①]：

① 测验的内容是基于使用广泛的教科书和课程指导制定的。

② 测验项目是在测验编制专家和学科教学专家共同商议的基础上编制的，并包含清楚而具体的信息。

③ 测验首先应进行试用、审查，并分析难度和区分度，然后针对不足的方面进行修改和删除。

④ 最后的测验项目应该根据测验细目表甄选。

⑤ 测验实施和评分的指导语应该在测验之初就进行严格规定。

⑥ 测验首先应在一个挑选出来的特定群体中实施，用于建立全国、地区或省级常模，然后基于常模解释其他的测验分数。

⑦ 最终测验版本应该与使用手册一同发行，使用手册包含测验的技术性质量，以及实施、评分、解释和结果使用的程序。

测验的考查目标是一系列广泛的标准教学成果，使用的是标准指导语和评分步骤，提供将某一特定学生的成绩与同质的学生在相同情境下完成同样任务的成绩进行比较的机会。

基于上述原则，课题组组织专家编写了中小学学生学业水平测验试题，对城镇化进程中的四类儿童群体（农民工随迁子女、农村留守儿童、城市儿童、农村非留守儿童）进行语文、数学、英语三个科目的标准化成绩测验，获得考试试卷 4150 套、学生样本 4150 个、教师样本 488 个、学校样本 37 个。

（三）访谈法

访谈法是指访谈人员通过与访谈对象进行交流而收集第一手资料的方法，它是质性研究中一种重要的资料收集方法，在实证研究中被广泛使用。访谈法能够深入、详细地了解研究所需信息，但也存在非匿名性、投入成本偏高等局限性。访谈法可以分为许多具体类别，但无论是哪种形式的访谈，一般在访谈之前都要设计相应的访谈提纲，明确访谈的目的与主要问题。

为了深入了解农民工随迁子女及其家庭在城市中的融入状况，课题组专门组织教育领域的专家，针对农民工随迁子女教育问题中的不同利益主体，如农民工随迁子女、农民工、学校教师、教育行政人员等，设计了相应的"农民

---

① 格伦隆德, 沃. 学业成就评测[M]. 9 版. 杨涛, 边玉芳, 译. 北京：教育科学出版社, 2011：15-25.

工随迁子女教育研究"访谈提纲，包括进城农民工访谈提纲、农民工随迁子女访谈提纲、校长（教师）访谈提纲。其中，进城农民工访谈提纲包括个人及家庭基本信息、城市生活状况、子女受教育状况；农民工随迁子女访谈提纲包括个人背景信息、家庭对教育的支持状况、城市适应情况；校长（教师）访谈提纲包括农民工随迁子女的基本情况、主要特征、农民工随迁子女与本地儿童的差异。

在具体访谈方式上，课题组采用半结构访谈方式。这种访谈方式既保持了对访谈方向的控制，又保证了被调查者能够自由表达他们的观点，既能获得客观结果，又具有一定深度，因此可以收集到其他方法很难获取的有价值的资料。由此，在实际访谈过程中，访谈者依据访谈提纲，了解农民工随迁子女自身以及不同群体对其教育状况的评价与观感，获取了大量的第一手质性资料，将质化研究与量化研究相结合，能够更好地审视农民工随迁子女教育问题，有利于研究目的的实现。

（四）文本分析法

文本分析法是另一种质性研究资料收集方法，它是一种对文本资料进行客观、系统和定量描述的研究方法，旨在对文本进行由表及里的深入分析，以发现文本背后的真实价值和含义。对此，为了获得相应的文本资料，笔者先后从中国教育统计年鉴、中国教育年鉴等数据库，以及国务院、教育部、各省份教育厅等政府部门网站上收集了关于农民工随迁子女入学政策、户籍制度改革等相关文本。在文本收集的基础上，对相应资料进行核实、分类、编码与合成，最终对相应结果进行分析。

三种研究方法的运用情况如图 3.3 所示。

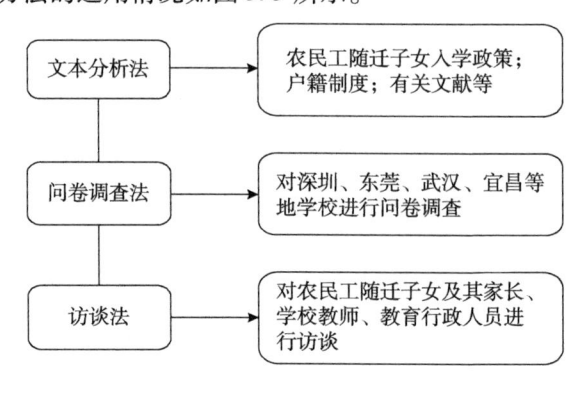

图 3.3 三种研究方法的运用情况

三、计量模型选择

研究中计量分析的数据基础包括学生数据、班级（教师）数据和学校数据，基于已有文献、数据的结构和可行性、研究中核心解释变量的类型和特征，本研究主要采用多层线性模型和Logistics回归模型，并辅以描述统计、相关分析、均值比较等统计方法。现重点对所选用的两种计量模型做介绍。

（一）多层线性模型

个体作为难以脱离环境而生存的社会人，其行为往往表现出自身的个体特征，并受到所处环境的影响。个体所处的环境具有复杂性和多重性，在不同的环境下，个体从属于不同的集体，扮演多种角色。例如，每个个体都是不同的家庭成员、单位成员和社区成员等，在组织中有自己的位置和功能。[1] 在社会科学研究中，学者们通常对以下议题感兴趣：①哪些个体水平的解释变量会影响因变量？②哪些场景变量影响个体水平的因变量？③个体水平的解释变量和因变量之间的关系是否随着个体所处的社会场景特征的变化而变化？为了回答上述问题，研究者试图从宏观和微观等不同层次收集数据，既测量个体水平，也测量群组水平。[2] 在此基础上，研究者试图对个体效应与组效应或背景效应加以区分。

例如，前文提及探讨影响学生学习成绩的模型中最经典的方法是教育生产函数法，教育生产函数法中经常要面对的是教育学中的"青蛙—池塘理论"（frog-pond theory）[3]，即一个学生的学习状况不仅与其个人及其家庭因素有关，同时与其所处的外部环境有关。学校就是这个"池塘"，学生就是"池塘"里的"青蛙"。学生内嵌于班级和学校组织环境中，因此采用分层技术，区分来自个体及其家庭的因素（如性别、智力水平、家庭社会经济背景等），与来自班级和学校的因素对学生成绩的影响（如学习风气、教师的教学经验、班级纪律等）。在数据可行的条件下，还能适当地评估哪类学生的学习成绩更

---

[1] LAZARSFELD. Observations on the organization of empirical social research in the United States [C]. Advanced imaging and network technologies. International Society for Optics and Photonics, 1961: 203-213.

[2] 劳登布什，布里克. 分层线性模型：应用与数据分析方法[M]. 2版. 郭志刚，等译. 北京：社会科学文献出版社，2016: 3-4.

[3] DAVIS J A. The campus as a frog pond: an application of the theory of relative deprivation to career decisions of college men [J]. American journal of sociology, 1966, 72 (1): 17-31.

容易或更不容易受到班级或学校水平特征的影响。

从上述例子可以看出，传统的回归模型在处理多层（嵌套）数据分析时存在局限性，由此引入多层线性模型（HLM），又称为多水平模型（multi-level modeling，MLM）。多层模型可以探究个体和群体两个层次的变量对因变量的效应，包括随机效应和固定效应。同时可以分析群组变量对个体水平变量效应的调节作用，研究因变量在不同水平的群内变异和群间变异。通过分解变异进一步分析群体效应和个体效应，深层次地揭示群体与个体的关系。[1]

1. 多层模型的一般表达式

本研究主要采用的是两水平模型（two-level-models），理由如下：一是基于研究核心被解释变量的变量类型，第二部分的核心被解释变量是学生的学习适应性，第三部分的核心被解释变量是学生学习成绩，二者均为连续变量。二是由嵌套数据中的样本量所决定，在城市学校的样本中，学生样本是713个，教师样本是348个，学校样本是25个。根据统计学中普通最小二乘法（OLS）回归分析法则，解释变量每增加一个，需要增加至少10个观测样本。[2]与其他分析方法一样，在多层分析中，一般来说样本量最少要达到30，变量个数和样本量的比例是1∶10。考虑到学校样本量较少，故不将其纳入多层分析中，而选择两水平线性分析。

多层线性模型在处理分层嵌套数据时，先以个体水平的特征为基础，通过以下两层线性模型进行表述：

第一层模型： $Y_{1j} = \beta_{0j} + \beta_{1j} X_{ij} + \gamma_{1j}$

第二层模型： $\beta_{0j} = \gamma_{00} + \gamma_{01} \omega_j + \mu_{0j}$

$\beta_{1j} = \gamma_{10} + \gamma_{11} W_j$

在多层线性模型中，第一层描述个体层次特征，其中 Y_{1j} 是响应变量，β_{0j} 和 β_{1j} 是群体 j 截距和自变量的系数；第二层则描述群体层次特征，γ_{00} 是整体截距，γ_{01} 是群体自变量 W_j 的系数，μ_{0j} 是群体随机效应。通过这种结构，可以评估个体和群体之间的关系及不同层次变量的影响。

目前比较常用的多层线性模型的估计方法有极大似然法（ML）和约束极大似然法（REML）。两种方法的使用具有条件性差异：两种方法在大样本情况下的参数估计都可获得一致最优的估计量；但在样本量较小的情况下，

---

[1] 张雷，雷雳，郭伯良. 多层线性模型应用 [M]. 北京：教育科学出版社，2003：154-169.
[2] BRYK A S, RAUDENBUSH S W. Hierarchical linear models [M]. Newbury Park：Sage，1992.

REML 能够获得比 ML 更可靠的估计值。[1]

2. 两水平模型的主要形式

(1) 零模型

零模型（the null model）是 HLM 最简单的形式，模型第一层和第二层中均不纳入解释变量。确定组内数据显著相关是建立多层模型的前置条件，如果不满足此前置条件，则采用常规 OLS 分析。零模型中关于组内相关系数的测量可以说明总变异中有多大程度是由组内变异（within-groupvariation）和组间变异（between-groupvariation）引起的。此外，零模型的主要功能是为其他拟合模型提供基准，提供总变异的平均数，检验各组平均数的可靠性。

(2) 以平均数为结果的模型

以平均数为结果的模型是指在第一层回归模型中不加入任何自变量，第一层模型的截距（均值）作为第二层回归模型的因变量，并且用第二层总体层次的自变量解释第一层模型截距项的差异。

(3) 非随机变动斜率模型

非随机变动斜率模型是第二层回归方程斜率和第一层回归方程斜率之间非随机变动，组间回归斜率具有差异性，即第一层回归模型的斜率是变动的常数，第二层斜率方程则属于固定效应。

(4) 随机系数回归模型

从理论上讲，在多层分析中，不仅总变异组均值会跨组变化，第一层的解释变量与因变量之间的关系也会随着组的变化而变化，也就是说，每个第一层的解释变量可能都有一个随机斜率。在随机系数模型的设置中，可以把第一层中所有的斜率都设定为随机斜率，但是第一层随机斜率数量太多会产生模型不收敛等估计问题。因此，在实际的测量中，可以把某些变量的回归系数设定为随机系数，而其他系数保持固定，构建一个混合模型。[2]

(5) 以截距和斜率为结果的回归模型

简单来说，以截距与斜率为结果的回归模型是指"回归的回归"，即将第一层回归模型的回归系数都当成第二层回归模型的因变量。理论上来说，第一层有多少个参数，就会有多少个斜率项和截距项，第二层就有多少个回归模型，因此称之为以截距与斜率为结果的回归模型。

---

[1] 张璇，王嘉宇. 关于分层线性模型样本容量问题的研究 [J]. 统计与决策，2010 (15): 4-8.
[2] 王济川，谢海义，姜宝法. 多层统计分析模型：方法与应用 [M]. 北京：高等教育出版社，2008: 39-40.

（6）跨水平交互作用

如果某些第一层的斜率经检验是随机的，则可将其作为宏观模型中组水平解释变量的函数，在组水平上解释其组间变异。

3. 多层模型的统计辅助量

（1）组内相关系数

组内相关系数（Intra-class Correlation Coefficient，ICC）是测算总体变异中有多大比例是由组间变异造成的，它的作用在于考查数据的组内同质性或组间异质性。ICC 被定义为组间方差与总方差之比，如在零模型中，组间方差可以表示为：

$$\hat{\rho} = \frac{\hat{\tau}_{00}}{\hat{\tau}_{00} + \hat{\sigma}^2}$$

（2）方差消减比例

方差消减比例（Proportion Reductionin Variance，PRV）是新增变量对某层变异的解释比例。通过方差消减比例，可以将拟合模型与简化模型进行比较，检测哪个模型对于解释变异更优，即 PRV 的值域为 [0, 1]，值越大，则其所能解释的总变异越多。[1] 例如，相对于零模型的第一层方差 σ^2 而言，第 i 个模型 M_i 的预测变量可以解释的个体间 PRV 可以表示为：

$$PRV = \frac{\sigma}{\hat{\tau}_{00} + \hat{\sigma}^2}$$

（3）信度

信度又称为可靠性，是指参数统计估计的精确性。信度的统计值 λ 代表的是在第一层或第二层上观测到的参数估计的变异有多少是由该层单位的"真实"差异造成的，而不是由估计错误造成的。[2]

4. 多层模型分析的样本要求

对于嵌套数据的可行性，第一个制约条件就是样本数。在两水平线性分析中，涉及的是两层结构的样本数问题，包括第二层和第一层各自的样本数。例如，如果第二层代表的是班级，第一层代表的是来自各个学校的学生，来自同一个班级的学生，其特征可能很相似，那么这个班级的学生所提供的信息就会有部分是雷同的或相似的，来自学生的信息的效应就会大打折扣，这种情况不

---

[1] RAUDENBUSH S W, BRYK A S. Hierarchical linear models: applications and data analysis methods [M]. 2nd ed. Thousand Oaks: Sage Publications, 2002: 228-251.

[2] 张雷. 多层线性模型应用 [M]. 北京: 教育科学出版社, 2003: 18.

如相同样本数但特征差异较大的学生提供的信息量大。针对不同模型类型选择中样本数的决定，温福星对各学者提出的各层样本数的制约条件做了系统性整理（见表3.7）。[1]

表3.7 HLM 相关学者对样本数大小的建议

学者	条件	第二层	第一层
Bassiri（1988） Leeden 和 Busing（1994）	若要跨层级交互作用有检验力	≥30	≥30
Kreft 和 de Leeuw（1998）	若要跨层级交互作用有检验力	≥20	足够多
Kreft（1996）		≥30	≥30
Hox（2002）	若要跨层级交互作用有检验力	≥50	≥20
Hox（2002）	若关心随机效应的方差成分	≥100	≥10
Snijders（2002）		≥20	
Maas 和 Hox（2005）	若只关心回归系数的不偏性	≥10	≥5
Maas 和 Hox（2005）	若关心第二层的误差标准误的无偏性	≥50	

可见，由于估计模型的随机部分，一般需要较大的数据规模才能避免由模型估计造成的不稳定性。而且在建模之初，无论是理论知识还是实践经验，往往都无法提供准确的信息来决定什么模型适合某特定数据的分析。通常，研究者在现有理论、文献的基础上提出模型的有关假设。这时，没有人确切地知道哪个模型的拟合数据最令人满意，可以提供有意义、可解释的结果，同时又是简约的。这一过程是一个兼顾理论假设、数据可行性与分析方法吻合度的探索过程。

（二）Logistics 回归模型

在社会科学研究中，许多社会现象在本质上并不是连续的、定量的，而是离散的、定性的。例如，在社会学和人口学研究中，学者往往关注失业、迁移、婚姻等问题，而这些问题的因变量有一个明显的相同点，即要么"是"或"发生"，要么"不是"或"未发生"。[2] 这类只有两种可能性的数据在统计上也被称为二分类数据（binary data），其变量名被称为二分变量（binary variable）。从表现上看，多重线性回归也可以分析一个值为"0"

---

[1] 温福星. 阶层线性模型的原理与应用 [M]. 北京：中国轻工业出版社，2009：279-285.
[2] 谢宇. 回归分析：修订版 [M]. 北京：社会科学文献出版社，2013：331.

和"1"的二分因变量。回归系数针对虚拟变量的解释是有意义的——自变量每变化一个单位，回归系数可以解释为有某种特性或经历某事件的概率的升高或者降低，即自变量每变化一个单位，预测到因变量的值为"1"的比例。但是，使用 OLS 回归分析二分变量时，会产生诸如非线性、无意义估计、非正态、方差不齐等问题。① 由此引入二元 Logistic 回归模型，通过 Logistic 回归把因变量转化成对数，即对概率 P 进行 Logit 变换后进行回归。其基本形式如下：

$$logitP = \ln[P/(1-P)] = \beta_0 + \beta_1 X_1 + \beta_2 X_2 + \beta_3 X_3 + \cdots + \beta_n X_n + \varepsilon$$

式中，X_1，X_2，$\cdots$，X_n 是解释变量；P 是在 X_1，X_2，$\cdots$，X_n 的作用下，某事件发生的概率；$1-P$ 是该事件不发生的概率；$P/(1-P)$ 是事件发生比（odds），即事件发生与不发生的概率之比；$\ln[P/(1-P)]$ 是事件发生比的对数形式。②

Logistic 回归得到的回归系数可以有三种解释③：第一种解释直接使用了从 Logistic 回归得出的系数。Logistic 回归系数简单地表示自变量每变化一个单位，预测的发生某事件或者出现某种特征的比数对数的变化。除了因变量的单位代表的是比数对数，系数的解释和普通回归中系数的解释一致。第二种解释将 Logistic 回归系数进行转换，使自变量影响的是比数而非比数对数。为了找到对比数的影响，把 Logistic 回归系数取指数或者反对数。第三种解释涉及将比数对数或者比数的影响转化为对概率的影响。

第二节 核心概念

一、农民工随迁子女

在我国城镇化背景下，大规模农村劳动力从农村流入城市，农民工成了介于农村和城市之间的特殊人口群体，由此产生了农民工子女这一儿童群体。目

---

① 潘佩尔. Logistic 回归入门[M]. 周穆之, 译. 上海: 格致出版社, 上海人民出版社, 2015: 2.
② 叶庆娜. 农村家庭义务教育需求实证研究: 以农村学校布局调整为背景[D]. 武汉: 华中师范大学, 2013.
③ 潘佩尔. Logistic 回归入门[M]. 周穆之, 译. 上海: 格致出版社, 上海人民出版社, 2015: 15.

前，从国家相关政策文本到学术研究文献，对农民工子女的称谓和界定存在较大分歧，有诸如"流动儿童少年""流动人口子女""农民工子女""进城务工人员随迁子女""随迁子女"等名称。

表3.8 政策文本中农民工随迁子女的称谓

年份	称谓	政策文本
1996	流动人口中适龄儿童、少年	《城镇流动人口中适龄儿童、少年就学办法》
1998	流动儿童青少年	《流动儿童青少年就学暂行办法》
2001	流动人口子女	《国务院关于基础教育改革与发展的决定》
2003	进城务工就业农民子女	《关于进一步做好进城务工就业农民子女义务教育工作意见的通知》
2006	农民工子女	《国务院关于解决农民工问题的若干意见》
2010	进城务工人员随迁子女	《国家中长期教育改革和发展规划纲要（2010—2020年)》
2012	进城务工人员随迁子女	《关于做好进城务工人员随迁子女接受义务教育后在当地参加升学考试工作的意见》
2016	随迁子女	《国务院关于统筹推进县域内城乡义务教育一体化改革发展的若干意见》
2017	随迁子女	《县域义务教育优质均衡发展督导评估办法》
2020	随迁子女	《关于进一步加强控辍保学工作健全义务教育有保障长效机制的若干意见》
2023	随迁子女	《教育部 国家发展改革委 财政部关于实施新时代基础教育扩优提质行动计划的意见》

上述称谓，有的是从人口流动的角度出发，有的是从劳动就业的角度出发，还有些是从户籍管理的角度出发来设置的。这些名称存在认识上的模糊或实践运用中的混乱，不仅给人们的研究和讨论带来了困难与不便，而且容易造成管理上的真空和缺位，更不利于对这一特殊群体的权益保护。[①]

除了称谓不统一，不同部门发布的报告在统计口径上也各有侧重。从2011年开始，《全国教育事业发展统计公报》开始将进城务工人员随迁子女作

---

① 项继权. 农民工子女教育　政策选择与制度保障：关于农民工子女教育问题的调查分析及政策建议[J]. 华中师范大学学报（人文社会科学版），2005，44（3）：2-11.

为统计和报告的指标之一,其对进城务工人员随迁子女的界定是户籍登记在外省(区、市)、本省外县(区)的乡村,随务工父母到输入地的城区、镇区(同住)并接受义务教育的适龄儿童少年。原国家卫生和计划生育委员会发布的《中国流动人口发展报告2016》中提到,流动人口子女的定义是0~17岁的流动或者留守的儿童少年。流动儿童少年是指在调查地登记的、户籍不在"本地"的儿童。

目前学术界对农民工随迁子女的界定也存在不同的声音。周皓和荣珊对农民工随迁子女的界定是:6~14周岁、随父母或其他监护人在流入地暂时居住半年以上的儿童少年,又称"流动人口子女""进城务工人员子女""打工子弟"等。[①] 王宗萍等对农民工子女的界定是:户口性质为农业户口的流动儿童,包括跟随父母进城的农民工子女和留在农村老家未能与父母一起生活的农民工留守子女。[②]

结合有关政策文本的界定,以及学术界对农民工随迁子女特征的描述,可以归纳出农民工随迁子女群体的基本属性:一是指学龄儿童或少年,二是户口性质是农业户口。而对于是否在本地出生、是否有过在不同城市间流动的经历没有定论,研究者可基于不同的研究目的对其概念进行界定。本研究对农民工随迁子女的界定是:跟随父母来到城市居住,或在本地出生,但户口性质仍为农业户口,达到接受义务教育法定年龄的儿童。

二、入学机会

《新华汉语词典》将入学界定为"进入某个学校学习"或"开始上小学",《教育大辞典》则将入学界定为"开始进入某种学校学习"或"中国明清时期科举中,应初级考试的童生经院试录取后,可入府、州、县学读书"。可见,在现代,入学一般是指个体进入某种类型的学校接受教育。那么,入学机会便是指个体拥有的进入某种类型学校学习的权利。教育公平可分为起点公平、过程公平和结果公平,而入学机会是对教育起点公平的考察。

在城乡二元分离的户籍制度下,随迁子女大量涌入城市,对城市有限的优质教育资源供给造成了巨大的挑战,部分城市对农民工随迁子女入学设置显性

---

① 周皓,荣珊. 我国流动儿童研究综述 [J]. 人口与经济, 2011 (3): 94-103.
② 王宗萍,段成荣,杨舸. 我国农民工随迁子女状况研究:基于2005年全国1%人口抽样调查数据的分析 [J]. 中国软科学, 2010 (9): 16-24, 32.

与隐性门槛，使其在城市入学的问题上表现出一定的特殊性。本研究中的"入学机会"特指农民工随迁子女进入城市公办学校或者民办学校就读的机会。

三、学习适应性

"适应"在生物学上指有机体通过身体和行为上的改变，增加生存机会。心理学领域是社会科学研究中较早引入"适应"这一概念的学科，在心理学中一般指个体调整自己的身心状态，使之适应环境条件，是个体与各种环境因素持续相互作用的过程。由于心理学的研究对象具有从简单的感知觉到复杂的社会性的层次性，心理学对"适应"的理解和运用包括生理、心理和社会生活环境的适应三个要素。[①] 皮亚杰的"平衡理论"提出，个体在环境中处于"平衡—不平衡—再平衡"的动态变化过程，在此过程中不断同化外部环境，达到对环境的顺应平衡，即适应过程。[②] 从这个角度看，适应既可以是一种过程，也可以是一种状态。许峰从社会心理学角度提出，适应性是"个体为完成某种社会生活适应过程，形成相应的心理—行为模式的能力"[③]。郝秀芳从认知、个性和适应性三个基本维度测量中小学生的心理素质，其中适应性是指个体在社会化过程中，改变自身或环境，使自身与环境相协调的能力。[④]

较早对学习适应性做出界定的是周步成和方真，他们认为学习适应性是个体克服困难，取得较好学习效果的倾向，即学习适应能力，主要涉及学习态度、学习技术、学习环境和身心健康等方面。[⑤] 徐浙宁和郑妙晨认为，学习适应性是指学生在学习过程中调整自身，适应学习环境的能力倾向。[⑥]

本研究关注的对象是农民工随迁子女，对学习适应概念的界定主要立足教

[①] 陈建文. 青少年社会适应的理论与实证研究：结构、机制与功能 [D]. 重庆：西南师范大学，2001；张大均，江琦.《青少年心理健康素质调查表》适应分量表的编制 [J]. 心理与行为研究，2006，4 (2)：81-84.
[②] 朱智贤. 心理学大词典 [M]. 北京：北京师范大学出版社，1989：618.
[③] 许峰. 关于人的适应性培养的社会心理分析 [J]. 教育研究与实验，2000 (6)：36-40.
[④] 郝秀芳. 公立学校农民工子女学习适应问题探讨：以上海市金山区厂中学为例 [D]. 上海：上海师范大学，2013.
[⑤] 周步成，方真. 中学生学习适应性测验使用手册 [M]. 上海：华东师范大学教育科学学院，1991：59-62.
[⑥] 徐浙宁，郑妙晨. 国内"学习适应性"研究综述 [J]. 上海教育科研，2000 (5)：51-53.

育学的视角，而心理学中的学习适应性是指当农民工随迁子女由农村老家转入城市学校，所处的学习和生活场景、内容以及人际关系发生变化时，在学习过程中根据学习环境（学习内容、学习进度、学习任务等）的变化做出的调整。在本研究中，对学习适应性的表现特指张大均和江琦编制的《青少年心理健康素质调查表》适应分量表中测量的得分。

四、学业成绩

学业指的是学习的功课和作业。在《教育大辞典》中，没有专门的"学生"或"学业成绩"的词条，因此只能在分别对学业和成绩的概念进行界定的基础上，概括形成学业成绩的概念。学业的定义为：学问功夫；学校的课业。"成绩"是指个体在知识、能力、学习及工作成就等方面的发展已达到一定水平。一般来说，学业成绩是指学习完成后通过标准化测验所得出的学生学习结果，主要以各学科的标准化考试成绩为衡量标准，这是一种人们普遍采用的指标，在一定程度上反映了学生在校学习过程中认知能力达到的程度与水平，也是衡量学生掌握与运用知识能力的客观指标。本研究也沿用这一常规解释和测量方式，将统一的标准化考试成绩作为衡量学业成绩的指标。

第三节　研究框架与思路

本书基于城镇化背景下的社会结构变革，以农民工随迁子女在城市学校就读的状况为研究对象，从教育公平的视野出发，从入学机会、学习适应性与学业成绩三个方面对农民工随迁子女的受教育状况进行考察，通过讨论和分析有关研究发现，提出相应的对策建议。具体而言，本研究主要回应以下三个议题：①农民工随迁子女就读的学校类型及其影响因素；②农民工随迁子女在城市学校的学习适应性及其影响因素；③农民工随迁子女的学业成绩及其影响因素。根据上述议题，本研究的研究框架如图3.4所示。

第三章　**研究设计** | 063

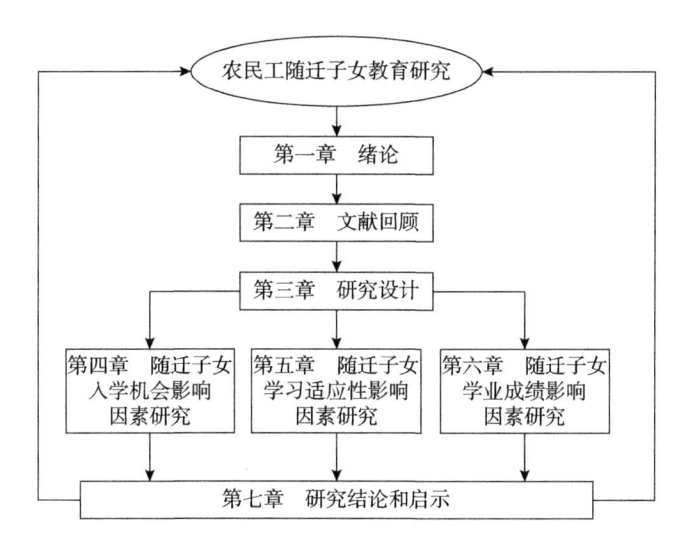

图 3.4　研究框架

第四章　随迁子女入学机会影响因素研究

教育公平包括起点公平、过程公平与结果公平，起点公平是基础，只有实现起点公平，才有可能实现过程公平和结果公平。对随迁子女入学机会的探讨就是对起点公平的讨论。在随迁子女教育问题出现的早期，对该议题的研究主要聚焦于"入学难"的问题。例如，一些研究者认为制约农民工随迁子女在城市就学的主要制度障碍是户籍制度，并对有关财政问题进行了深入而广泛的探讨[1]。再如，一些研究者通过实证调查发现，农民工家庭经济状况较差，而在城市公办学校就读所需的借读费、择校费、赞助费等不同名目的费用较高，经济约束是许多农民工家庭没有选择让子女在城市公办学校就读的主要原因。[2]

随着农民工随迁子女的受教育问题得到广泛关注，党和政府致力于保障这一特殊群体的受教育权利：2001年5月出台了"两为主"政策；2003年提出要做到"收费与当地学生一视同仁"；2006年进一步强调不得违反国家规定向农民工子女加收借读费及其他任何费用。在一系列政策的保障下，随迁子女在城市就读公办学校的入学状况得到了显著改善。

当前，流入地城市普遍采用"材料准入模式"或"积分制模式"的入学政策，不同城市设置的"入学门槛"存在明显差异。不论何种入学政策，实质上都是一种对"谁能够就读公办学校"的筛选工具，这种工具体现的是在城市务工农民工家庭的社会经济状况。在此基础上，在一些办学条件、师资等资源承载能力有限的地区，或是优质教育集中的地区，大量达到进入公办学校

---

[1] 卢伟. 入学不易升学更难：农民工随迁子女之教育困境及对策探讨 [J]. 中小学管理, 2020 (12)：13-16；梁宏, 任焰. 流动, 还是留守？：农民工子女流动与否的决定因素分析 [J]. 人口研究, 2010, 34 (2)：57-65.

[2] 周皓, 陈玲. 对流动儿童学校之合理性的思考与建议 [J]. 人口与经济, 2004 (1)：69-73, 47.

资格的农民工随迁子女没有进入公办学校的机会，而只能选择在民办打工子弟学校就读。

随迁子女在城市学校的分布已形成以公办学校为主、民办打工子弟学校为辅的格局。从入学机会来看，在公办学校和民办打工子弟学校就读的差异如何？就读公办学校和打工子弟学校是否意味着入学机会的不均等？本章将从多维度视角对二者的差异进行验证。在此基础上，考查家长选择让子女进入不同类型学校的影响因素。在文献回顾中发现，学生个体因素、家庭社会经济状况、家庭社会关系网络等因素对教育机会的影响不容忽视。我们尤其关注的是，在以"关系"为交往纽带的中国社会，家庭的社会关系网络对农民工选择让子女就读不同类型学校的影响如何？什么样的关系网络会影响农民工家庭的这种"择校"行为？其作用机制是什么？

第一节 随迁子女学校选择的政策背景

一、"就近入学"政策与择校行为

（一）"就近入学"政策

1986年4月，第六届全国人民代表大会第四次会议通过的《中华人民共和国义务教育法》中对"就近入学"作出了明确规定："地方各级人民政府应当合理设置小学、初级中等学校，使儿童、少年就近入学。"1992年2月，中共中央、国务院批准《中华人民共和国义务教育法实施细则》，其中明确规定："实施义务教育学校的设置，由设区的市级或者县级人民政府统筹规划，合理布局。小学的设置应当有利于适龄儿童、少年就近入学。"2006年，第十届全国人民代表大会常务委员会对《中华人民共和国义务教育法》进行修订，其中再次对"就近入学"政策作出明确规定："地方各级人民政府应当保障适龄儿童、少年在户籍所在地学校就近入学。父母或者其他法定监护人在非户籍所在地工作或者居住的适龄儿童、少年，在其父母或者其他法定监护人工作或者居住地接受义务教育的，当地人民政府应当为其提供平等接受义务教育的条件。"经过数十年的演变和发展,划区"就近入学"已经是当前我国大多数地区在义务教育阶段必须遵循的原则。

"就近入学"政策本身具有正义性,政策规定学龄儿童在户籍所在地或居住地所在区域就近接受义务教育,旨在保障所有学龄儿童平等接受教育的权利,使其不受到阶层地位或其他先赋性因素的影响。但是,由于优质资源分布不均衡,部分家长事实上还在通过高价学区房等方式择校,背离了"就近入学"的政策初衷。

(二) 学校选择

学校选择权利,通常是指家长拥有为其子女选择任何一所令他们满意的学校就读的权利,并有权使用政府已经分配给子女的生均公用经费为他们所选择的学校支付学费。择校这一理念的起源可以追溯到约翰·洛克(John Locke)、亚当·斯密(Adam Smith)等人的主张,梳理择校行为在美国的发展历程可知,允许家长为其子女选择学校,实际上是对公民平等和自由地接受教育权利的保障。[1] 我国对于学校选择的合理性还存在许多争论。主流观点认为,使用经济资本、社会资本等进行择校的行为是对教育公平的破坏;而持相反意见者则认为,禁止择校剥夺了公民自由选择的权利,同时,即使"就近入学"也可能产生"以房择校"等问题,造成更大的不公平。

引起社会和学界广泛关注的择校行为通常是家长希望让其子女接受更高质量的义务教育,从而使用金钱、权力等,违背"就近入学"等原则而进行的学校选择。究其原因,是稀缺的优质教育资源无法满足所有家长的需求。但对于随迁子女家庭这类相对处于弱势地位的家庭,其中的绝大多数不仅没有足以让其为追求教育质量而进行学校选择的经济、社会资本,反而在进入公办学校时面临一些限制,各式各样的"入学门槛"使其不能真正实现居住地就近入学,达到"入学门槛"而进入公办学校就读已属不易,对于优质公办教育资源更是望尘莫及。

优质教育资源稀缺意味着综合质量较高的学校,其能够提供的学位是有限的,当学生家长均希望进入优质学校时,拥有较多经济与社会资本的家庭,会利用其资本使其子女获得进入优质学校就读的机会,而随迁子女可能因此无法进入优质学校,只能被分配至教育质量相对较差的学校,或自行选择民办学校

---

[1] 蒋玉阳. 艰难中的前行:美国的"择校"路 [J]. 中国考试, 2017 (3): 64-70.

就读。同理，在人口密集地区，片区内的公办学校能够提供的学位有限，且学校的教育教学质量不均等，当本区内学龄儿童数量超过学校能够提供的学位时，随迁子女的入学机会也可能被挤占。义务教育学校的质量一般与其所在社区的好坏紧密相关，在"就近入学"政策下，优质学校所在片区的房价普遍高涨，大多数随迁子女家庭因此被排除在进入该片区的人群之外，而只能进入实力相对薄弱的义务教育学校。

总体而言，对于随迁子女家庭来说，他们的学校选择与通常意义上的学校选择有所区别，处于弱势地位的学生家庭，其学校选择并非为实现其对教育质量的需求，更多是源于无法进入优质学校，而被迫在教育质量相对较差的公办学校与民办学校之间进行选择，甚至是在无法进入公办学校的境况之下，只能在民办学校中进行选择。

二、"两为主"政策与城市"入学门槛"

针对农民工随迁子女教育问题，中央和地方政府基本形成了以"两为主"政策为主线的政策体系。通过政策分析发现，"两为主"政策自颁布实施以来，并未对"以流入地政府为主，以公办学校为主"进行明确界定，换言之，对以公办学校为主接纳农民工随迁子女入学，接纳的比例应是多少并没有明确标准。政策的模糊性使地方政府在实施过程中具有较大的操作空间。一方面，中央政府要求流入地政府将农民工随迁子女纳入地方公办教育体系；另一方面，一些地方政府出于自身利益的考量，在不完全违背上级行政命令的同时，设置入学门槛，将农民工随迁子女排除在地方优质教育资源之外。

（一）以居住证为主要依据的入学政策

近年来，针对各地繁杂的入学材料问题，中央政府进一步提出，为促进农民工随迁子女入学机会公平，应制定以居住证为主要依据的随迁子女义务教育就学政策，保障农民工随迁子女就近入学。围绕这一政策要求，地方政府纷纷出台了相应的农民工随迁子女入学政策。

整体而言，农民工随迁子女的主要流动省份或地区基本建立了以居住证、工作证明、社保缴纳证明为基础的入学政策。在原有的入学门槛基础上，简化了农民工随迁子女入学程序。具体而言，具有稳定住所、稳定就业和按时缴纳社会保险是北京、上海、广州、深圳等一线城市农民工随迁子女入学的基本要求。有数据表明，杭州市有近40%的农民工随迁子女凭借居住证即可完成入学申请。此外，相关入学政策所需的材料或证明文件，在办理上并不需要耗费太长的时间和复杂的程序，可以较快获得，有助于农民工随迁子女顺利入学。

（二）入学政策的区域差异

当前，在"两为主"政策实施过程中，公办学校入学机会存在区域差异，"入学门槛"存在区域差异与群体差异并存的特征。地方政府往往出于自身利益的考量，选择最佳的行动策略，进而导致在政策实施上表现出地区差异。这种差异表现在，就农民工随迁子女就读公办学校的比例而言，有的地区农民工随迁子女入读公办学校的比例高达90%以上，甚至100%，有的地区比例则不足50%。从各地随迁子女入学政策上看，入学门槛已经将能够在城市公办学校就读的学生做了限定和区分。雷万鹏和汪传艳通过对入学政策的分析，发现各地公办学校"入学门槛"缺乏统一规范，亟须进一步完善。文本分析表明：65%左右的城市要求农民工及其子女提供暂住证、就业证和居住证；30%左右的城市要求提供家长户口和身份证；15%左右的城市要求提供孩子户口、学籍证明及原就读学校证明。在部分地区，需要务工人员提供本地连续纳税记录、缴纳社会保险证明，有的需要提供原户籍所在地监护能力证明、计划生育证明和转学证，还有的地方将孩子入学条件与家长学历、职称、购房、参加义工等挂钩。[①]具体情况如表4.1所示。

表4.1 各城市义务教育阶段随迁子女入学政策

城市	入学政策
北京	父母持本人在京务工就业材料、在京实际住所居住材料、全家户口簿、北京市居住证
上海	适龄儿童须持有效期内上海市居住证或居住登记凭证，父母一方须持有效期内上海市居住证，且一年内参加本市职工社会保险满6个月（不含补缴，有关政策允许补缴的除外）或连续3年在街镇社区事务受理服务中心办妥灵活就业登记
广州	父或母（含其他监护人、适龄子女本人）持有在本市办理且在有效期内的广东省居住证原则上满一年的随迁子女，监护人可通过积分入学的方式为其申请报读小学一年级和初中一年级，由各区为达到本区当年规定分值条件者安排公办学位（含政府购买民办义务教育学位）

---

① 雷万鹏，汪传艳. 农民工随迁子女"入学门槛"的合理性研究［J］. 教育发展研究，2012，32（24）：7－13.

续表

城市	入学政策
深圳	以居住证作为主要入学依据，需符合"两个满1年"条件，即父母双方或一方持有具有使用功能的深圳经济特区居住证，且在深圳居住满1年、连续参加社会保险（养老保险和医疗保险）满1年
东莞	父或母是中国境内非东莞市户籍的，须持有效广东省居住证或在本市办理有效的居住登记，按规定通过积分入学方式申请
武汉	父母或者其他法定监护人持武汉市居住证、劳动合同（或者经营许可证）等能表明合法稳定就业的材料，按居住证所在区的要求登记，由区教育局统筹安排入学
厦门	父（母）符合以下条件的适龄随迁子女可在实际居住区申请参加积分入学：①持有厦门市有效的居住证；②报名前在申请地区连续居住6个月以上。随迁子女小学积分入学按务工社保积分和稳定居住积分两个项目计算积分，总分为115分
杭州	同时符合下列条件的适龄儿童，可以申请适用其父、母（或其他法定监护人）的居住证积分排序入学：①符合《中华人民共和国义务教育法》规定的入学年龄；②当年市区入学第一批录取开始前，已持有市区有效的浙江省居住证
成都	具有四川省居住证，申报办法有两种：一是积分申请，二是材料申请。积分申请供成都市外户籍且居住地与工作地不在同一区域者选择，材料申请供成都市外户籍和成都市跨行政区域就业人员选择

第二节 随迁子女在城市学校的入学机会

一、随迁子女就读学校类型的分布

自20世纪90年代初以来，我国流动儿童数量持续增加，但流入地城市往往会对流动儿童进入城市公办学校设置一定的门槛，导致部分适龄流动儿童无法顺利进入公办学校接受义务教育。于是人们开始以"自立救济"的办法在菜棚、简陋的平房以及废旧的工厂中开办学校，以满足流动儿童最基础的教育需求，这些学校一般被称为"打工子弟学校"。虽然在办学期间会遭遇有关部门的取缔、拆迁等波折，但作为满足流动儿童教育需求的有效方式，其仍然广泛扩散开来，据《中国流动人口发展报告2010》推算，当时全国约有超过205万名流动儿童在打工子弟学校就读。[1]

自 2003 年以来，在保障农民工随迁子女在义务教育阶段获得入学机会的权利上，我国取得了长足进展，这在很大程度上要归功于随迁子女教育政策框架的建立。2012 年《国务院关于深入推进义务教育均衡发展的意见》（国发〔2012〕48 号）首次增加了政府向民办学校购买服务的规定，回应了公办学校不能充分容纳流动儿童的问题。值得注意的是，文件要求尽力满足进城务工人员随迁子女在公办学校平等接受义务教育[2]；2014 年出台的《国家新型城镇化规划（2014—2020 年)》强调，对未能在公办学校就学的，采取政府购买服务等方式，保障农民工随迁子女在普惠性民办学校接受义务教育的权利[3]。按照《国家新型城镇化规划（2014—2020 年)》和《国务院关于进一步做好为农民工服务工作的意见》等文件的要求，坚持"两为主"、完善"两纳入"，解决农民工随迁子女入学问题。"两为主"政策明确了承担随迁子女教育的责任主体，即以流入地政府为主，以公办学校为主；"两纳入"从战略定位上高度重视随迁子女的教育发展，将常住人口纳入区域教育发展规划，将随迁子女教育纳入财政保障范围。2017 年教育部颁布的《县域义务教育优质均衡发展督导评估办法》规定，将随迁子女在公办学校和政府购买服务的民办学校的就读比例（不低于85%）作为衡量县域义务教育优质均衡发展水平的指标。数据显示，这一系列政策的出台显示出积极的效果，主要表现在两个方面：一是农民工随迁子女的规模和在农民工子女中的占比均有所提高；二是随迁子女在城市公办学校就读的比例提高。

统计数据[4]表明，义务教育阶段农民工子女在校生数在 2010—2012 年有所上升，达到 3664.94 万人，此后总体呈下降趋势，到 2022 年达到 2451.29 万人。在农民工群体内部，随迁子女与留守儿童的划分并非一成不变的，二者是此消彼长的关系。2010 年随迁子女在校生规模为 1167.18 万人，2022 年达到 1364.69 万人，涨幅为 16.92%；与此同时，2010 年留守儿童在校生数为 2271.51 万人，2022 年降为 1086.60 万人，减少了约 52.16%，如图 4.1 所示。随迁子女数量的

---

① 王培安. 中国流动人口发展报告2010［M］. 北京：中国人口出版社，2010.
② 国务院. 国务院关于深入推进义务教育均衡发展的意见（国发〔2012〕48 号）［EB/OL］.［2021-09-07］（2022-02-03）. https://www.gov.cn/zhuanti/2015-06/13/content_2878998.htm.
③ 新华社. 国家新型城镇化规划（2014—2020 年）［EB/OL］.［2014-03-16］（2022-02-03）. https://www.gov.cn/zhengce/2014-03/16/content_2640075.htm.
④ 数据来源于2010—2022 年《全国教育事业发展统计公报》。

增长与留守儿童数量的减少反映出人口流动家庭化的趋势与特点，这也进一步印证了我国处于由夫妻共同流动向安排其子女一同随迁的过渡阶段。

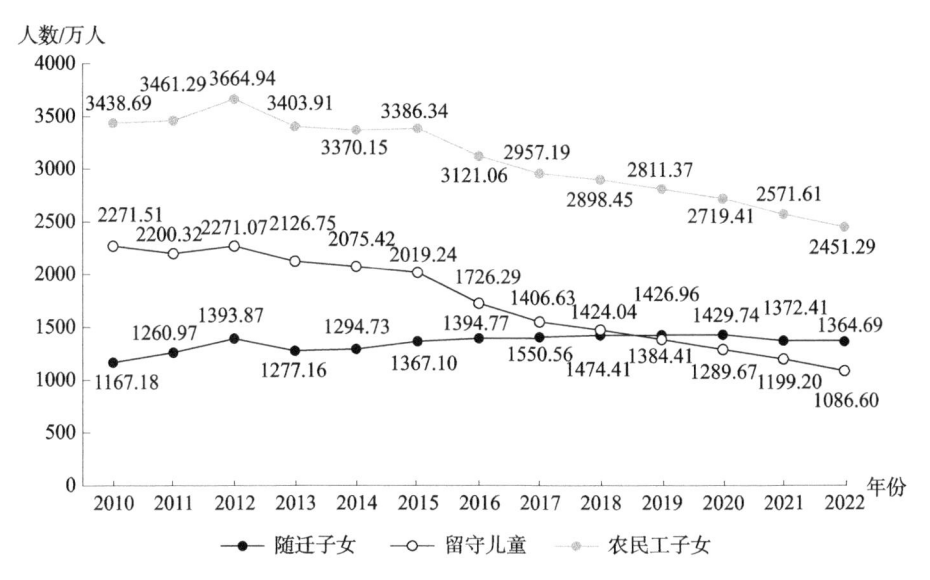

图 4.1　2010—2022 年义务教育阶段随迁子女、留守儿童和农民工子女在校生数

如图 4.2 所示，2010—2015 年，随迁子女占农民工子女在校生数的比例有所增加。2010 年，随迁子女占农民工子女在校生数的 33.94%，到 2022 年增长到 55.67%。

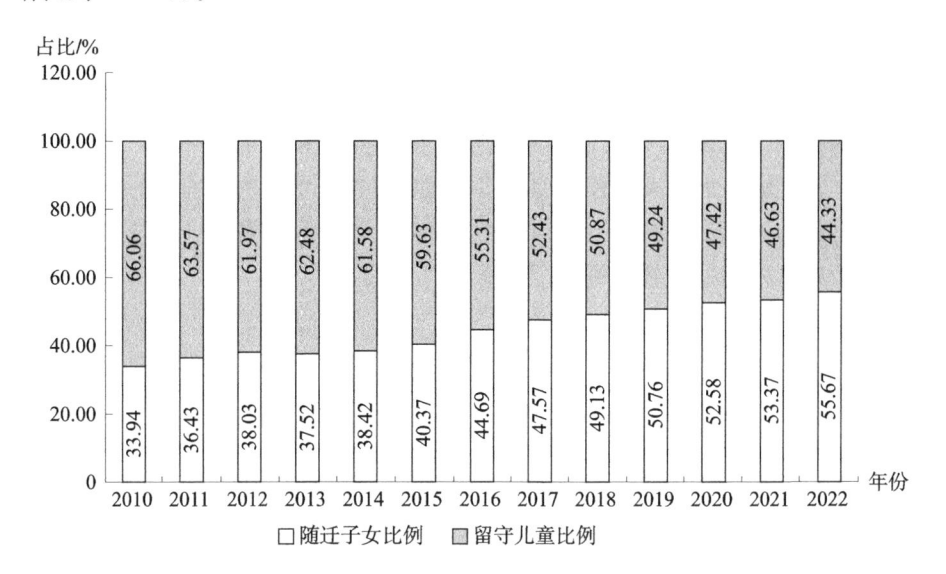

图 4.2　2010—2022 年义务教育阶段随迁子女和留守儿童分别占农民工子女在校生数的比例

对于随迁子女在城市公办学校和民办打工子弟学校分布的情况，教育部和国家统计局在统计年鉴、教师事业统计公报等常规性统计数据中没有将这一指标纳入。但我们仍然可以通过其他一些报告或公告中提及的部分数据、新闻发布或民间机构的调查统计等渠道获取相关信息。教育部 2015 年发布的《国家中长期教育改革和发展规划纲要（2010—2020 年）》（以下简称《教育规划纲要》）中期评估报告显示，2013 年和 2014 年全国随迁子女进入公办学校就学的学生比例始终保持在 80% 以上。同时，国家通过不断增加购买民办学位数量对在民办学校就读的随迁子女给予支持，2014 年政府购买的民办学位达到 124.6 万个，约占随迁子女人数的 10%。[①] 原国家卫生和计划生育委员会流动人口司发布的《中国流动人口发展报告 2016》中提到：在义务教育阶段，教育部门提出的"两为主"政策得到了较好的落实。不论是义务教育阶段还是高中阶段，也不论是留守儿童还是流动儿童，90% 左右的流动人口子女都就读于公办学校。[②]《中国流动儿童教育发展报告（2021～2022）》指出，截至 2021 年年底，城市义务教育阶段流动儿童在公办学校就读的比例为 90.9%。[③]

二、随迁子女入学机会之差异比较

尽管农民工随迁子女在城市的入学机会得到了有效保障，但截至 2022 年，仍有超过 65 万名农民工随迁子女受制于各种阻碍因素而未能进入公办学校，只能在民办打工子弟学校就读。联合国教科文组织（UNESCO）和经济发展与合作组织（OECD）在其教育调查统计中对私立学校的界定是：不属于政府部门或不受政府部门管辖的学校，受政府资助的学校如果由私人管理，也属于私立学校的范围。在欧美等发达国家或地区，私立学校被看作一种"灯塔式"的机构，其能够增加国家学校类型的多样性，并能作为一种安全阀，缓解对公办学校不满的人所带来的压力。与之相反的是，在我国同样属于私立性质的民办打工子弟学校则处于教育机构金字塔的"底端"。

[①] 教育部《国家中长期教育改革和发展规划纲要》中期评估义务教育第三方评估情况 [EB/OL]. (2015-12-01) [2024-01-25]. https://www.csdp.moe.edu.cn/article/630.html.

[②] 国家卫生和计划生育委员会流动人口司. 中国流动人口发展报告 2016 [M]. 北京：中国人口出版社，2016：111.

[③] 韩嘉玲. 中国流动儿童教育发展报告（2021～2022）[M]. 北京：社会科学文献出版社，2023.

（一）打工子弟学校的发展历程

20世纪90年代初，随着我国人口迁移模式从原本的"个人迁移"逐渐向"家庭式迁移"转变，跟随父母来到城市的随迁子女数量急剧增加。由于城乡二元户籍制度的限制，这部分随迁子女中的学龄儿童不能进入城市的公办学校就读；同时，由于进城务工人员从事的普遍是收入较低的工作，其工资收入无力负担高额的赞助费和借读费，因此不能通过借读的方式，经政府许可进入公办学校就读。在这样的背景下，面对大量失学随迁子女庞大的受教育需求，一种简易的打工子弟学校应运而生。这类学校专门招收进城务工人员随迁子女，因其目的是给进城务工人员子女提供受教育机会，最初的办学者通常是出于"自立救济"的目的通过私人集资进行办学，因此学校收费低，办学条件比较简陋，教育质量难以得到保证。

2001年，随着《国务院关于基础教育改革与发展的决定》的发布，"两为主"政策得到确立，随迁子女逐步得以进入公办学校接受义务教育。但流入城市的公办学校为本市提供公共服务，其容纳学龄儿童的数量有限，无法接纳数量庞大的随迁子女。此外，一些大城市从地方层面出发，担心本市成为"教育洼地"，引发教育资源紧张问题，因此对随迁子女进入公办学校就读设置了诸多限制。例如，北京市要求学龄儿童家长提供"五证"才能获得入学资格。因此，在种种"入学门槛"的阻碍下，因不满足条件而无法进入公办学校就读的随迁子女依然只能选择民办打工子弟学校接受教育，如图4.3所示。

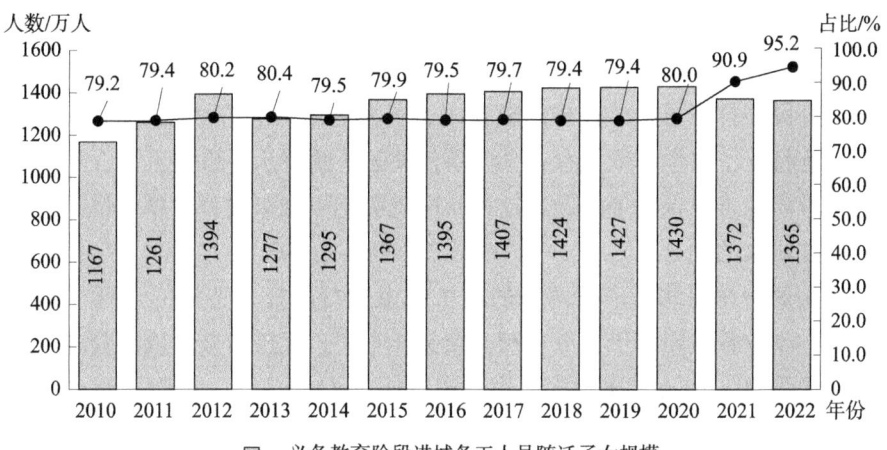

图4.3　2010—2022年进城务工人员随迁子女在公办学校就读比例

另外，由于国家并未明确规定如何处理这类民办学校，一些大城市政府对打工子弟学校进行了关停和取缔处理，许多学校经历了非常艰难的办学和生存历程。但由于随迁子女就读公办学校的障碍一直未能完全消除，因此，尽管教育质量较为低下、管理水平落后、学校建设与师资力量等方面都存在一定问题，随迁子女学龄儿童对于民办打工子弟学校的需求仍然存在。因此，在关停和取缔的风潮下，民办打工子弟学校通过重新开办或合并等方式依然持续存在，且数量有所增长。

总体来看，民办打工子弟学校为出于种种原因无法进入公办学校就读的随迁子女提供了接受义务教育的机会，其存在是有必要的。但这类学校存在许多问题，其中最主要的问题集中在教育教学质量方面，因打工子弟学校是由社会力量投资办学的，且就读于此类学校的随迁子女家庭多数无法承担高额费用，因此受限于经费，许多打工子弟学校存在办学条件简陋、管理落后、教师队伍不稳定、教师素质难以保证等问题；就职于打工子弟学校的教师，其专业发展与公办学校教师相比也受到诸多限制；由于打工子弟学校的私立学校性质，有的办学者发现学校的运作有利可图，便开始争夺这一特殊的教育市场，这在一定程度上造成了混乱无序和恶性竞争的情况，对打工子弟学校的教育教学质量也会产生影响。

因此，比较民办打工子弟学校与公办学校在教育经费、教师队伍和学生学业成绩等方面的差异，探究两类学校教育质量是否存在显著差异，是进一步保障处于弱势地位的随迁子女教育公平的重要基础。

（二）打工子弟学校与公办学校的差异

尽管民办打工子弟学校在保障农民工子女入学机会方面起到了重要作用，但大部分打工子弟学校依然存在办学条件简陋、师资水平参差不齐、管理不规范、教学质量难以保证等问题，这种状况既影响了城市教育秩序，也不利于随迁子女在城市的融合。

本次调研在湖北、广东两省的四个城市进行取样，选择的全部学校样本中，公办学校数量略多于民办学校。全部样本中，武汉市被选取的公办学校最多，占比为20.2%；其次为深圳市，所占比例为15.7%；东莞市略少于深圳市，为12.9%；在宜昌市选取的公办学校占总样本的6.7%。民办学校样本分布在深圳、东莞和武汉三市，宜昌市未抽取民办学校，其中，东莞市的民办学校占比最高，为27.8%，深圳市次之（12.9%），分布于武汉市的民办学校占

3.8%（见表4.2）。

表4.2 四城市学校类型分布

城市	公办学校	民办学校	总计
深圳市	15.7%	12.9%	28.6%
东莞市	12.9%	27.8%	40.7%
武汉市	20.2%	3.8%	24.0%
宜昌市	6.7%	0	6.7%
总计	55.5%	44.5%	100.0%

1. 教育资源配置

比较民办学校与公办学校的生均教育经费可知，初中生均教育经费在两种类型的学校之间差异相对较小，民办学校的初中生均教育经费为1200.67元，公办学校为1289.20元。小学阶段的生均教育经费差异较大，调研的民办小学生均教育经费为713.75元，而公办学校的生均教育经费为1369.09元（见表4.3）。民办打工子弟学校由社会力量投资兴办，且就读的学生家庭经济状况决定了其无法参考高端私立学校模式集资建设，因此造成了与公办学校之间的差异。

表4.3 两类学校生均教育经费比较

项目		小学生均教育经费/元	初中生均教育经费/元
民办学校	平均数	713.75	1200.67
	标准差	578.653	450.418
公办学校	平均数	1369.09	1289.20
	标准差	1240.957	481.032
总计	平均数	1194.33	1268.77
	标准差	1123.262	457.016

生师比方面，民办学校的平均生师比为23.3275，远高于公办学校的14.8660（见表4.4）。两类学校的标准差均较小，即无论民办学校或公办学校，生师比的校际差异均较小。这意味着民办打工子弟学校普遍学生数量较多，专职教师由于办学条件和资金状况等因素限制相对公办学校较少，而公办学校对学生人数有所限制，相应配置的专职教师能够将生师比控制在相对较低的范围内，避免因大班教学导致的教学质量下降。

表 4.4　两类学校生师比比较

学校类型	平均数	标准差
民办学校	23.3275	3.15575
公办学校	14.8660	4.21331
总计	16.2198	5.10507

对样本学校的专职教师年龄做描述性统计，如表 4.5 所示，民办学校专职教师的平均年龄为 35.000 岁，而公办学校专职教师的平均年龄大于民办学校，平均为 39.757 岁。民办学校教师相对公办学校教师更为年轻，但标准差相比公办学校较大，意味着教师年龄分布校际差异较大，说明公办学校的教师年龄分布更均衡。而且由于公办教师拥有编制，其职位相对民办学校教师更为稳定，因此教师年龄普遍偏大。

表 4.5　两类学校专职教师年龄比较

学校类型	专职教师平均年龄/岁 平均数	专职教师平均年龄/岁 标准差	35 岁以下教师占比/% 平均数	35 岁以下教师占比/% 标准差
民办学校	35.000	7.3485	66.250	34.2479
公办学校	39.757	3.6333	25.156	17.9135
总计	38.996	4.5737	32.005	25.7452

进一步考察 35 岁以下的年轻教师在两类学校中的分布情况，民办学校 35 岁以下的专职教师占比为 66.250%，远高于公办学校的 25.156%，即在调研选取的民办学校中，超过半数的专职教师为 35 岁以下的年轻教师；而公办学校中 35 岁以上的专职教师占较大比例。不同民办打工子弟学校的办学条件和资金状况差异较大，从而导致校际师资力量相差较大，且教师的流动性较大，有丰富教学经验的老教师相对较少；而公办学校的专职教师较为稳定，因此老教师占多数，且统一招考等途径对新入职教师的数量有所限制，故公办学校的年轻教师占比相对较小。

将教师学历分为高中（中专）及以下、大专或本科和研究生及以上三个层次，统计结果如表 4.6 所示。两类学校中学历为大专或本科的教师所占比例最高，且相差较小，分别为民办学校 94.98%，公办学校略高，占比为 95.68；民办学校中，教师学历为高中（中专）及以下的所占比例为 4.55%，高于公办学校的 1.07%；民办学校拥有研究生及以上学历的教师所占比例很小，为

0.48%，而公办学校则略高于民办学校，所占比例为 3.25%。总体来看，公办学校专职教师的学历高于民办学校教师，教学质量也因此相对较好。

表 4.6　两类学校教师学历情况比较　　　　　　　　　单位:%

学校类型	高中（中专）及以下学历教师比例	大专或本科学历教师比例	研究生及以上学历教师比例
民办学校	4.55	94.98	0.48
公办学校	1.07	95.68	3.25
总计	1.69	95.16	3.15

2. 教育质量差异

对两类学校学生的学业成绩进行考察，分别统计语文、数学和英语三门学科的标准化测试成绩，结果如表 4.7 所示。总体来看，公办学校的学生在三门学科的标准化测试中的表现均优于民办学校学生。语文方面，公办学校学生的平均成绩为 50.9646 分，民办学校为 44.8249 分。在三门学科中，两类学校学生分数差异最大的是数学，公办学校学生平均得分为 57.6220 分，民办学校学生平均得分为 45.0079 分。两类学校学生的英语成绩也存在明显差异，公办学校学生平均获得 55.0909 分，高于民办学校学生的 49.8312 分。

表 4.7　两类学校学生各科学业成绩比较①

项目	学校类型	平均数/分	标准偏差	t	P
语文（百分制）	公办学校	50.9646	18.00427	4.595	<0.001
	民办学校	44.8249	17.38054		
数学（百分制）	公办学校	57.6220	24.97741	7.233	<0.001
	民办学校	45.0079	21.55695		
英语（百分制）	公办学校	55.0909	18.44628	3.970	<0.001
	民办学校	49.8312	16.77421		

使用独立样本 t 检验考察公办学校与民办学校学生语文、数学和英语三门学科的成绩差异性（见表 4.7）。两类学校学生在语文、数学与英语三门学科中都表现出十分明显的差异（$P<0.05$），即公办学校的学生在三门学科中的学业成绩表现均明显优于民办学校学生。

---

① 语文、数学、英语成绩均采用百分制标准化处理。

问卷对每所学校在本地学校中的排名情况进行了调查，结果如表 4.8 所示。平均来看，4 所民办学校在本地学校中的平均排行得分为 3.00，处于中等水平；而 21 所公办学校的平均排行得分为 2.05，处于中上等水平。统计结果与经验结论大致统一，民办打工子弟学校情况良莠不齐，教学质量相对公办学校较差，且校际差异也相对较大。

考察区域内尊师重教的氛围，对民办学校和公办学校进行对比，民办学校的平均得分为 2.24，公办学校的平均得分为 3.00。即调研的 4 所民办学校，其所在的区域尊师重教的氛围不浓厚，这意味着民办打工子弟学校所在区域的文化氛围相对较差，而 21 所公办学校所在区域的尊师重教氛围则略好于民办学校所在区域。

表 4.8 两类学校社会声誉与区域氛围比较

学校类型	学校的本地排行		区域内尊师重教的氛围	
	平均数/分	标准差	平均数/分	标准差
民办学校	3.00	1.155	2.24	<0.001
公办学校	2.05	1.099	3.00	1.044
总计	2.21	1.141	2.36	0.995

第三节 模型分析

一、理论模型

儿童入学选择是一种典型的家庭决策行为，经济学家根据基本假定的差异，使用两个基于不同理论的模型来分析家庭决策行为，分别为基于传统联合偏好函数的新古典家庭模型和基于博弈论的讨价还价模型。

新古典家庭模型是由贝克尔等人提出的，在该模型中，家庭成员的偏好被假定为是统一的，在一定资源的约束下，父母对资源作出分配决策时，以最大化家庭整个生命周期的期望效用为依据。根据该模型，对子女的教育决策主要依据预期收入、受教育成本、儿童特征、家庭背景、社区和学校的特征等来作出。[1] 批评者反对基于家庭联合偏好的决策模型的理由是，不同意其家庭成员内部一致性的假设，他们认为，现实生活中的家庭成员具有各不相同的特征，将家庭成员的偏好假定为统一的是不合理的。[2] 讨价还价模型源于将家庭决策的实质看作家庭成员之间讨价还价的过程，该模型的假设前提是家庭成员之间的偏好存在差异性。个体的讨价还价能力事实上反映了家庭成员对于家庭事务决策的话语权，这种取决于家庭成员拥有资源多少的话语权，在这一决策模型中具有重要意义。

不论是新古典家庭模型，还是讨价还价模型，均为我们分析家庭教育行为提供了一个一般性的分析框架。基于所研究的实际问题，选用新古典家庭模型作为本研究的模型分析框架。即我们认为家庭教育决策行为不是个体行为，而是以家庭为单位作出的，这一假定的理由如下：其一，受传统思想影响，我国农民工随迁子女家庭的家庭意识比较强，进行家庭决策的主体通常是家庭而非个人，且多是基于"家庭整体利益最大化"的原则。所以在研究我国农民工随迁子女家庭内部教育决策时，通常设定"单一"的合作模型进行。[3] 其二，教育决策模型只是为我们提供了一个分析框架，而具体的模型假定需要遵循现实状况拟定。考虑到本章探究的是学生个体及其家庭对学校选择的影响，故在家庭成员偏好一致的前提下，考察家庭社会关系网络对择校行为的影响。

二、研究假设

在本章第一节中，我们在"就近入学"政策、"两为主"政策以及城市"入学门槛"政策背景下，通过分析宏观数据，对农民工随迁子女在城市学校就读的总体特征做了判断，并对农民工随迁子女在公办学校与民办学校就读所反映出的入学机会差异进行了分析。数据分析表明，尽管绝大部分农民工随迁子女就读于公办学校，部分地方政府还通过购买服务的方式保障了未在公办学校就读的农民工随迁子女的受教育权利。但不可否认的是，在不同类型学校就

---

[1] 孙志军. 儿童入学问题研究中的性别视角：理论模型及发展中国家的经验 [J]. 西北师大学报（社会科学版），2006（1）：81-85.

[2] SCHULTZ P W, ZELEZNY L. Values as predictors of environmental attitudes: evidence for consistency across 14 countries [J]. Journal of environmental psychology, 1999, 19 (3): 255-265.

[3] 叶庆娜. 农村家庭义务教育需求实证研究：以农村学校布局调整为背景 [D]. 武汉：华中师范大学，2013.

读的差异实质体现的是农民工随迁子女入学机会的差异。

随着社会经济的发展，农民工家庭通过外出务工、创业等，在其群体内部已有所分化。通过前文的交叉分析可知，父母不同的受教育程度、职业、家庭社会网络对随迁子女就读学校类型的影响存在差异，但以上因素可能是相互关联的。在此基础上构建回归模型，进一步判断在控制了其他变量的情况下，农民工随迁子女学校类型选择的决策是否以及在多大程度上受这些因素的影响。借鉴新古典家庭模型的分析框架，根据本书的研究目的和数据的可获得性，立足教育需求方视角，从随迁子女个体特征与家庭特征两个方面提出研究假设，探讨农民工随迁子女选择就读不同类型学校的影响因素。

(一) 随迁子女个体特征对学校选择的影响

代表随迁子女个体特征的变量包括儿童性别、是否为独生子女、是否在本地出生、在本地生活的年限，共四个变量。前两个变量代表的是人口学特征，后两个变量反映的是儿童流动状况。

1. 人口学特征

儿童性别与是否为独生子女两个变量实质反映的是农民工家庭的内部结构特征。布雷克（Blake）基于资源稀释理论，认为非独生子女家庭由于有限的家庭资源约束，平均分配给每个孩子的资源将减少，从而不利于其教育资源获得。[1] 一些中国家庭至今仍存在"男孩偏好"，这种家庭内部的性别不平等既受文化因素的影响，也是农村男性劳动力在生产中能获得更高的预期收入所致。由前文分析可知，在不同类型学校就读反映的是不同的入学机会差异与不同的受教育质量，相对于民办打工子弟学校而言，公办学校拥有优质教育资源，而优质资源往往是稀缺的，需要家庭努力才可获得。据此，在家庭内部的教育决策中，假设儿童性别与是否为独生子女对选择就读的学校类型有影响。

2. 儿童流动状况

儿童流动状况通过随迁子女在本地生活的年限来反映。通过对流入地城市"入学门槛"的分析可知，农民工家庭在城市的稳定程度是影响其子女是否拥有入学资格的重要因素，而在本地生活的年限是在城市稳定程度的重要考察指标。例如，广州市针对随迁子女的入学政策规定，申请人需持有广东省居住证满一年，才可为其子女申请在义务教育阶段就读。因此，本章假设：在本地生

---

[1] 郑磊，侯玉娜，刘叶. 家庭规模与儿童教育发展的关系研究 [J]. 教育研究，2014，35（4）：59–69.

活的年限越长，在公办学校就读的可能性越大。

（二）随迁子女家庭特征对学校选择的影响

1. 家庭社会经济地位

《义务教育法》规定，所有学生都有平等地接受义务教育的权利。科学而准确地测量学生的家庭社会经济地位，是检测不同背景的学生是否享受到同等质量教育的前提，同时也经常成为决定一项研究的结论正确与否的关键因素。在我国传统农村家庭里，"男主外，女主内"的家庭角色分工使男性往往扮演"一家之主"的角色，因此父亲在子女教育选择等家庭决策上具有较大话语权。但随着女性受教育水平的提升，以及外出务工规模的扩大，母亲在家庭事务中的话语权也有所提升。因此，选取父母平均学历和父母平均职业地位来反映随迁子女的家庭社会经济地位，并假设父母平均学历和平均职业地位均对学校选择有影响。

2. 家长教育期望

通过分析发现，公办学校和民办打工子弟学校在教育资源与教育质量上均存在较大差异。我国家庭大多秉持"望子成龙、望女成凤"的重教观念，与此同时，经济社会发展也引发了人们对优质教育需求的高涨。基于此，本章假设：父母对子女的教育期望越高，随迁子女在公办学校就读的可能性越大。

3. 家庭社会网络

家庭社会网络反映的是嵌入在人与人关系中的或社会结构中的资源。农民工家庭对社会网络资源的占有情况根据其家庭成员的出身、地位、受教育程度、职业的不同而不同。本章假设：家庭社会网络质量越好和数量越多的农民工家庭，随迁子女在公办学校就读的可能性越大。

家庭社会网络不是一个单一的概念，林南提出，社会网络资源具有三种特征：达高性、异质性和广泛性。其中，达高性是指个体通过社会网络可以在等级结构中接触到的最顶端位置的资源，即社会网络成员可以触及的最好的社会资源。异质性是指位置的幅度，反映了个体可以触及的资源的纵向幅度。广泛性，即可触及的位置的数量，它反映了个体通过社会关系网络可以接触到的社会结构中的位置及其拥有资源的多样性。[1] 这三个维度突出了个体社会网络资源的数量和质量。本章假设：家庭社会网络的达高性、异质性和广泛性均对随

---

[1] 林南. 社会资本：关于社会结构与行动的理论[M]. 上海：上海人民出版社，2005：28-38.

迁子女就读的学校类型有影响。

达高性、异质性、广泛性的结构位置如图4.4所示。

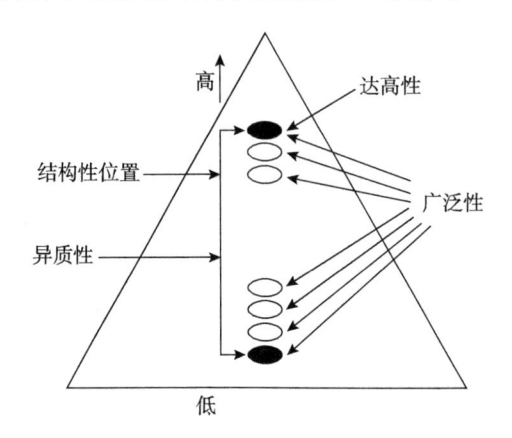

图4.4 家庭社会网络三维度的结构位置示意图

根据林南的维度划分，家庭社会资本可通过广泛度、达高度和声望幅度来反映。

根据上述理论假设，构建本章回归模型的分析框架，如图4.5所示。

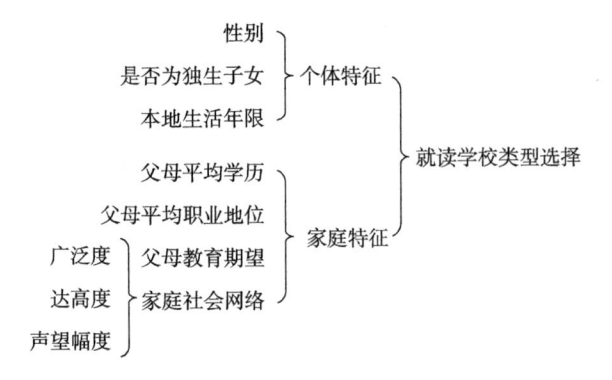

图4.5 模型分析框架

三、模型构建

（一）模型选择

对于在城市就读的农民工随迁子女而言，就读学校分为公办学校和民办打工子弟学校。也就是说，本研究的因变量是一个二分变量，当被解释变量为"0/1"二分变量时，无法直接采用一般的多元线性回归模型建模。根据前文的计量模型介绍，选取 Logistic 回归分析，通过该方法挖掘某个社会问题的影响因子并进行判别和预测。根据因变量取值类别的差异，Logistic 回归分析可以分为二元Logistic回归分析和多元 Logistic 回归分析，其中，二元 Logistic 模型是对二分变量进行多元回归分析的有效模型。本研究的因变量[1]——随迁子女就读学校类型是一个典型的二分变量。因此，在对农民工随迁子女就读学校类型影响因素的分析中，采用二元 Logistic 回归模型进行解释。

(二) 变量操作化

1. 因变量

农民工随迁子女就读学校类型是本章中的因变量。在本章中，学校类型被分为公办学校与民办打工子弟学校。将"在民办打工子弟学校就读"赋值为"0"，将"在公办学校就读"赋值为"1"。

2. 自变量

本章中自变量的选取考虑了研究目的、相关文献及我国农村教育的特征。自变量包括反映子女个体特征、家庭特征的有关变量。

① 反映随迁子女相关特征的变量包括儿童性别、是否为独生子女。其中，性别的赋值："1"表示男性，"0"表示女性；是否为独生子女的赋值，"1"表示独生子女，"0"表示非独生子女。

② 反映随迁子女流动状况的变量是指其在本地生活的年限。

③ 对父母受教育程度的测量有多种方法：一是单独测算父亲受教育程度，二是选取父母中学历较高的一方进行测量，三是综合父母的平均学历进行测算。[2] 本章选取的是第三种方式，并将受教育程度变量转化为受教育年限进行测量。

④ 对父母职业地位的测算同样采用平均测算方式，父母职业地位的测量参照中国社会科学院关于《中国社会分层研究报告》中提出的十大社会分层对应的职业，按照从低到高的顺序分别赋值为"1~10"。

---

[1] 在本书中，"因变量"有时被表述为"被解释变量""应变量"，"自变量"被表述为"解释变量"。

[2] 钟景迅，黄斌. 学生社会经济地位的概念、测量及其应用研究综述 [J]. 全球教育展望，2012，41 (12): 31-39.

⑤ 反映父母教育期望的指标：父母是否期望子女将来上大学，赋值"1"表示期望，"0"表示不期望。

⑥ 反映家庭社会网络资源的变量包括四类，分别是家庭社会网络因子，以及其所包含的家庭社会网络的达高度、声望幅度和广泛度。

由林南提出的家庭社会网络的测量方法已经形成了较成熟的指标体系。这种方法又称为定位法（position-generator），它通过设定具体情境来测量某几个网络成员，进而反映出个体占有的社会网络资源量。定位法借助社会职业地位来反映不同结构位置对应的职位占有的网络资源，并假设社会资源是按照社会地位高低呈金字塔型分布于社会之中的，不同社会职业地位占有的资源多寡不同。

林南针对我国台湾地区进行研究后得到的社会网络资源的计算公式是：

社会网络 = （0.15×广泛度）+ （0.65×声望幅度）+ （0.21×达高度）

对于社会职业地位的测量，本章采用中国社会科学院在《中国社会分层研究报告》中提出的十大社会分层对应的职业，用不同阶层人员的社会职业等级替代职业声望得分。该报告以职业分类为基础，以个体占有组织资源、经济资源和文化资源的情况为标准划分社会分层。组织资源包括行政组织资源与政治组织资源，占有组织资源的情况主要指依据国家政权组织和党组织系统而拥有的支配社会资源（包括人和物）的能力；占有经济资源主要是指对生产资料的所有权、使用权和经营权；占有文化资源是指对社会所认可的知识和技能的拥有程度。依据这一分类标准，我国社会可划分为十大阶层。这十大阶层分别是国家与社会管理者阶层、经理人员阶层、私营企业主阶层、专业技术人员阶层、办事人员阶层、个体工商户阶层、商业服务业员工阶层、产业工人阶层、农业劳动者阶层和城乡无业失业半失业者阶层。[①]

以十大阶层划分为依据，让被试学生回答在每一个职业等级中亲戚朋友的数量。[②] 具体问题如表4.9所示。

[①] 陆学艺. 当代中国社会阶层研究报告[M]. 北京：社会科学文献出版社，2002：21.

[②] 本研究借鉴雷万鹏的博士论文中关于社会网络资源测量的问题设置和对社会阶层的赋值。雷万鹏在研究中，将"国家部门处级及以上干部"和"省、市科级以上干部"从"国家与社会管理者阶层"中分离出来，让学生分别选择属于同一等级的不同职业类型，以此更好地区分家庭社会资源的广泛度。与本章不同的是，雷万鹏将"有一些"赋值为"1"，将"有很多"赋值为"2"。他的调查对象是大陆高中生，其已经具备较好的辨别能力和认知能力；而本章的被试是中小学生，在回答问题时，学生只能回答"有"或"没有"，对于"有很多"或"有一些"的概念难以界定。为了避免造成信息偏差，在处理时只区分有或没有，即将"有很多"和"有一些"均归入"有"一类。

表 4.9 问题示例

你父母的亲戚朋友中有以下类型职业的人员吗？（请打钩）	没有	有一些	有很多
① 国家部门处级及以上干部	□	□	□
② 省、市科级以上干部	□	□	□
③ 经理	□	□	□
④ 私营企业老板（如自己开公司、开厂）	□	□	□
⑤ 专业技术人员（如教师、医生、律师等）	□	□	□
⑥ 办事人员（如政府公务员）	□	□	□
⑦ 个体工商户（如自己做买卖、开店等）	□	□	□
⑧ 商业服务人员（如营业员、店员、服务员等）	□	□	□
⑨ 工人（如建筑工人、工厂工人）	□	□	□
⑩ 农民	□	□	□
⑪ 待业、失业、退休人员	□	□	□

其中，"国家部门处级及以上干部"和"省、市科级以上干部"赋值为"10"，"经理"赋值为"9"，依此类推，"待业、失业、退休人员"赋值为"1"。在学生的回答中，如果学生在某一职业等级的回答中选择"没有"，赋值为"0"；选择"有一些"和"有很多"，均赋值为"1"。

参照林南的方法来度量父母/家庭的社会网络资源，即将家庭社会网络资源分成三个维度——广泛度、达高度和声望幅度，并进行赋值。广泛度由随迁子女父母的亲戚朋友所属的不同职业类型相加而得。例如，家庭中亲戚朋友在不同职业等级中占有 5 个类型，那么社会网络的广泛度就是"5"。达高度是指随迁子女父母的亲戚朋友中，在职业类型中达到的最高等级。例如，随迁子女父母的亲戚朋友在社会阶层中的最高职业等级是"专业技术人员（如教师、医生、律师等）"，这一类职业对应的赋值是"7"，其达高度就是"7"。声望幅度是将随迁子女父母的亲戚朋友中，在职业类型中居最高阶层和最低阶层对应赋值的差值。例如，父母亲戚朋友的职业在社会阶层中的最高等级是"私营企业老板（如自己开公司、开厂）"，而最低等级是"农民"，则声望幅度为"8－2＝6"。

基于上述研究假设和变量选择，构建计量模型并就 716 份农民工随迁子女样本进行回归分析。应用二元 Logistic 回归模型分析随迁子女就读学校类型时，所构建的计量经济模型表达式如下：

$$\ln[P/(1-P)] = f(X_C, X_{SES}, X_{NET}, X_{EXP}, \varepsilon)$$

式中，P 表示"在公办学校就读"的概率，$1-P$ 表示"在民办打工子弟学校就读"的概率；X_C 是随迁子女相关特征；X_{SES} 是家庭社会经济地位；X_{NET} 是家庭社会网络资源；X_{EXP} 是父母教育期望；ε 是随机扰动项。变量界定与测量如表 4.10 所示。

表 4.10 变量界定与测量

变量名称		变量界定与测量	均值	标准差
随迁子女相关特征	儿童性别	男 =1，女 =0	0.55	0.50
	是否为独生子女	独生子女 =1，非独生子女 =0	0.27	0.44
	本地生活年限	儿童在本地生活年限	6.86	3.86
家庭社会网络	达高度	可触及的最顶端的位置资源	7.48	2.43
	广泛度	可触及位置资源的数量	4.82	2.41
	声望幅度	可触及位置资源的纵向幅度	5.54	2.68
	社会网络因子	由达高度、广泛度、声望幅度因子合成	5.90	2.49
家庭社会经济地位	父母平均学历	父母平均受教育年限	10.00	2.44
	父母平均职业地位	父母平均职业等级分数	4.42	1.75
父母教育期望		期望子女上大学 =1，不期望子女上大学 =0	0.96	0.18

四、分析结果

农民工随迁子女学校选择的二元 Logistic 回归分析结果如表 4.11 所示。模型中的因变量是学生在公办学校就读的对数发生比（a），即 $\ln[P_T/(1-P_T)]$。对数发生比可解释为，相对于参照组而言，如果 $a<1$，则意味着目标组发生某一事件的概率更小；如果 $a=1$，则意味着概率相同；如果 $a>1$，则意味着发生某事件的可能性更大。在对自变量的解释中，不同类型变量所对应发生比的解释不同。当自变量为虚拟变量时，其回归系数的指数 exp（B）揭示了目标组的发生比率与参照组的发生比率之间的倍数关系；而对于连续变量而言，变量对应回归系数的指数可以解释为该自变量每增加一个单位所带来的某事件发生比率的倍数变化。①

表 4.11　影响农民工随迁子女就读学校选择的回归分析

项目	模型1 P	模型1 exp(B)	模型2 P	模型2 exp(B)	模型3 P	模型3 exp(B)	模型4 P	模型4 exp(B)
性别	0.237	1.279	0.240	1.276	0.234	1.281	0.238	1.278
是否为独生子女	<0.001	4.468	<0.001	4.564	<0.001	4.398	<0.001	4.477
本地生活年限	<0.001	1.217	<0.001	1.219	<0.001	1.221	<0.001	1.217
父母平均职业地位	0.095	1.112	0.086	1.115	0.160	1.094	0.083	1.116
父母平均学历	<0.001	1.254	<0.001	1.258	<0.001	1.253	<0.001	1.254
父母教育期望	0.748	0.839	0.718	0.820	0.768	0.851	0.743	0.836
家庭社会网络	0.043	1.088						
网络广泛度			0.180	1.059				
网络达高度					0.016	1.112		
网络声望幅度							0.046	1.077
常数项	<0.001	0.005	<0.001	0.006	<0.001	0.004	<0.001	0.005
-2对数似然值	589.950		592.260		588.126		590.385	
调整后 R^2	0.377		0.373		0.380		0.376	

注：被解释变量是农民工子女就读学校类型，民办打工子弟学校为参照组，参数估计值exp(B)为对数发生比。

在对农民工随迁子女学校类型选择进行二元 Logistic 回归分析时，以民办打工子弟学校为参照组，因此模型中的发生比均是在公办学校就读的概率比照在民办打工子弟学校就读概率的发生比。模型1是纳入家庭社会网络总因子的随迁子女在公办学校和民办打工子弟学校就读的相对发生比。表 4.11 显示了反映模型拟合优度的估计系数，其中调整后 R^2 的统计量为 0.377；同时模型通过了总体方差检验，具有统计学上的显著意义（$P<0.001$）。从估计结果来看，该模型整体上非常显著，具有较好的拟合效果。

在其他变量不变的基础上，在模型2、模型3、模型4中分别引入广泛度、达高度和声望幅度作为自变量。其原因是代表随迁子女家庭社会资本的广泛

---

① 谢宇. 回归分析 [M]. 修订版. 北京：社会科学文献出版社，2010：346-347.

度、达高度和声望幅度三个指标间有较强的相关性，为了避免模型出现多重共线性，故分别测量其对学校类型选择的影响。从 R^2 的值来看，三个模型的拟合优度均较好。

模型2是纳入家庭社会网络广泛度的农民工随迁子女就读公办学校和民办打工子弟学校的相对发生比。结果显示，在影响农民工子女选择学校接受义务教育的因素中，是否为独生子女、本地生活年限、父母平均学历在0.05的水平上有显著影响，父母平均职业地位在0.1的水平上有显著影响。

模型3是纳入家庭社会网络达高度的农民工随迁子女就读公办学校和民办打工子弟学校的相对发生比。结果显示，在影响农民工子女选择学校接受义务教育的因素中，是否为独生子女、本地生活年限、父母平均学历在0.05的水平上有显著影响。

模型4是纳入家庭社会网络声望幅度的农民工随迁子女就读公办学校和民办打工子弟学校的相对发生比。结果显示，在影响农民工子女选择学校接受义务教育的因素中，是否为独生子女、本地生活年限、父母平均学历在0.05的水平上有显著影响，父母平均职业地位在0.1的水平上有显著影响。

可以看到，在分别引入社会网络的广泛度、达高度和声望幅度后，三个模型的显著性、拟合度、变量的显著性及其对参照组的发生比均较为稳定。因此，结合三个模型的结果一并报告下列变量对随迁子女就读学校选择的影响。

（一）反映随迁子女相关特征变量的影响

研究结果表明，在随迁子女个体特征中，儿童性别对就读学校类型的影响不显著；是否为独生子女对随迁子女就读学校类型有显著正向影响，与非独生子女相比，随迁子女中独生子女就读公办学校的发生比更高，前者选择公办学校的发生比约是后者的4.5倍。本地生活年限对就读学校类型的选择有显著正向影响，即在本地生活年限越长的随迁子女，在公办学校就读的概率越大，随迁子女在本地生活的年限每增加一年，在公办学校就读的发生比增加0.2个单位。

（二）反映家庭相关特征变量的影响

在与家长相关的特征变量中，父母平均学历对随迁子女就读学校类型有显著正向影响，即父母平均学历越高的随迁子女，在公办学校就读的发生比越大，父母平均学历得分每提高一个单位，随迁子女在公办学校就读的发生比增加0.2个单位。在模型1、模型2和模型4中，父母平均职业地位在0.1的水平上边际显著，即父母平均职业地位越高的随迁子女，在公办学校就读的发生比越大，父母平均职业地位得分每提高一个单位，随迁子女在公办学校就读的发生比增加约0.1个单位。代表家庭社会经济状况的两个变量对随迁子女就读学校选择的影响与本章的假设一致。

与此同时，在控制其他变量的情况下，家庭社会网络对随迁子女就读学校类型有显著正向影响（$P=0.043$）。这一结论验证了本章的假设，即农民工家庭的社会网络质量越好、数量越多，其子女在公办学校就读的发生比越大。具体来看，作为家长的农民工的社会网络因子每增加一个单位，随迁子女在城市公办学校就读的发生比是民办学校的1.088倍。

模型2、模型3和模型4的统计结果显示，在控制其他变量的情况下，代表网络成员中最高社会地位的达高度对随迁子女就读学校选择的影响最显著，达高度每增加一个单位，随迁子女在公办学校就读的发生比是在民办学校的1.112倍（$P=0.016$）；代表社会网络异质性的声望幅度对随迁子女就读学校选择也有显著正向影响，声望幅度每增加一个单位，随迁子女在公办学校就读的发生比是在民办学校就读的1.077倍（$P=0.046$）；而代表社会网络规模的广泛度对随迁子女就读学校选择则无显著影响。

第四节 本章小结及讨论

一、研究结论

本章在"就近入学"、"两为主"、城市"入学门槛"等政策背景下分析农民工随迁子女的学校选择情况。通过宏观数据把握农民工随迁子女在城市两类学校中的分布特征，并判断了随迁子女在公办学校与民办学校就读的入学机会差异。尽管当前就读于公办学校的随迁子女占绝大多数，部分地方政府还通过购买服务的方式保障了未在公办学校就读的随迁子女的受教育权利，但不可否认的是，在不同类型学校就读的差异体现的实质上是随迁子女入学机会的差异。本章利用随迁子女的问卷数据，借鉴新古典家庭教育决策模型的分析框架，构建了农民工随迁子女选择就读于不同类型学校的影响因素模型，从而进一步考察影响农民工随迁子女在就读学校选择中的影响因素。

研究发现，入学机会均等是教育公平的起点。从实证研究的结果来看，公办学校在生均教育经费、生师比、师资质量、教学质量、社会声誉等方面均优于民办打工子弟学校，即就读于公办学校的学生在入学机会上优于就读于民办打工子弟学校的学生。影响随迁子女就读学校类型的因素有很多，既有来自学生个体的因素，也有来自家庭的因素。从个体因素来看，是否为独生子女、本地生活年限影响就读学校类型的选择；从家庭因素来看，父母平均学历、父母平均职业地位、家庭社会网络对学生就读学校类型影响显著。在控制儿童个体因素及其他家庭因素的情况下，考察家庭社会网络对不同类型学校选择的影响。结果表明，家庭社会网络对随迁子女就读学校的选择有显著正向影响，即家庭社会网络的数量越多、质量越好，学生选择就读于公办学校的发生比越高。从产生促进影响的具体维度来看，家庭社会网络的达高度和声望幅度对学校类型的选择有显著正向影响，而广泛度无显著影响。

二、分析与讨论

（一）随迁子女入学机会不均等的制度分析

在经济社会急剧变迁的时代，教育公平问题在实质上是一系列社会变迁的深层次反映，它折射的是社会结构和社会秩序的映像。随迁子女受教育机会的不均等体现在就读学校类型的差异上，随迁子女与城市子女之间、随迁子女内部之间的入学机会存在一定不平等。公办学校在生均教育经费、生师比、师资质量、教学质量、社会声誉等方面均优于民办打工子弟学校。从制度上看，这种不均等主要来自教育资源分配的不均衡。

民办打工子弟学校的生存与发展始终面临着两难处境：一方面，民办打工子弟学校的存在有其现实需求，在公办学校设立入学门槛的条件下，民办打工子弟学校成为农民工随迁子女的重要替代性选择。作为供给能力有限的公立学校的补充，民办打工子弟学校有效地增加了教育供给，满足了农民工随迁子女的教育需求。以广东省为例，《2022年广东省教育事业发展统计公报》数据显示，全省义务教育阶段在校生中进城务工人员随迁子女302.37万人，其中小学在读221.13万人，初中在读81.24万人。这样庞大的数字，不仅给城市教育的承载能力带来诸多挑战，也考验着中国教育的担当与智慧。随着城镇化进程的加快，随迁子女入学最大的难点在于公办学校的学位不足。有学者根据广州市教育局公布的数据进行统计发现，2020 年广州市有民办学校 361 所，其中低收费的民办打工子弟学校就有 265 所，约占民办学校的 73%；义务教育阶段学校约有 1375 所，民办打工子弟学校约占义务教育阶段学校的 19%。[①] 2021 年，深圳义务教育阶段 58.7% 的学位提供给了随迁子女，规模和占比均在全国一线城市中排前列，满足了超大规模移民城市的适龄人口入学需求。[②]

另一方面，由于民办打工子弟学校的办学条件、师资力量、经费来源等诸多因素难以达到国家要求的办学标准，而无法取得合法的办学地位，从而面临生存问题，影响其长远发展。具体来说，民办打工子弟学校存在办学条件差、教学管理混乱、教师水平低、办学经费缺乏等诸多问题。[③] 吴霓在研究中指出，对于未达标的民办打工子弟学校，国家始终没有一个明确的设立标准，国家应该正视现实，酌情放宽设立条件，加强政府监管和扶持，适时修订法律法规。[④] 在缺乏财政支持的情况下，民办打工子弟学校的创办者提高办学质量的动力不足、得到的支持不够，其生存困境既有外部制度障碍原因，也有内部投入不足、管理不善的原因。

在实证调查中，我们选取武汉春苗学校作为调研学校，该学校是武汉市目前仅存的一所九年一贯制的民办打工子弟学校。通过对学校行政人员和教师的走访，我们了解到，1998 年政府牵线帮助学校征用了其所在村里的土地，创办者陈瑛出资 30 万元，举债 100 万元盖起了 5 层楼，经过十余年的经营，才逐渐偿清所欠债务。早年学校的师资主要由民办教师超编无岗位者、退休教师和年轻的毕业生组成。因生活成本上升，学校又无力提高工资，年轻教师离开岗位的人数不断增多，教师流动性从前些年的 10% 增加到 30% 左右。而学校执行的还是武汉市 10 年前的收费标准，学生的学费还是支撑学校运行各项活动的主要经费来源。近年来，随着"两为主""两纳入"政策的相继出台，学校所属区教育局每年对学校拨付专项资金，同时，学校也接收一些来自公办学校的旧桌椅和设备。但是据教师反映，教育局的经费资助额度仅能稍微缓解学

---

① 梁伟堂. 超大城市民办打工子弟学校纳入基本公共教育服务路径研究 [D]. 广州：广州大学，2020.
② 光明日报. 深圳：全力保障随迁子女接受优质义务教育 [N/OL]. (2021-11-17) [2023-03-20]. http://edu.people.com.cn/n1/2021/1117/c1006-32284501.html.
③ 段成荣，梁宏. 关于流动儿童义务教育问题的调查研究 [J]. 人口与经济，2005 (1)：11-17.
④ 吴霓. 民办农民工子女学校设置标准的政策困境及解决措施 [J]. 教育研究，2010，31 (1)：23-28.

校的办学压力。

这个案例充分展示了一所民办打工子弟学校在缺乏长效财政支持的情况下所遇到的困境。不仅公办学校与民办打工子弟学校间存在这样的差距，即使是不同公办学校之间也存在较大差距。目前，我国教育资源分布不均衡不仅表现在地域之间、城乡之间，甚至同一地区的不同学校之间都存在较大的差距，教育资源失衡不仅成为社会公平的障碍，也损害了随迁子女的平等受教育权利。其他特大城市的民办打工子弟学校的发展也面临类似的境遇。例如，自2016年起，上海市民办打工子弟学校关、停、并、转的步伐加快，上海市教委要求各区根据实际需要作出预案，凡要保留的学校，一定要办好，学校要纳入属地考核。截至2020年年底，上海市的民办打工子弟学校仅存48所。[①]

在城市公办教育资源供求矛盾短期内难以消除，城市尤其是特大城市中公办学校"入学门槛"政策短期内难以改变的情况下，具有"五证"的农民工子女只是拥有了一张进入城市公办学校的"准通行证"，他们在就近的区域内依然不能享有自主择校的权利。以武汉市某进城务工人员F的个案为例，F的老家是湖北省宜昌市某下辖县的农村地区，F来武汉6年多了，职业是美容按摩师，她的丈夫是一名厨师，两人育有一个3岁的儿子。2015年，她与先生将务工多年积攒的27万元以及向亲戚借的5万元凑在一起，在武汉某辖区购置了一套二手房。以下是对她的访谈实录：

问："你为什么现在在武汉买房子？"

F："我儿子今年3岁了，在农村老家上幼儿园，我想带他来武汉上小学，所以现在凑钱买了一套房子。"

问："你们了解武汉市对外地孩子的上学政策吗？"

F："我打听了一下，（随迁子女）基本都可以上，但是想去稍微好点的学校是不可能的。"

问："现在都是就近入学，择校的现象应该是很少的。你们小区对口的是哪所学校？"

F："说是这么说，其实也不能随便上。我听说我们小区对口两所学校，一所是A小学，一所是B小学。A小学比较好，大家都想去，说是就近入学，但我们户口不在这里，只买了房子，肯定还是去

---

① 梁伟堂. 超大城市民办打工子弟学校纳入基本公共教育服务路径研究 [D]. 广州：广州大学，2020.

不了 A 小学。"

问:"A 好像是比较有名的小学,那你打算怎么找(关系)呢?"

F:"我也不知道,我今年先买了房子,出租三年攒点钱,到孩子上学时再想办法让他去好点的学校。"

与此同时,北京一些城乡接合部还出现了"公办学校打工子弟化"的现象:一些教学质量相对薄弱的学校因北京孩子不愿去,招不满学生,出现了教育资源的闲置,于是就敞开大门接收外来务工人员子女。而随迁子女人数多了,一些本地孩子的家长会让孩子转学。2004 年以前,这些学校还对外来务工人员子女收取高额的借读费,但伴随新政策的推行,目前已经停止收取高额费用。也就是说,随着"两为主"等政策的推行,随迁子女在城市入学的问题得到了极大的解决。①

(二)家庭背景对随迁子女入学机会的影响

家庭是构成社会的基本单位,也是随迁子女教育决策的基本单位,家庭的社会经济状况直接影响对子女教育的投入能力。在转型时期,农民工家庭已不是铁板一块,不同学历、收入差距、职业地位差别使农民工群体内部产生了社会分化,这种分化对其作出教育决策产生了重要影响。受教育程度越高、收入越高、职业地位越高的随迁子女家长,在按照自身意愿进行教育选择时的能力越强。从人力资本理论的角度来看,受过较高水平教育的人群在家庭决策中有更理性的判断,家长会将子女的教育看作一项长期投资。② 相比于民办打工子弟学校,公办学校在教育质量、师资水平、办学条件等方面均更好,因此他们选择让子女在公办学校就读的可能性更大。

家庭社会网络作为一种嵌入在人与人关系中的资源,不同家庭间的社会资本差异无疑是考察农民工家庭分化程度的重要指标。有关家庭社会网络的研究表明,家庭社会网络规模越大,则网络成员越有可能提供各方面的支持。在西方社会中,通过家庭社会网络帮助学生获取教育信息,并提供财政资助的现象是存在的。③ 在我国,家庭社会网络资源除了发挥间接作用,还可能发挥直接

---

① 张锐,车辉. 外来工子女入学公办校难越"玻璃门"[N/OL]. (2010 - 09 - 06)[2021 - 06 - 08]. https://www.chinanews.com.cn/edu/2010/09 - 06/2513173.shtml.

② SCHULTZ T W. The economic importance of human capital in modernization [J]. Education economics, 1993, 1 (1): 13 - 19.

③ MCDONOUGH J, MCDONOUGH S. Research methods for English language teachers [J]. Open journal of modern linguistics, 2017, 7 (20): 272 - 275.

作用，即家庭社会网络可能为个人获取稀缺教育机会提供直接帮助。例如，家庭会利用经济资本、社会资本和权力资本等为个体获取稀缺的教育机会提供帮助。[1]

在科尔曼看来，社会资本同物质资本、人力资本一样，是生产性的，使某些目标的实现成为可能。有条件的农民工家庭在选择子女就读公办学校还是民办打工子弟学校时，可通过丰富的社会网络资源来拓宽了解信息的渠道，并通过社会网络，尤其是来自强关系的网络获取外部支持。

第一，家庭社会网络的质量而非数量是影响随迁子女学校选择的关键因素。研究表明，代表家庭社会网络异质性程度的声望幅度，以及代表家庭网络可触及顶点的达高度均对随迁子女就读学校选择有显著影响；而代表可联络到职位数量的广泛度则无显著影响。声望幅度越大，说明家庭越能从网络中获得异质性的社会资源，社会网络资源越丰富；达高度越大，说明家庭关系中的熟人"地位"越高，其在非正式协商中拥有的话语权越大，对随迁子女的学校选择决策产生促进作用的可能性也越大。

第二，掌握更多信息渠道。在以差序格局为主要特征的"乡土中国"，农民工的社会交往主要在以亲缘、地缘、知识水平、经济状况等方面同质的群体中展开，这就决定了农民工获取信息往往是通过非正式渠道，而这种信息传递容易产生偏差。具体到对学校选择的作用机制，对于就读、升学、学生资助等政策，政府与农民工家庭之间可能存在一定的信息不对称。社会网络异质性和广泛度越高的家庭，获取信息的渠道也越广，越能在子女的教育选择中发挥积极作用。例如：家长与家长之间的联系——获取有关子女教育以及学校的信息；家长与教师之间的联系——了解子女在学校受教育的状况，并希望获得更多的关注。

第三，获取外部支持。科尔曼认为，置身于紧密而有限制的社会网络中的个体，更有可能积累社会资本，当家庭社会成员是具有紧密社会网络的成员时，他们就不仅能够依靠他人的支持和帮助，还可以支配更多的社会资源。在我国，强人际关系网络（亲戚朋友网络）在个体获得外部支持中的作用最为重要，这种以家庭为核心向外延伸的关系的影响不容小觑。对于那些社会网络相对匮乏的农民工，在帮助符合城市"入学门槛"的随迁子女进行学校选择时，常常是相对被动的。

---

[1] 雷万鹏. 中国大陆高等教育需求中的城乡差异研究 [D]. 香港：香港中文大学，2004.

第五章　随迁子女学习适应性
影响因素研究

农村劳动力向城市流动或迁移是我国经济发展的一个重要特征。随着农业劳动力大规模向城市迁移，我国城镇化进程已经进入高速发展阶段。在这一阶段，城镇化已不仅是农业人口向城市的空间转移，更关键的是从"量"的增加转变为"质"的提升，新型城镇化的核心是人的城镇化，着力点在于农民工在城市的融合与适应。在中国传统文化的影响下，子女教育自始至终都是家庭的重要任务，子女能否在城市平等地接受教育、能否适应城市学校，关乎农民工家庭能否在城市"留下来"和"留得住"，也关乎我国农民工"市民化"的发展进程。

相较于其他年龄阶段，环境因素与义务教育阶段儿童的心理健康状况有着更为密切的联系。儿童发展一定会受到社会变迁的影响，与农村留守儿童相比，从农村转入城市的随迁子女能够获得更多的父母陪伴，能够在城市接受学校教育。但与此同时，他们生活和学习所面临的家庭外部环境发生了巨大变化，他们需要重新定义自身的社会化进程，需要在学习、社会交往、生活方式、行为习惯、情感归属等方面适应新的环境。有研究表明，随迁子女在教育上的不利处境不仅表现为入学权利受限，更多地表现为学习和适应不良，如果不及时干预，可能产生学业失败、人际适应不良、行为异常等一系列问题，进而被边缘化。[①]

对于随迁子女而言，"上好学"包括两层含义：一是能够在城市享受同等教育资源、学校和教师一视同仁的对待；二是能够获得同等的教育产出机会，并得以全面发展（包括学业成就、心理健康等方面的发展）。前者体现的是教育过程公平，后者体现的则是结果公平。随迁子女"上好学"的首要任务是

---

① 谭千保. 城乡流动的困与解：农民工子女的学校适应性研究 [M]. 武汉：华中科技大学出版社，2016：33-36.

融入和适应城市学校生活，关注随迁子女在学校的学习适应状况及其影响因素，将有助于农民工随迁子女融入城市，进而推进农民工家庭的"市民化"进程。本章重点关注农民工随迁子女在城市受教育过程中的适应状况，分析影响随迁子女学习适应性的因素。本章为前瞻性地了解学生在学习中面临的问题，及时干预和辅导处于不利学习处境的学生提供有效建议和策略，促进随迁子女在城市中的融合。

第一节 随迁子女的学习适应状况

本章采用由张大均和江琦编制的《青少年心理健康素质调查表》适应分量表，该量表分为生理适应性、情绪适应性、人际适应性、学习适应性、社会适应性和生活适应性六个维度，共22个项目，采用5点计分法，"1"为"完全不同意"，"5"为"完全同意"，分数越高表明适应性越好。其中，本章采用量表中关于学习适应性的子维度，在此基础上，针对农民工随迁子女学习状况的独特性，专门设计了针对随迁子女学习适应性的题目，与前者共同构成对随迁子女学习适应性的测试问题。测试问题的 α 系数为 0.882，KMO 值为 0.866，表明数据具有较好的内部一致性和相关性；巴特利特球形检验的值为 12243.937，在 0.1% 的水平上显著，表示原有变量适合做因子分析。通过因子分析，得到农民工随迁子女学习适应性因子得分。

一、随迁子女学习适应性的基本特征

农民工随迁子女的学习适应状况由学习适应性因子得分反映，由表5.1可知，随迁子女学习适应性因子得分均值为 -0.0187，出现负值的原因是学习适应性因子得分经过了标准化处理。从分布上看，学习适应性因子得分基本呈现出负偏态分布，如图5.1所示。

表5.1 描述性统计资料

项目	N	最小值	最大值	均值	标准差
学习适应性因子得分	665	-1.72	0.86	-0.0187	0.58539
有效的 N	665				

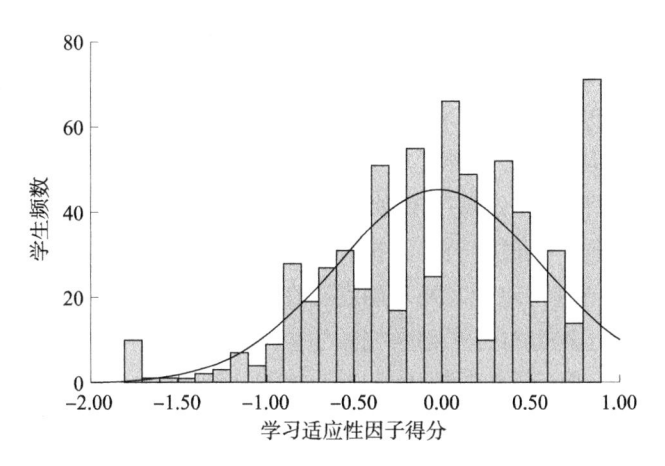

图 5.1　随迁子女学习适应性因子得分分布

从地区分布上看（见图 5.2），四个城市随迁子女学习适应性得分由高到低的排序为：宜昌市、武汉市、东莞市、深圳市。武汉市和宜昌市的随迁子女的学校适应性均高于平均水平，而深圳市和东莞市的随迁子女的学校适应性低于平均水平。

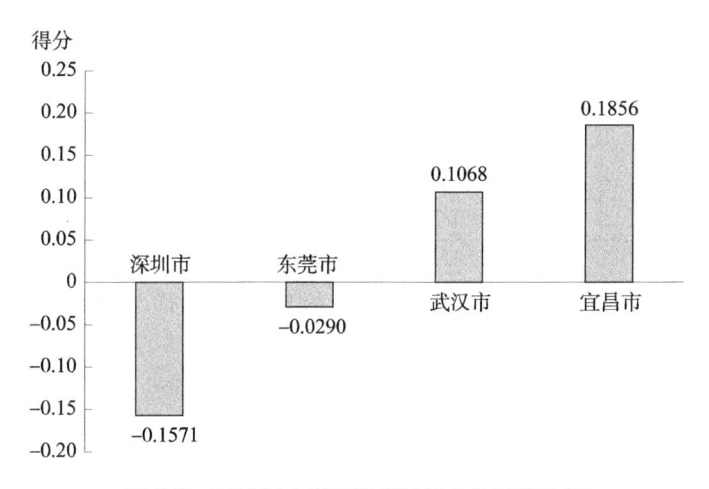

图 5.2　随迁子女学习适应性得分的城市比较

二、随迁子女学习适应性的差异分析

1. 随迁子女学习适应性的个体差异

表 5.2 中的数据显示，随迁子女在学习适应性上存在显著的个体差异：

①从性别上看,男生的平均学习适应性高于女生,但无显著差异($P=0.627$);②从学段上看,小学生的学习适应性优于初中生,且存在显著差异($P<0.001$);③从民族差异来看,汉族随迁子女的学习适应性因子得分高于少数民族群体,但无显著差异($P=0.970$);④从家庭结构上看,独生子女的学习适应性因子平均得分高于非独生子女,且存在显著差异($P=0.018$);⑤从就读学校上看,通过对公办学校和民办打工子弟学校中的随迁子女学习适应性因子得分均值进行比较,发现两者存在显著差异,公办学校学生的学习适应性因子得分高于民办打工子弟学校的学生($P=0.009<0.05$)。

表5.2 随迁子女学习适应性的个体差异(独立样本 T 检验)(1)

项目		学习适应性因子平均得分	P
性别	女生	-0.0064	0.627
	男生	0.0286	
学段	初中生	-0.1635	<0.001
	小学生	0.1564	
民族	汉族	-0.0148	0.970
	少数民族	-0.0180	
家庭结构	非独生子女	-0.0508	0.018
	独生子女	0.0714	
就读学校	公办学校	0.0211	0.009
	民办打工子弟学校	-0.1067	

从表5.3、表5.4中随迁子女学习适应性与流动状况差异的分析可以发现:①学生是否跨省流动的独立样本 T 检验表明,尽管差异不显著($P=0.488$),但仍可以看出省内流动的随迁子女的学习适应性优于跨省流动的随迁子女;②从是否在本地出生的比较上看,本地出生的随迁子女的学习适应性优于非本地出生的随迁子女,但差异不显著($P=0.530$);③从随迁子女学习适应性与转学次数的方差分析中可以看出,随迁子女的学习适应性在不同转学次数上存在显著差异($P=0.015$);④从随迁子女学习适应性与本地生活年限的方差分析中发现,随迁子女的学习适应性在不同的本地生活年限上存在显著差异($P=0.035$)。

表 5.3　随迁子女学习适应性的个体差异（独立样本 T 检验）(2)

项目		学习适应性因子平均得分	P
是否跨省流动	省内流动	0.0166	0.488
	跨省流动	-0.0173	
是否在本地出生	本地出生	0.0461	0.530
	非本地出生	-0.0117	

表 5.4　随迁子女学习适应性的群体差异（单因素方差分析）

项目	F 值	P
转学次数	1.520	0.015
本地生活年限	1.722	0.035

2. 家庭差异

从父母受教育程度的差别来看，随迁子女的学习适应性存在显著的家庭差异。将父母平均受教育年限作为父母受教育程度的替代变量，数据表明，随迁子女父母双方平均受教育年限为 10.0084 年，这一受教育年限对应的是高中一年级。以父母平均受教育年限的四分位数为界，将父母受教育程度分为低学历（小于 9 年）、较低学历（等于 9 年）、较高学历（等于 12 年）和高学历（大于 12 年）四种类型，按照我国的学制，这四类分别对应的是初中以下、初中毕业、高中毕业和高中以上学历。比较来自不同父母受教育程度家庭的随迁子女学习适应性的差异，数据显示，父母平均学历越高的随迁子女，其学习适应性越好。通过单因素方差分析可知，父母平均学历不同的家庭，在随迁子女学习适应性上的差异具有统计学意义（$P<0.001$），见表 5.5。

表 5.5　不同父母受教育程度家庭的随迁子女学习适应性

父母学历分类	平均数	N	标准差	F	P
初中以下	-0.0893	149	0.52941	—	—
初中毕业	-0.0838	176	0.56274	—	—
高中毕业	-0.0175	87	0.64387	—	—
高中以上	0.2076	87	0.57599	—	—
总计	-0.0231	499	0.57912	6.077	<0.001

从职业分类来看，父母职业地位的测量参照中国社会科学院《中国社会分层研究报告》中提出的十大社会分层对应的职业，按照从低到高分别赋值为1~10。数据显示，随迁子女父母的平均职业分数为4.418分，按照四舍五入近似处理，该得分对应的职业是商业服务人员，如营业员、店员、服务员等。以父母平均职业得分的四分位数为界，将父母职业分为低职业得分（小于3）、较低职业得分（3~4.5，不含4.5）、较高职业得分（4.5~5）和高职业得分（大于5）四种类型。比较来自不同职业等级家庭的随迁子女学习适应性的差异，总的来看，来自高职业得分家庭的随迁子女的学习适应性优于低职业得分家庭的随迁子女。但通过单因素方差分析发现，父母平均职业等级不同的家庭，在随迁子女学习适应性上的差异并不显著（$P=0.290$），见表5.6。

表5.6 不同父母职业得分家庭的随迁子女学习适应性

父母职业分类	平均数	N	标准偏差	F	P
低职业得分（小于3）	-0.0448	206	0.55393	—	—
较低职业得分（3~4.5，不含4.5）	-0.0500	150	0.56167	—	—
较高职业得分（4.5~5）	0.0415	127	0.56473	—	—
高职业得分（大于5）	0.0444	140	0.62284	—	—
总计	-0.0084	623	0.57444	5.035	0.290

第二节 随迁子女学习适应性的多层线性分析

一、研究假设

已有的相关研究成果为本章提供了直接的理论援引。根据研究目的，本章假设：随迁子女学习适应性由学生个体特征、家庭特征以及学生所在班级和学校特征共同决定。

（一）个体特征

1. 学段对学习适应性的影响

皮亚杰根据儿童认知发展的特征，将儿童智力发展划分为四个阶段：感知运动阶段（0~2岁，不含2岁）、前运算阶段（2~7岁，不含7岁）、具体运算阶段（7~11岁，不含11岁）和形式运算阶段（11~14/15岁）。[①] 处于每个阶段的儿童具有独特的特点和差异。当儿童处于流动的环境中时，他们需要不断打破对现有环境的适应，调节自我以适应新的环境，达到新的平衡，个体平衡的发展就是智慧的扩展过程。儿童年龄越大，他们的生活自理、学习自主和适应环境能力也越强。基于此，可以假设年龄越大的随迁子女学习适应性越好。但与普通儿童不同的是，处于不同阶段的随迁子女除了自身发展的特征，还面临不同的政策环境。与年龄变量高度相关的学段变量可能受到不同教育政策的影响，如对于初中生而言，不同城市异地中考政策和异地高考政策的制度安排，可能对其在学校的学习适应性有一定影响。由于学生年龄和就读年级具有较强的正相关关系，为了避免多重共线性问题，从二者中选取一个作为代表随迁子女年龄特征的变量。由于学段比年龄具有更丰富的政策含义，因此将"就读学段"纳入回归模型中。

2. 流动性对学习适应性的影响

从随迁子女的流动性来看，研究者普遍发现，流动儿童的学校适应情况不如城市儿童。[②] 来自美国的实证研究也表明，高度流动性对学生学业的影响是较大的。[③] 流动性较大的随迁子女，其所处的学习和生活场景、学习内容、进度、教师、同学发生变化，需要不断调整自己以适应新的学习环境。因此，可以预期流动性较大的随迁子女的学习适应性更差。

3. 人际交往对学习适应性的影响

在学校中，教师和同学是农民工随迁子女接触最为密切的两个群体，因此，师生关系和同伴关系是学校适应中非常重要的方面。研究者认为，同龄人的接受程度、朋友的数量、朋友之间的相互关系都会影响青少年的心理适应性，进而影响其学习状况。[④] 处于流动中的随迁子女因为转学，已建立起来的人际关系被切断，并需要在城市学校中构建新的师生关系和同伴关系。这种转换使其难以与同学形成良好的同伴关系，他们甚至可能受到本地同学的排斥和欺负，这种处于边缘化的境遇必然不利于随迁子女的学习适应。

---

① 张大均, 邵景进, 齐晓栋. 论学生心理素质教育衔接的心理学依据 [J]. 辽宁师范大学学报（社会科学版）, 2005 (5): 55-58.
② 孙晓莉. 流动儿童学校适应性现状研究 [J]. 现代教育科学, 2006 (6): 20-21, 5.
③ 石人炳. 美国关于流动儿童教育问题的研究与实践 [J]. 比较教育研究, 2005 (10): 29-33.
④ KINGERY J N, REUTER T R. Intimate friend [M]. New York: Springer US, 2011.

(二) 家庭特征

1. 家庭社会经济地位对学习适应性的影响

家庭社会经济地位是影响随迁子女学习适应性的主要因素之一，这一结论已经得到国内外学者的广泛认可，并被美国教育部设立的国家教育机会平等研究小组所证实。[1] 家庭社会经济地位是一个综合性指标，一般由父母受教育程度、父母职业和家庭收入所反映。已有的许多研究都证明了父母受教育程度、父母职业、家庭收入与子女受教育水平之间的正相关关系，受教育水平反映的是教育结果，学生的学习适应性反映的是教育过程，从学习的连续性来看，可以预期，家庭社会经济地位越高的随迁子女，其在学校的学习适应性越好。

家庭社会经济地位可能会通过多种途径和形式对随迁子女的学习适应性产生影响。随着对家庭社会经济背景讨论视角的扩展，有研究者提出，家庭社会关系所反映的家庭社会资本等是其社会地位的重要影响因素。[2] 因此，本章将家庭社会网络纳入回归模型。

2. 父母教育参与对学习适应性的影响

科尔曼指出，社会资本是人力资本再生产的重要中介，表现为一种结构上的"社会闭合"。家庭社会网络封闭性越高，子女获得的社会资本越丰富，即两者显著正相关。家庭社会网络闭合具体可以分为两种形式：一种是"父母参与"，包括父母与子女的交流、对子女的监督和学习指导等；另一种称为"代际闭合"，是指父母与教师的交往形成一个闭合的人际交往圈。在科尔曼看来，两种社会网络闭合结构可以形成支持性社群，有利于各种学习与生活信息的交流和传递，从而可以监督、鼓励和促进学生更加努力、有效地学习。[3]

但是，需要特别说明的是，在科尔曼对社会资本的研究架构中，尽管代际闭合是家庭外部社会资本的重要形式，但是这一指标并不适用于所有家庭。在他的测量中，那些转学频繁学生的家庭，其社会关系在每次迁移后被打断，无论这种代际闭合在学生的学业成就中起到多大作用，这种作用都不适用于流动

---

[1] 曾守锤. 流动儿童的社会适应：研究与实务 [M]. 上海：华东理工大学出版社，2012：147.

[2] OAKES J M, ROSSI P H. The measurement of SES in health research: current practice and steps toward a new approach [J]. Social science & medicine, 2003, 56 (4): 769 - 84.

[3] 赵延东，洪岩璧. 社会资本与教育获得：网络资源与社会闭合的视角 [J]. 社会学研究，2012, 27 (5): 47 - 69, 243 - 244.

家庭。因此，基于科尔曼的实证经验，本章不将代际闭合作为考察家庭社会资本的表现形式，同时提出假设：父母对子女的教育参与得越多，随迁子女的学习适应性越好。

(三) 班级和学校特征

1. 教师资质对学习适应性的影响

假设随迁子女在学校的学习适应性受到所在班级教师资质的影响，教师资质可以由受教育水平和教龄来反映。假设班级教师平均受教育水平越高，随迁子女的学习适应性越好。一般来说，学历越高的教师，往往具备更先进的教育理念、运用更合理的教育教学策略，对因材施教的应用也更得心应手。假设班级教师平均教龄越长，对随迁子女的学习适应性越有积极作用。因为教育年限较长的教师，有更丰富的管理经验和教学经验，可以更有效地促进随迁子女在学校的学习适应。

2. 班级特征对学习适应性的影响

班级特征主要是指班级规模和班级中随迁子女的比例。假设班级规模越大，随迁子女的学习适应性越差。假设随迁子女的比例对学生的学习适应性有显著负向影响，提出这一假设的依据是，研究者普遍发现，流动儿童的学校适应性不如城市儿童[1]，本章的数据也支持了这一结论，即随迁子女的学习适应性因子得分比城市本地学生低。因此假设，随迁子女比例越高的班级，平均学习适应性越差。

3. 学校类型对学习适应性的影响

学校可分为两类：一类是公办学校，另一类是民办打工子弟学校。将学校类型作为自变量的依据有两个：一是相关研究表明，随迁子女在公办学校比在民办打工子弟学校的学习适应状态更好，对二者的均值比较也验证了学习适应性存在校际差异；二是借鉴科尔曼将学校类型作为"社会资本"的范畴，考察我国情境下不同类型学校对学习适应性的影响。

如前所述，多种因素影响儿童受教育状况，既有来自儿童个体及其家庭的因素，如儿童性别、年龄、家庭背景、教养方式、同伴关系等，也有来自班级和学校的影响，如班级教师资质、班级氛围等。已有研究对农民工随迁子女多在"问题范式"下进行探讨，研究者对随迁子女学习适应性的评价多为负面

---

[1] 孙晓莉. 流动儿童学校适应性现状研究 [J]. 现代教育科学, 2006 (6): 20 – 21, 5.

的,甚至有研究者把流动儿童看作一个同质的不分化的高危(high-risk)群体,认为流动儿童的发展遵循着"处境不利(高危)—压力—适应不良"模型。① 在已有研究的基础上,本章期望在以下几个方面有所探索:①面对同样的压力和新的学习环境,为什么有些流动儿童学习适应性良好,而另一些却适应困难?②已有研究将随迁子女看作一个整体,未关注到群体差异,不同学段、不同性别、不同流动经历等因素对其学习适应性有何影响?③一些研究将呈现出的问题简单归因于流动经历,忽视了儿童个体发展中其他群体的共同作用。

基于根据研究目的和研究基础提出的一系列关于影响随迁子女学习适应性的假设,并将随迁子女性别、班级规模、教师教龄、教师受教育水平作为控制变量,共同解释随迁子女学习适应性的差异。构建的分析框架如图 5.3 所示。

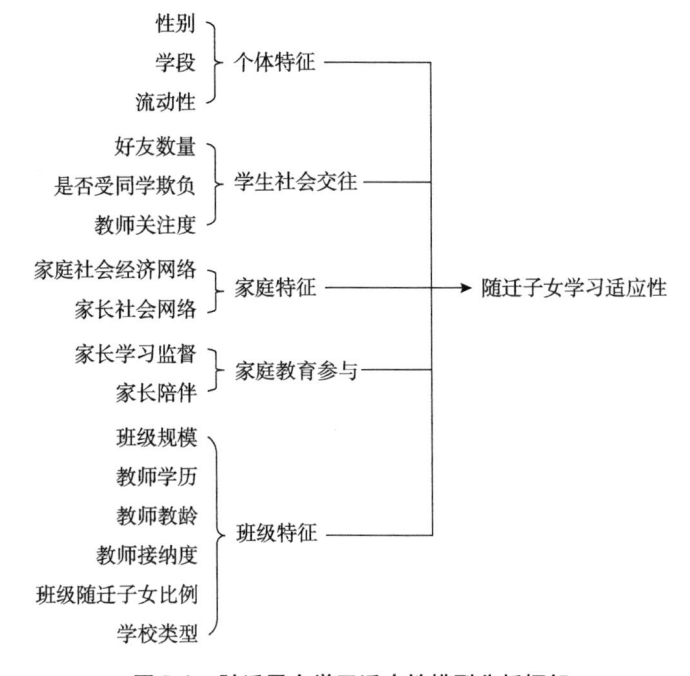

图5.3 随迁子女学习适应性模型分析框架

---

① 曾守锤,李其维. 流动儿童社会适应的研究:现状、问题及解决办法[J]. 心理科学,2007(6):1426-1428.

二、变量选择

本章的研究对象是城市随迁子女,在深圳、东莞、武汉、宜昌四个城市的学校中有流动经历的学生样本有713个,占样本总量的17.2%;班级样本84个,包括378名教师的平均信息;这些样本来自4个城市的25所学校。根据研究目的,构建两水平线性模型,把随迁子女学习适应性的差异分解为不同班级之间的差异和同一班级内不同学生之间的差异,同时还可以引入个体特征和班级特征来分别解释随迁子女学习适应性的个体差异和班级差异。基于研究的实际需要和数据的嵌套性,本章选择两水平线性分析方法。

(一) 因变量

选择随迁子女的学习适应性作为因变量,由因子分析得到城市随迁子女学习适应性因子得分。

(二) 自变量

1. 个体特征

反映随迁子女个体特征的变量包括儿童性别、学段和转学次数。其中,性别以男生为参照,学段以初中为参照。

2. 家庭社会经济地位

家庭社会经济地位一般包括三个方面:父母受教育程度、父母职业地位和家庭所拥有的经济资源。①父母受教育程度的测量有多种方法:一是单独测算父亲的受教育程度,二是选取父母中学历较高的一方进行测量,三是综合父母的平均学历进行测算。[1] 本章选取的是第三种方式,并将受教育程度转化为受教育年限进行测量。②对父母职业地位的测算也是采用平均测算方式,父母职业地位的测量参照《中国社会分层研究报告》中提出的十大社会分层对应的职业,按照从低到高分别赋值为"1~10"。③一般来说,经济资源是反映家庭所占有的财富的最佳测算指标[2],其中收入是最直观的反映。然而,考虑到

---

[1] 钟景迅,黄斌.学生社会经济地位的概念、测量及其应用研究综述[J].全球教育展望,2012,41 (12):31-39.

[2] DUNCAN G J, PETERSEN E. The long and short of asking questions about income, wealth, and labor supply [J]. Social science research, 2011, 30 (2): 248-263.

研究对象是中小学生，他们很难准确地描述家庭的收入水平，因此借鉴一些研究中对家庭所有物的测量方法。本章使用的是"独立书桌"和"拥有课外书籍册数"两个替代指标。最后，采用因子分析方法将三种要素合并为家庭社会经济地位指标。对于社会网络的测量，以前文中对社会网络测算的因子得分为指标。

3. 父母教育参与

基于研究假设即数据的可得性，对父母教育参与的观测包括两个方面：一是父母对孩子学习的督促情况，具体考察的是"父母上周检查作业次数"；二是父母陪伴孩子的情况，对应的问题是"父母平时带孩子参加活动的种类"。

"父母陪伴"设置的问题如下：

平时父母（或监护人）会带你参加下列哪些活动？

①去动物园或海洋馆；②去公园；③去游乐场；④去旅游；⑤去电影院看电影；⑥看美术展；⑦听音乐会；⑧观看话剧；⑨参观博物馆；⑩其他；⑪无

每种活动计为"1"，根据被试选择的父母带其参加活动种类的多重效应，计算活动种类数量。

4. 学生社会交往

对学生社会交往的测算包括两个方面：一是同伴关系，测量指标是随迁子女的好友数量，以及是否受同学欺负；二是师生互动，考察学生所感知到的教师对自己学习和生活的关心程度，如表5.7所示。

5. 班级层面变量

班级是学生学习生活的主要场所，班级层面变量主要反映教师平均资质以及班级教师对随迁子女的欢迎和接纳程度。选取的自变量包括：①班级平均规模；②班级随迁子女的平均比例；③班级教师的平均学历；④班级教师的平均教龄；⑤教师接纳度，即班级教师对随迁子女的欢迎程度；⑥学校类型，以公办学校为参照，如表5.8所示。[1]

---

① 注：此处将学校类型引入班级层变量的依据是：两层模型中，班级样本为84个，学校样本为25个；平均每所学校取样的班级为3.36个。由于缺失值等因素，实际进入模型的班级样本为48个，来自19所学校，即校均2.5个班级。由于每所学校中抽取的班级数较少，对于学校类型这一特征而言，班级间具有同质性，因此，可将该特征等同于班级特征。

表 5.7 第一层变量界定与测量

变量名称	变量界定与测量	均值	标准差
（1）转学次数	非正常升学的转学次数	1.04	1.23
（2）好友数量	班级中的好朋友数量	6.04	6.11
（3）教师关注度	非常关心=5；比较关心=4；一般=3；不太关心=2；非常不关心=1	3.63	1.13
（4）家庭社会网络	家庭社会网络因子得分	5.90	2.47
（5）儿童性别	男生=1；女生=0	0.55	0.50
（6）父母学习监督	父母上周检查作业次数	4.13	2.72
（7）是否受同学欺负	受欺负=1；不受欺负=0	0.28	0.45
（8）父母陪伴	父母平时带孩子参加活动的种类数	2.83	2.26
（9）学段	初中=1；小学=0	0.53	0.50
（10）家庭社会经济地位	家庭社会经济背景综合因子得分	0.19	0.95

表 5.8 第二层变量界定与测量

变量名称	变量界定与测量	均值	标准差
（1）随迁子女比例	班级平均随迁子女比例	0.55	0.39
（2）教师学历	班级教师平均受教育年限	15.63	1.03
（3）教师教龄	班级教师平均教龄	15.77	6.62
（4）班级规模	班级平均学生数	47.41	5.68
（5）教师接纳度	非常欢迎=5；比较欢迎=4；无所谓=3；不太欢迎=2；非常不欢迎=1	2.42	1.06
（6）学校类型	公办学校=1；民办打工子弟学校=0	0.71	0.46

第三节 模型分析结果

本节主要报告多水平线性模型中三种模型的分析结果。首先，利用零模型分析随迁子女的学习适应性在48个班级之间是否存在显著差异；其次，通过随机系数回归模型分析学生个体变量对其学习适应性的影响，选取进入完全模型的变量；最后，通过完整模型分析学生个体变量和班级变量对随迁子女学习适应性的影响。由于多层线性模型分析不允许第二层存在缺失值，因此删去第二层存在缺失值的班级数据和相应学生数据，最终进入模型分析的匹配样本量为：学生样本 476 个，班级样本 48 个。

一、零模型分析

零模型是多层线性模型的起点，在零模型中，第一层和第二层中都不包含自变量，只包括班级层面的随机效应。其目的是将随迁子女学习适应性的总方差分解为学生个人、班级两个层次，确定学生适应的总变异中有多大程度是由组间变异（即班级）产生的，由此决定引入班级层面的变量是否有必要。零模型（模型1）的表达式如下：

第一层： $FACT_{ij} = \beta_{0j} + r_{ij}$

第二层： $\beta_{0j} = \gamma_{00} + u_{0j}$

混合模型： $FACT_{ij} = \gamma_{00} + u_{0j} + r_{ij}$

在第一层模型中，$FACT_{ij}$ 表示第 j 组中第 i 个个体的观测值；β_{0j} 表示第 j 组的截距，即组的平均水平；r_{ij} 表示第 i 个个体的随机误差，反映个体差异。在第二层模型中，γ_{00} 表示固定效应，即总体平均水平；μ_{0j} 表示第 j 组的随机效应，表示组间差异。混合模型表示单个个体的值由总体平均值、组间差异和个体误差叠加。

由表 5.9 可以得出，学校适应性零模型估计得到的组内方差为 0.27324，组间方差为 0.05966，计算可得，组内相关系数 $ICC = \hat{\tau}_{00} / (\hat{\tau}_{00} + \hat{\sigma}^2) = 0.179$，属于不可忽视的组间差异。[①] 这说明随迁子女的学习适应性有 17.9% 的差异来自班级之间，82.1% 的差异来自学生个体之间。同时，第二层随机项方差估计的卡方检验 P 值小于 0.01，表明随迁子女的学习适应性在第二层（班级层）有显著差异。总的来说，农民工随迁子女学习适应性的影响是多层次的，主要来自个体层面，但班级层面的影响也不可忽视，有必要引入班级层面的自变量进一步进行分析。

---

① 根据 Cohen（1988）的界定，当 $0.01 \leq \rho < 0.059$ 时，为低度相关；当 $0.059 \leq \rho < 0.138$ 时，为中度相关；当 $\rho \geq 0.138$ 时，为高度相关。也就是说，当跨级相关系数大于或等于 0.059 时，组间差异是不可忽略的，需要在模型中考虑如何处理组间效应。详见 COHEN J. Statistical power analysis for the behavioral sciences [M]. 2th ed. Hillsdale：Eribaum, 1988：44.

表 5.9　学习适应性零模型方差分析结果

随机效应	标准差	方差成分	自由度	卡方	P
截距，u_0	0.24425	0.05966	47	162.87452	<0.001
第一层，r	0.52273	0.27324	—	—	—

二、加入第一层变量的随机系数模型

加入第一层变量的半条件模型与完整模型的区别在于，它没有第二层的预测变量。从理论上讲，在多层线性分析中，不仅总变异组均值会跨组变化，第一层的解释变量与因变量之间的关系也会随着组变化而变化，也就是说，每个第一层的解释变量可能都有一个随机斜率。在随机系数模型的设置中，可以把第一层中所有的斜率都设定为随机斜率，但是这样的模型构建策略可能造成第一层的随机斜率数量太多，从而产生模型估计问题，如模型估计不收敛等。因此，在实际的测量中，可以把某些变量的回归系数设定成随机的，而其他系数是固定的，这种模型称为混合模型。[①]

在随机系数模型中，首先构建学生层面的变量，包括转学次数、好友数量、教师关注度、家庭社会网络、儿童性别（男生）、父母学习监督、是否受同学欺负（是）、家长陪伴、学段（初中）、家庭社会经济地位；第二层不放任何解释变量。第一层的回归系数截距与教师关注度、父母陪伴、家庭社会经济地位的斜率在第二层中被设定为随机系数，其他学生层面的解释变量的作用设定为固定系数。为了减少模型中参数估计迭代收敛不好的问题，除了虚拟变量，对第一层的其他变量进行了组均值中心化处理。[②]"对中"处理后，第一层模型的截距 β_{0j} 代表第二层（班级层面）的平均学习适应性因子得分。随机系数模型（模型2）的表达式如下：

第一层：

$FACT_{ij} = \beta_{0j} + \beta_{1j} \times ZHUANXUE_{ij} + \beta_{2j} \times FRIEND_{ij} + \beta_{3j} \times CARE_{ij} + \beta_{4j} \times WANGLUO_{ij} + \beta_{5j} \times BOY_{ij} + \beta_{6j} \times ZUOYE_{ij} + \beta_{7j} \times QIFU_{ij} + \beta_{8j} \times HUODONG_{ij} + \beta_{9j} \times$

[①] 王济川，谢海义，姜宝法. 多层统计分析模型：方法与应用 [M]. 北京：高等教育出版社，2008：39–40.

[②] TABACHNICK B G, FIDELL L S. Using multivarate statistics [M]. 4th ed. Needham Heights：allyn and Bacon, 2001：159；RAUDENBUSH S W, BRYK A S. Hierarchical linear models：application and data analysis methods [M]. 2nd ed. Thousand Oaks：Sage Publication, 2002：31–34.

$MIDDLESC_{ij} + \beta_{10j} \times SES_{ij} + r_{ij}$

第二层：

$\beta_{0j} = \gamma_{00} + u_{0j}$

$\beta_{1j} = \gamma_{10}$

$\beta_{2j} = \gamma_{20}$

$\beta_{3j} = \gamma_{30} + u_{3j}$

$\beta_{4j} = \gamma_{40}$

$\beta_{5j} = \gamma_{50}$

$\beta_{6j} = \gamma_{60}$

$\beta_{7j} = \gamma_{70}$

$\beta_{8j} = \gamma_{80} + u_{8j}$

$\beta_{9j} = \gamma_{90}$

$\beta_{10j} = \gamma_{100} + u_{10j}$

表 5.10 是随机系数模型的固定效应结果，结果显示，转学次数、家庭社会网络与性别三个变量对随迁子女学习适应性的影响不显著，其他变量均有显著影响。①

表 5.10 随机系数模型参数估计结果（固定效应）

固定效应	回归系数	P
截距，γ_{00}	0.127773	0.028
（1）转学次数，γ_{10}	-0.004058	0.808
（2）好友数量，γ_{20}	0.008885	0.005
（3）教师关注度，γ_{30}	0.090961	<0.001
（4）家庭社会网络，γ_{40}	0.007506	0.506
（5）性别（男生），γ_{50}	0.033045	0.461
（6）父母学习监督，γ_{60}	0.020271	0.034
（7）是否受同学欺负（是），γ_{70}	-0.150301	0.003
（8）父母陪伴，γ_{80}	0.050065	0.002
（9）学段（初中），γ_{90}	-0.276818	<0.001
（10）家庭社会经济地位，γ_{100}	-0.036221	0.310

---

① 注：在回归系数模型中，除了允许部分自变量的回归系数在班级层面（第二层）随机变化，该回归模型与研究中通常报告的 OLS 回归模型一样。固定效应部分在完全模型中会报告，故此处不再详述。

表 5.11 是不包括第二层变量的随机系数模型中随机效应部分结果,数据提供了教师关注度、父母陪伴、家庭社会经济地位三个变量的回归效应在不同班级之间的变异信息。其中:①父母陪伴的回归系数(斜率)随班级的不同而不同,χ^2 检验结果表明,其回归系数在班级之间存在显著差异($P<0.05$);②家庭社会经济地位的回归系数在班级之间存在显著差异($P<0.05$);③父母陪伴的回归系数在班级间的变异则不显著,这一结果表明,父母陪伴对随迁子女学习适应性的影响在不同班级间高度相似,二者间的关系不随班级的变化而变化。

表 5.11 随机系数模型参数估计结果(随机效应)

随机效应	方差成分	P
截距,u_0	0.03900	<0.001
教师关注度,u_3	0.01176	0.149
父母陪伴,u_8	0.00314	0.021
家庭社会经济地位,u_{10}	0.01672	0.028
第一层,r	0.22220	—

回归系数模型的主要作用是确定第一层的回归系数在第二层上是否有显著差异,模型固定部分的回归系数是否显著与建立第二层模型没有关系,主要根据方差部分的显著与否来建立第二层模型。[①] 基于这一原则,在纳入第二层变量的完全模型中,将进一步引入变量父母陪伴、家庭社会经济地位在班级层面的差异进行解释。

三、加入第二层变量的完全模型

在完全模型的构建中,根据只加入第一层变量的随机系数模型中固定效应的结果,在完整模型中剔除第一层中不显著且回归系数绝对值较小的预测变量,同时引入第二层中随迁子女比例、教师学历、教师教龄、班级规模、教师接纳度、学校类型六个预测变量;根据随机系数模型中随机效应的结果,在父母陪伴与家庭社会经济地位的斜率方程中引入班级随迁子女比例与学校类型两个变量。为了避免出现信度过低、对高层模型离差统计量无法分析等问题,减

[①] 张雷,雷雳,郭伯良. 多层线性模型应用[M]. 北京:教育科学出版社,2003:61.

少随意出现的模型随机项,完全模型在第二层的截距模型设置随机项,而所有斜率模型都设置为固定效应模型。[①] 根据研究目的,模型设定为以截距和斜率为结果的回归模型,完全模型(模型3)表达式如下:

第一层:

$FACT_{ij} = \beta_{0j} + \beta_{1j} \times FRIEND_{ij} + \beta_{2j} \times CARE_{ij} + \beta_{3j} \times ZUOYE_{ij} + \beta_{4j} \times HUODONG_{ij} + \beta_{5j} \times MIDDLESC_{ij} + \beta_{6j} \times SES_{ij} + r_{ij}$

第二层:

$\beta_{0j} = \gamma_{00} + \gamma_{01} \times MIGRANTA + \gamma_{02} \times ASTEDUAV + \gamma_{03} \times TEACHYAV + \gamma_{04} \times CLASSSIZ + \gamma_{05} \times WELCOME_j + \gamma_{06} \times SCHOOLTY + u_{0j}$

$\beta_{1j} = \gamma_{10}$

$\beta_{2j} = \gamma_{20}$

$\beta_{3j} = \gamma_{30}$

$\beta_{4j} = \gamma_{40} + \gamma_{41} \times MIGRANTA_j + \gamma_{42} \times SCHOOLTY_j + u_{4j}$

$\beta_{5j} = \gamma_{50}$

$\beta_{6j} = \gamma_{60} + \gamma_{61} \times MIGRANTA_j + \gamma_{62} \times SCHOOLTY_j + u_{6j}$

模型3的固定效应部分描述了学生层面和班级层面自变量对随迁子女学习适应性的影响,如表5.12所示。

表5.12 固定效应估计结果

固定效应	回归系数	卡方	P
截距,γ_{00}	0.209237	—	<0.001
随迁子女比例,γ_{01}	0.094383	—	0.384
教师学历,γ_{02}	-0.013671	—	0.805
教师教龄,γ_{03}	-0.006240	—	0.443
班级规模,γ_{04}	0.014003	—	0.761
教师接纳度,γ_{05}	0.010416	—	0.040
学校类型,γ_{06}	0.313663	—	0.001
好友数量,γ_{10}	0.009710	—	0.006

---

① 艾伟强,葛建军. 运用分层线性模型对高校教师科研水平的研究 [J]. 统计与决策,2008 (7):95-99;鲍威,刘艳辉. 我国高等教育资源配置差异影响因素的多层线性模型分析 [J]. 教育发展研究,2011,31 (19):1-7.

续表

固定效应	回归系数	卡方	P
教师关注度，γ_{20}	0.094798	—	<0.001
父母学习监督，γ_{30}	0.020631	—	0.039
是否受同学欺负	-0.103791	—	0.049
父母陪伴，γ_{40}	0.042996	—	0.003
父母陪伴×随迁子女比例，γ_{41}	-0.073099	—	0.077
父母陪伴×学校类型，γ_{42}	-0.046975	—	0.165
学段（初中），γ_{50}	-0.328170	—	<0.001
家庭社会经济地位，γ_{60}	-0.029251	—	0.402
家庭社会经济地位×随迁子女比例，γ_{61}	-0.036217	—	0.063
家庭社会经济地位×学校类型，γ_{62}	0.201920	—	0.021
随机效应	方差成分	卡方	P
截距，u_0	0.03238	89.85969	<0.001
第一层，r	0.24587	—	—

注：表中固定效应的参数估计基于稳健标准误得到。

1. 第一层变量对学习适应性的影响

随迁子女的好友数量、学生感知到的教师关注度、父母学习监督、父母陪伴、是否受同学欺负、学段（初中）均对学习适应性有显著影响；而家庭社会经济地位的影响不显著。从学生层面看，在控制班级特征的情况下：①好友数量的斜率为0.009710，即随迁子女好友数量的增加对其学习适应性有显著促进效应（$P=0.006$），随迁子女每增加一个好友，其学习适应性得分将增加约0.01个单位；②教师关注度与随迁子女学习适应性得分有显著正向关系（$P<0.001$），随迁子女感知到教师对自己越关心，其学习适应性越强；③父母学习监督对随迁子女的学习适应性具有显著正向影响（$P=0.039$），父母每周检查子女作业的次数增加1次，随迁子女的学习适应性得分约增加0.02个单位；④父母陪伴子女参加活动的种类数对随迁子女的学习适应性具有显著正向影响（$P=0.003$）；⑤是否受同学欺负的回归系数为负，表明是否受同学欺负对随迁子女的学习适应性具有显著负向影响（$P=0.049$），被班上同学欺负的随迁子女比没有被欺负的随迁子女学习适应性得分高0.10个单位；⑥与其

他变量相比，学段（初中）的回归系数绝对值最大，且为负值（-0.328170），说明相对于小学生，初中生的学习适应性得分约低0.33个单位。

2. 第二层变量对学习适应性的影响

在班级层面的自变量中，教师接纳度与学校类型对随迁子女学习适应性有显著正向影响：①教师接纳度越高，学生的学习适应性越强；②学校类型对随迁子女的学习适应性有显著正向影响（$P=0.001$），公办学校随迁子女比民办学校随迁子女的学习适应性高0.313663个标准分。而教师学历、教师教龄、班级规模、随迁子女比例等变量对随迁子女学习适应性均无显著影响。

3. 班级层面随迁子女比例与学校类型两个变量对第一层变量的交互作用

①随迁子女比例的调节作用。随迁子女比例与父母陪伴子女参加活动种类数的交互项系数为-0.073099（$P=0.077$），在0.1的水平上显著，表明父母陪伴对随迁子女学习适应性的作用会随着班级中随迁子女比例的提高而减弱。在随迁子女比例较低的班级中，父母陪伴对学生学习适应性的作用相对较强；而在随迁子女比例较高的班级中，父母陪伴对学生学习适应性的作用相对较弱。也就是说，在随迁子女比例相同的班级中，父母陪伴随迁子女参加活动的种类越多，随迁子女的学习适应性越好；而当父母陪伴相同时，随迁子女比例较高的班级中，随迁子女的学习适应性越差。

家庭社会经济地位对随迁子女学习适应性影响的回归系数为负数，两者的交互项系数为正且在0.1的水平上显著（$P=0.063$）。这说明随迁子女比例增加，高家庭社会经济地位对学生学习适应性得分的正向影响减弱。也就是说，家庭社会经济地位对学生学习适应性的影响会随着班级环境的变化而变化。在家庭社会经济地位相同的情况下，随迁子女比例越高的班级，学生的学习适应性越差。

②学校类型的调节作用。学校类型对父母陪伴对学生学习适应性的影响无显著作用；而对家庭社会经济地位对学习适应性的影响有显著的调节作用（$P=0.021$）。具体来看，家庭社会经济地位的回归系数为-0.029251，而学校类型与家庭社会经济地位交互项的回归系数为0.201920，且在0.05的水平上显著。这表明在公办学校就读会削减家庭社会经济地位对随迁子女学习适应性的影响，而在民办打工子弟学校就读会增强家庭社会经济地位对随迁子女学习适应性的影响。

从表5.13所示的零模型（模型1）、随机系数模型（模型2）和完全模型（模型3）的拟合优度比较来看，模型3的拟合优度最佳，这表明在引入第一层和第二层变量，且引入高层变量对低层自变量的斜率进行解释后，模型的拟合优度有所提高。

表 5.13 模型拟合优度比较

模型	模型 1	模型 2	模型 3
离异数（-2 对数似然值）	784.982767	785.800609	794.725665

第四节 本章小结及讨论

一、研究结论

基于实证调查数据，本章利用多层线性模型（HLM）分析影响农民工随迁子女学习适应性的主要因素，探讨随迁子女个体、家庭、班级等层面因素的影响及其相互作用。研究的主要发现如下：

① 不同群体的随迁子女在学习适应性上存在较大差异。结合零模型、随机系数回归模型和完整模型的分析结果发现，影响农民工随迁子女学习适应性的因素是多方面的。随迁子女学习适应性的差异有 17.9% 来源于班级差异，这意味着更多的学习适应性差异主要来自学生个体和家庭因素，但是班级因素的影响也不容忽视。

② 从随迁子女的个体及家庭特征来看，小学生的学习适应性显著高于初中生；好友数量越多的随迁子女学习适应性越好；与受同学欺负的学生相比，没有受同学欺负的随迁子女学习适应性更好；父母检查作业的次数越多，越有助于子女获得更好的学习适应性；父母陪伴子女开展的文化活动种类越多，越有助于提高子女的学习适应性；学生感知到教师对自己的关注度越高，越有利于其在学校的学习适应。

③ 从随迁子女所在班级的特征来看，在控制个体与家庭因素的情况下，教师对随迁子女的接纳度越高，其学习适应性越好；公办学校学生的学习适应性显著高于民办学校的学生。

④ 在班级内部，随迁子女比例和学校类型可以通过学生个体及家庭特征影响随迁子女的学习适应性。具体来看，在随迁子女比例较高的班级，父母陪

伴对学生学习适应性的影响较小，家庭社会经济地位对学生学习适应性的影响较弱。在公办学校，家庭社会经济地位对学习适应性的影响较弱，而在民办打工子弟学校这种影响较强。

二、分析与讨论

（一）农民工家庭在迁移决策中需要关注随迁子女发展的学段差异

研究表明，在控制其他变量的情况下，随迁子女的学习适应性存在显著的学段差异，与小学生相比，初中生的学习适应性更差。可能的原因有三个：其一，初中生正处于青春期，这一阶段青少年的心理特点是思想活跃、情感丰富、情绪敏感。处于这一阶段的随迁子女，如果没有及时做好心理调适和文化适应，很容易产生社交焦虑和自卑情绪，进而影响学习适应性。其二，小学阶段的学习内容相对简单，属于通识性知识，即使各地采用不同教材，内容也不会有太大差异；而进入初中阶段，课程学习逐渐引入物理、化学、生物、政治等逻辑性强的科目，课程内容的衔接性更强，随迁子女因转学形成的"弱势积累"容易进一步延续。其三，根据皮亚杰关于儿童认知发展的理论，个体通过认知发展而使自身智力成长，而智力成长的内在动力实质上是个体对环境进行适应时，在心理上连续不断地交替出现平衡与失衡的状态。在这一阶段，学习环境的变换和学习内容的断裂可能打破儿童对环境（学校）的适应，进而影响其学习适应性。

因此，农民工家庭在进行教育决策时，要结合随迁子女的学段和身心发展特点，在家庭经济状况稳定的条件下，尽量在小学阶段安排子女在城市学校就读，避免让随迁子女在生理和心理发展承上启下的初中阶段面临流动与奔波。家长应为随迁子女提供一个稳定的学习环境，以确保孩子知识习得的连续性。

（二）父母参与在随迁子女学习适应中的重要作用

研究表明，家庭社会经济地位与家庭社会网络对随迁子女的学习适应性均没有显著影响，而父母的教育参与，包括陪伴子女开展文化活动和督促子女学习对子女的学习适应性有显著的促进作用。尽管这一结论未印证家庭社会经济背景对子女学业成就的影响，但证实了社会资本的有关指标对随迁子女学习适应性的促进作用，如父母对子女学习的监督、父母陪伴子女参与文化活动。已有的大量理论与实践研究表明，教育生产中存在代际传递现象，代际传递中很重要的因素在于父母在子女教育上投入的时间及与子女的互动，这种互动使社会资本和文化资本的传递成为可能。然而，对于多数农民工来说，他们或因为自身教育水平的局限，或因为家庭教育观念淡薄，或迫于生计压力而疲于工作，往往会忽视对子女教育的参与，甚至让随迁子女面临"另一种留守"的处境。

以下是对武汉市某九年一贯制公办学校五年级教师 T 的访谈实录：

问："在您看来，本地孩子和外地孩子在学校的表现有什么不同吗？"

T："这要分不同的情况。有的外地孩子表现很不错，适应能力很强，很快就能融入集体。有的就不行，学习习惯各方面都差一些，管理起来也很难。"

问："一般什么样的孩子适应得快一些呢？"

T："一般来说，如果他们在老家的教材跟这里差不多，进度也差不多，适应起来容易一些。还有一点，看家长会不会教孩子。"

问："会教孩子的家长是怎样的？"

T："有的家长在城里待的时间比较长，有条件了再把孩子接过来。有的家长特别重视家庭教育，给小孩上补习班，上兴趣班，把小孩教得跟本地孩子一样，不看他的学籍都不知道是农村学校转过来的。但是有的家长在学习上根本不管孩子，就管他吃饱穿暖，给钱花。我们布置作业让家长检查，很多家长就直接签字，根本就不看……能来城里安家，带小孩过来读书的，其实条件都还可以，但是总的来说，农村家长跟城里家长比的话，教育孩子的意识还是差一点。"

这位教师的话反映出部分农民工家长对家庭教育认识的误区，认为将孩子从老家转到城里就"万事大吉"了，忽略了父母在子女教育中的重要作用。家庭作为个体成长的重要场所，其作用是不可替代的，作为随迁子女教育的第一责任人，父母对子女的教育负有义不容辞的责任。对于随迁子女父母而言，亟须转变教育理念，要认识到为子女提供在城市学校就读的机会并非获得教育成就的"保险箱"，学校也无法承担无限责任，随迁子女在城市学校的适应和成长需要父母的积极配合及有效参与。科尔曼提到，父母对子女的关注和时间、精力的投入有利于各种有关孩子学习与生活信息的交流和传递，可以监督、鼓励和促进学生更加努力、有效地学习。①随迁子女在城市学校的适应和成长需要父母的积极配合及有效参与，这样有利于儿童在父母的言传身教中学习和掌握知识、技能、规范等社会行为方式，更好地适应城市学校。其次，接收随迁子女的学校应定期与其父母进行沟通，鼓励其父母更多地参与学校教育的相关事务。同时，应定期举办随迁子女父母座谈会和培训会，有针对性地为他们提供家庭教育培训和亲子关系咨询。通过强化家校合作，形成家庭和学校的合力，共同促进随迁子女的学习适应。

(三) 班级氛围对随迁子女学习适应性的影响

从随迁子女自身的感知来看，教师对其关注度越高，其学习适应性越好；从班级氛围来看，教师对随迁子女的接纳度越高，越有利于其增强在城市的学习适应性。对于随迁子女而言，他们从农村迁移到城市，面临学习内容的中断、教材不匹配、进度不一致、环境不适应等问题，难免产生心理落差与挫败感，亟需教师的及时干预与辅导。而站在教师的角度，由于"异地中考""异地高考"政策还未全面推广，绝大多数随迁子女必须返回农村老家参加升学考试。在升学率的影响下，流动儿童难以成为一些教师关注的重点。

学校是教育实施的主阵地，教师是随迁子女学习适应过程中的重要他人。在城市学校对随迁子女设置的"显性门槛"逐步消除的情况下，教师要警惕"隐性区隔"现象的发生。对教育者来说，应秉持公平的教育理念，尊重学生的差异性和多元化，一视同仁地对待所有学生；与此同时，在教育教学过程中，教师又应"差别对待"部分学生，尤其是对跟不上学习内容、对教学方法不适应、对学习环境不适应的随迁子女学生，要给予他们更多的关注和帮扶。对于政策制定者而言，应分区域、分阶段完善异地中考、异地高考制度，将户籍与中考、高考"松绑"或者分离，全面推行中小学学籍管理制度，探索以学生学籍代替户籍参加考试的政策，保障随迁子女享有平等的教育机会。

(四) 同伴关系对随迁子女学习适应性的影响

研究表明，同伴关系对随迁子女的学习适应性有显著影响。其中，代表积极同伴关系的好友数量对学习适应性有正向影响，代表消极关系的是否受同学

---

① COLEMAN J. Foundations of social theory [M]. Cambridge：Belknap Press of Harvard University Press, 1990：325 - 340.

欺负具有显著负面影响。调研数据显示，随迁子女的平均好友数量为 6.14 个，城市本地学生的好友数量为 6.95 个，随迁子女比本地学生的平均好友数约少 1 个，且二者存在显著差异（$P = 0.013$）。从总数上看，随迁子女的交友状况与城市本地学生差别不大，但从本地好友数量的均值比较来看，随迁子女平均只有 2.15 个本地好友，占好友总数的 35.0%；而城市学生平均有 5.03 个本地好友，占好友总数的 72.4%，二者在本地好友数量上存在显著差异（$P < 0.001$），如表 5.14 所示。

表 5.14　随迁子女与城市本地学生好友数量比较（独立样本 T 检验）

项目	样本量	好友数量	标准偏差	标准误	P
随迁子女	668	6.14	6.723	0.260	0.013
城市本地学生	1436	6.95	7.538	0.199	

项目	样本量	本地好友数量	标准偏差	标准误	P
随迁子女	640	2.15	3.833	0.152	<0.001
城市本地学生	1370	5.03	7.716	0.208	

上述数据反映出随迁子女同伴交往的边缘处境。大部分随迁子女成长于农村，后转到城市就读。由于成长环境的差异，他们往往在兴趣爱好、行为习惯、语言习惯、学习基础等方面与城市学生有所不同，因此在同伴交往上难以保持一致。长此以往，随迁子女父辈与城市居民间的社会距离将在其子女身上复制。以下对武汉市某公办小学五年级学生 S 的访谈实录，也充分印证了这一现象。

问："节假日你一般会做什么？"

S："平时周末要上补习班，上钢琴班，或者做作业。不过这次十一，我和妈妈一起去泰国玩了 5 天……寒暑假的时候（爸妈）也会带我去旅游。"

问："你出去旅游是去国内的地方多还是去国外比较多？"

S："每次都出国，国内很多地方小时候就去过啦。"

问："你们班其他同学也经常出国玩吗？"

S："是呀，Z、T 他们（S 的好朋友），还有好多人也是，一到放假，群里都在晒照片。"

我们以同样的问题访谈了同班的其他几位同学，其中一位老家在湖北省蕲春县某农村、三年级开始随父母来城市就读的学生 W 给出了截然不同的回答。

问:"节假日你一般会做什么?"

W:"平时自己在家做作业,或者在店里做作业,做完作业就玩一下。"

问:"玩什么呢?"

W:"……就在店里玩一下啊,爸妈不让我自己去街上,他们要看店,我就在店里玩。"

问:"他们没有时间带你出去玩是吧?"

W:"嗯……有时候也带我出去,不忙的时候我妈会带我去逛一下。"

问:"寒暑假呢?"

W:"放假就回老家了,我爷爷奶奶在老家,他们年纪大了,我有时候做完作业还要帮他们采药材。"

问:"你想出去旅游吗?"

W(想了很久后):"嗯。"

W(随后又补充):"我妈妈说等我小学毕业就带我出去旅游,现在我太小了,出去看了什么也记不住。"

同时,从是否受同学欺负的统计数据来看,有 27.9% 的随迁子女表示在学校中受同学欺负,折射出随迁子女遭遇校园欺凌的现象时有发生。首先,学校应认识到随迁子女被欺凌这一问题的严重性,及时制止欺凌行为的发生,及时纠正不良行为;加强对校园欺凌者的社会帮教,加强对学生的心理健康辅导;帮助随迁子女缓解学习、生活和人际交往等方面的压力,减弱其相对剥夺感。其次,学校要优化环境,改善校园和班级的文化氛围,为随迁子女营造一个理解、尊重、关心、互助、友爱的班级氛围,使其感到温暖,拥有归属感,进而促进其学习适应。

(五)学校和班级特征对学习适应性的影响

从班级中随迁子女比例和学校类型的调节效应来看,班级和学校的特征通过个体与家庭特征而作用于随迁子女的学习适应性。这反映了学生的学习适应性不仅是个体和家庭影响的结果,也是一种学校制度和教育政策的结果,它在一定程度上能体现教育公平的情况。

从学校内部来看,部分接收随迁子女就读的公办学校专门为农民工随迁子女"单独编班",把随迁子女与城市学生分开设班教学。理由是农民工随迁子女进城后与城市孩子存在一定差距,甚至存在不会说普通话的情况,而"把农民工子女单独分班,可以避免其心灵受到伤害"。还有一些城市家长不愿意或者反对农民工子女在自己孩子的班上就读,单独编班降低了学校和城市家长之间的"教育成本"。[①] 学校这种政策安排人为地将城市学生与随迁子女进行了区分,不可避免地形成了固化既有社会结构与资源配置的客观结果。从这个意义上来说,教育是一种维持现有社会分层体系、再生产出各社会阶层的工具。

从学校外部来看,研究表明,民办打工子弟学校随迁子女的学习适应性显著低于公办学校学生,且在民办打工子弟学校,家庭社会经济地位对学生学习适应性的影响更强。这一结论反映出两个方面的问题:一是农民工随迁子女在公办学校就读更有利于其学习适应;二是在民办打工子弟学校中,农民工随迁子女的学习适应性更多地来自家庭社会经济地位的影响,反映出与民办打工子弟学校相比,公办学校更为公平。

(六)学习适应的实质是文化适应

农民工随迁子女从农村转入城镇或城市生活和学习,其面临的学校环境从农村学校转变为城市学校。除了学习内容的调整、教师教育教学方式的变化,学校环境对于他们的意义也有所不同。乡村学校饱含着以乡土传统为基础的文化,同时渗透了地方民俗与地域文化,学校中正规教育与自然野趣之习染相结合,专门训练与口耳相授相结合,知识的启蒙与乡村情感的孕育相结合。[②] 在农村学校就读的学生身上承载的是乡村文化以及学校背后的乡土生活,而城市学校代表的则是其背后的城市现代文化。

从这个意义上来说,由于我国城市与农村具有截然不同的文化特征,当随迁子女从农村迁移到城市时,其所面临的文化背景、生活和学习环境、人际关系均发生了巨大变化。在此背景下,随迁子女在学校的学习适应,实际上也是对城市文化的适应。文化学习理论认为,移民之所以会产生文化适应的问题,是因为他们失去了在原有熟悉环境中可参照的社会线索,缺乏处理日常生活所需要的文化技能。文化适应就是逐渐熟悉新的文化环境、习得新的文化行为的过程。[③]

---

① 林宇. 家庭文化资本与农民工子女成就动机内驱力 [M]. 厦门:厦门大学出版社,2011:17.
② 刘铁芳. 乡村教育的问题与出路 [J]. 教育观察(中下旬刊),2013,2 (4):5-8.
③ 陈新,刘杨. 我国流动儿童城市适应研究述评 [J]. 社会心理科学,2010,25 (11-12):62-67.

第六章　随迁子女学业成绩影响因素研究

在教育研究中,学者们对影响个人教育成就的因素极为关注,一般认为个人的教育成就主要与三个因素有关:天赋能力、努力程度和机遇。[①] 其中天赋能力由基因决定,非后天可以改变,后两者则与儿童所处的家庭、社区社会经济环境有极大关联。教育生产是学校和家庭两个单位相互作用的过程,学校与家庭对学生学习过程的影响是相互联系的。现有关于学生学业成绩的实证研究中,把学生所在家庭的社会经济地位等,包括家长的受教育程度、职业、收入等变量作为家庭影响的替代变量,引入教育生产函数模型,进行了较多的研究。大量的实证研究结果表明,学生学业成绩受到家庭社会经济地位的强力影响,社会经济地位较高的家庭,学生的学业成绩相对较好;社会经济地位较低的家庭,其子女较难获得较高的学业成就,这在一定程度上阻碍了学生通过教育实现社会阶层流动,教育结果的公平性有待提高。

作为教育产出的重要衡量要素,学生学业成绩是测量教育结果公平性的重要依据。教育作为促进社会阶层流动和学生个人发展的重要机制,其结果公平受到了越来越多的关注。以国际学生评估项目(PISA)为例,该测试对若干国家的学生学业成绩进行了测量,同时也针对学生的家庭社会经济地位数据进行了采集。PISA数据一方面反映出与众多研究相同的结论,即社会经济地位会影响学生学业成绩;另一方面,从数据中也可以发现各国的教育结果公平性存在较大的差异,这体现了各国对教育结果公平的追求力度不一。

相关研究表明,现阶段在我国,作为城市教育中的"弱势群体",农民工随迁子女在就读城市高质量中小学的过程中会遇到各种门槛,他们往往不能就读于质量较好的公办学校,也不能享受与城市学生相同的优良师资,学业成绩相对较差。但当前研究尚未从不同区域、不同学科出发,对随迁与否对学业成

---

① 赵延东,洪岩璧. 网络资源、社会闭合与宏观环境:教育获得中的社会资本研究及发展趋势[J]. 社会学评论, 2013, 1 (4): 42-51.

绩的影响进行较为深入的实证研究。基于此，本章拟针对现有数据，在分析随迁子女成绩差异的基础上，利用多层线性模型，分析代表个体及其家庭的有关要素对随迁子女学业成绩的影响及其作用机制。

第一节　随迁子女学业成绩描述分析

一、随迁子女学业成绩的总体表现

从表6.1可以看出，随迁子女的语文平均成绩为48.2349分，数学平均成绩为52.0137分，英语平均成绩为52.7648分。从各科目离散程度看，随迁子女数学成绩内部差异较大，标准差为24.32485；语文和英语成绩的离散程度相近，均为18个标准差左右。

表6.1　随迁子女各科平均成绩

科目（百分制）	N	平均数/分	标准偏差
语文	713	48.2349	17.97845
英语	710	52.7648	17.90587
数学	713	52.0137	24.32485

（一）语文成绩

如表6.2所示，深圳、东莞、武汉、宜昌四个城市随迁子女的语文成绩在最高分方面没有显著差异，而在平均成绩方面具有显著差异，其中宜昌市随迁子女的语文成绩显著优于其他三个城市，平均分达到62.6146分，且内部差异较小，标准差为15.27166。深圳、东莞、武汉三个城市的随迁子女语文成绩相近，平均成绩分别为44.8766分、49.7489分、45.6374分，且内部离散程度均在17个标准差左右。

表6.2　四个城市随迁子女语文成绩

城市	平均数/分	N	标准偏差
深圳市	44.8766	204	17.75764

续表

城市	平均数/分	N	标准偏差
东莞市	49.7489	290	17.94984
武汉市	45.6374	171	16.80379
宜昌市	62.6146	48	15.27166
总计	48.2349	713	17.97845

(二) 数学成绩

如表6.3所示，四个城市随迁子女的数学成绩均表现出较大的内部差异，平均离散程度在24个标准差左右。同时，四个城市随迁子女的数学成绩最高分均接近满分。而从整体水平看，宜昌市随迁子女的平均数学成绩显著优于其他三个城市，平均分为61.4792分。武汉市和深圳市随迁子女的数学成绩水平相当，平均分均为48分左右，且表现出相似的离散程度。从省内比较看，广东省内东莞市随迁子女的数学成绩优于深圳市，湖北省内宜昌市随迁子女的数学成绩优于武汉市。

表6.3　四个城市随迁子女数学成绩

城市	平均数/分	N	标准偏差
深圳市	47.7602	204	23.34577
东莞市	55.9861	290	24.07673
武汉市	47.6944	171	23.54188
宜昌市	61.4792	48	26.55533
总计	52.0137	713	24.32485

(三) 英语成绩

如表6.4所示，从四个城市随迁子女英语成绩的整体比较来看，英语成绩得分从高到低依次为宜昌市、东莞市、深圳市、武汉市。宜昌市随迁子女的英语成绩显著优于其他三个城市，平均分为65.9167分，其他三个城市的平均分依次为55.1115分、50.0882分、48.3275分。四个城市随迁子女的英语成绩离散程度相近，均为17个标准差左右。

表 6.4　四个城市随迁子女英语成绩

城市	平均数/分	N	标准偏差
深圳市	50.0882	204	17.92876
东莞市	55.1115	287	17.08294
武汉市	48.3275	171	17.42170
宜昌市	65.9167	48	16.17436
总计	52.7648	710	17.90587

二、随迁子女学业成绩的差异性分析

（一）学业成绩的个体差异

1. 性别与学业成绩的关系

随迁子女的语文、数学和英语成绩的性别差异见表6.5，女生三个科目的学习成绩均高于男生。具体来看，男生的语文平均成绩为45.5169分，女生为51.6486分，女生比男生的语文平均成绩高6.1分，且具有显著差异（$P<0.001$）；男生的数学平均成绩为51.0233分，女生为53.5858分，女生比男生的数学平均成绩约高2.6分，但从独立样本T检验来看，性别差异在数学成绩上表现不显著（$P=0.166$）；男生的英语平均成绩为49.6021分，女生为56.8622分，女生比男生的英语平均成绩约高7.3分，且具有显著差异（$P<0.001$）。

表 6.5　学业成绩的性别差异

科目（百分制）	性别	N	平均数/分	标准差	P
语文	男生	384	45.5169	18.47601	<0.001
	女生	313	51.6486	16.74807	
数学	男生	384	51.0233	24.42986	0.166
	女生	313	53.5858	24.17982	
英语	男生	382	49.6021	18.23206	<0.001
	女生	312	56.8622	16.63153	

2. 是否在本地出生与学业成绩的关系

由表6.6可知，本地出生与非本地出生的随迁子女各科成绩在统计上无显著差异。从平均成绩看，本地出生随迁子女各科成绩的平均分均高于非本地出生的随迁子女：本地出生随迁子女的语文平均分为 50.1791 分，高出非本地出生随迁子女 2 分多；英语平均分为 53.9317 分，高出非本地随迁子女 1 分多；数学平均分为 54.7117 分，高出非本地出生随迁子女 3 分多。但显著性结果显示，两者语文、英语、数学成绩之间的显著性检验 P 值分别为 0.189、0.116、0.475，均大于 0.05，即两者的各科成绩无显著差异。

表6.6 是否在本地出生与学业成绩的关系

科目（百分制）	是否在本地出生	N	平均数/分	标准偏差	标准误平均值	P
语文	是	161	50.1791	19.87418	1.56631	0.189
	否	515	47.8812	17.34478	0.76430	
英语	是	161	53.9317	20.22440	1.59391	0.116
	否	512	52.6777	17.07757	0.75473	
数学	是	161	54.7117	25.85426	2.03760	0.478
	否	515	51.2430	23.91007	1.05360	

3. 民族与学业成绩的关系

汉族与少数民族随迁子女的学习成绩在统计上并无显著差异。从整体水平看，汉族随迁子女的数学平均成绩高于少数民族随迁子女，两者的平均分分别为 52.5051 分和 49.8547 分。而少数民族随迁子女的语文和英语平均成绩高于汉族随迁子女：少数民族随迁子女的语文平均分为 49.9600 分，英语平均分为 55.9796 分；汉族随迁子女的语文平均分为 48.3207 分，英语平均分为 52.8006 分。尽管二者的均值存在差异，但是从汉族和少数民族均值差异比较 T 检验的结果来看，三科成绩的 P 值分别为 0.534、0.458、0.229，均大于 0.05，表明两类群体之间的成绩在统计上无显著差异，如表 6.7 所示。少数民族随迁子女在语文平均成绩和英语平均成绩上均高于汉族学生，按经验判断似乎并不符合常理，但从两组数据的标准差来看，少数民族学生在语文和英语成绩的标准差上均大于汉族学生，反映出少数民族随迁子女的语文和英语成绩分数的离散程度较大，可能对整体均值产生影响，这也从统计学的角度解释了前者高于后者的原因。

表 6.7　民族与学业成绩的关系

科目（百分制）	民族	N	平均数/分	标准偏差	P
语文	汉族	649	48.3207	17.86251	0.534
	少数民族	50	49.9600	19.07280	
数学	汉族	649	52.5051	24.20994	0.458
	少数民族	50	49.8547	26.00738	
英语	汉族	647	52.8006	17.05863	0.229
	少数民族	49	55.9796	17.93432	

4. 是否跨省流动与学业成绩的关系

按流动区域划分，可将随迁子女分为省内流动和跨省流动两类。数据分析结果显示，两类随迁子女在语文和数学成绩方面没有显著差异，语文成绩显著性检验 $P = 0.674 > 0.05$，数学成绩显著性检验 $P = 0.375 > 0.05$，省内流动随迁子女的语文平均成绩为 48.79 分，跨省流动随迁子女的语文平均成绩为 48.19 分；两类随迁子女的数学平均成绩分别为 65.09 分和 63.47 分。此外，在英语成绩比较方面，省内流动随迁子女显著优于跨省流动随迁子女，两者的英语平均成绩分别为 54.95 分和 50.28 分，显著性检验 $P = 0.018 < 0.05$，如表 6.8 所示。

表 6.8　是否跨省流动与学业成绩的关系

是否跨省流动	语文成绩/分	数学成绩/分	外语成绩/分
省内流动	48.79	65.09	54.95
跨省流动	48.19	63.47	50.28
P	0.674	0.375	0.018

5. 是否为独生子女与学业成绩的关系

数据分析结果显示，在随迁子女群体内部，独生子女的各科成绩显著优于非独生子女。具体而言，独生子女的语文、数学、英语平均成绩分别为 52.1408 分、57.4437 分、56.0695 分，非独生子女的三科平均成绩分别为 46.8463 分、50.0833 分、51.5832 分。通过独立样本 T 检验发现，独生和非独生随迁子女三科成绩的显著性检验 P 值均小于 0.01，表明两者之间的语文、数学、英语成绩在统计上具有极其显著的差异，如表 6.9 所示。

表6.9 是否为独生子女与学业成绩的关系

科目（百分制）	是否为独生子女	N	平均数/分	标准偏差	标准误平均值	P
语文	独生子女	187	52.1408	17.90679	1.30947	0.001
	非独生子女	526	46.8463	17.81532	0.77678	
数学	独生子女	187	57.4437	24.11040	1.76313	0.001
	非独生子女	526	50.0833	24.13026	1.05213	
英语	独生子女	187	56.0695	17.85336	1.30557	0.003
	非独生子女	523	51.5832	17.79304	0.77804	

（二）学业成绩的家庭差异

1. 家长学历与学业成绩的关系

从父亲的学历与随迁子女学习成绩的相关关系来看，在大专及以下学历水平范围内，父亲的学历与随迁子女的成绩正相关，即父亲的学历层次越高，随迁子女的各科成绩越好。其中父亲为小学及以下学历的随迁子女，其语文、数学、英语成绩平均分最低，分别为43.0分、44.6分、47.8分。通过对父亲拥有本科及以上学历和大专学历的两类随迁子女学业成绩的比较发现，前者的英语成绩高于后者，而后者的语文和数学成绩高于前者，如图6.1所示。

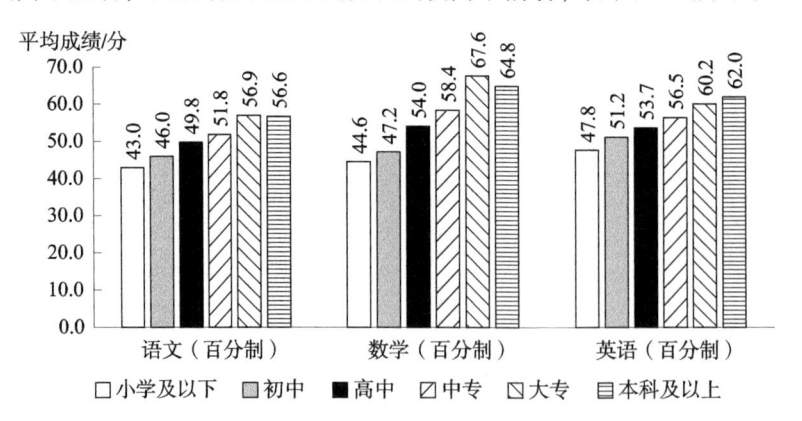

图6.1 父亲学历与随迁子女学业成绩

从母亲学历与随迁子女学业成绩的关系来看，整体而言，随迁子女的学业成绩与母亲的学历层次正相关，即母亲的学历层次越高，随迁子女的各科学业成绩越好。具体而言，母亲为小学及以下学历的随迁子女，其语文、数学、英语平均成绩均最低，分别为43.4分、42.0分、49.1分。而母亲拥有本科及以上学历的随迁子女各科平均成绩均最高，分别为60.0分、69.9分、64.7分。此外，随迁子女的学业成绩与母亲学历的关系在语文成绩方面表现出细微的差异，母亲拥有高中学历的随迁子女的语文平均成绩高于母亲拥有中专学历的随迁子女，如图 6.2 所示。

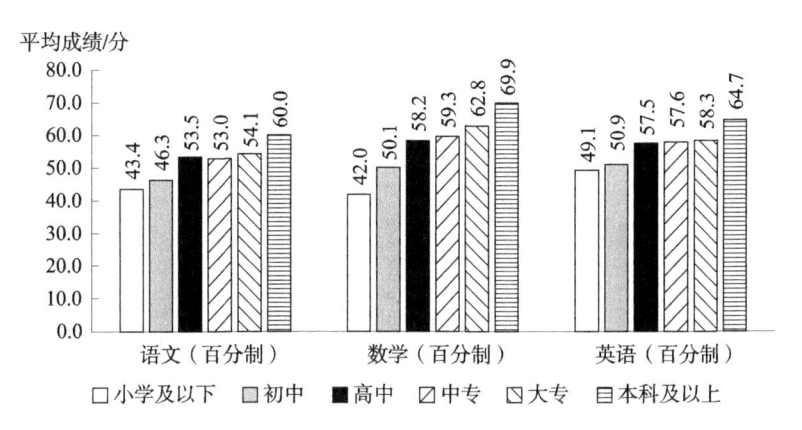

图 6.2　母亲学历与随迁子女学业成绩

2. 父母职业与学业成绩的关系

数据统计结果显示，随迁子女父亲的职业不同，其学业成绩有较为显著的差异。不同职业阶层家庭的随迁子女在语文、数学、英语成绩方面表现各异。从随迁子女学业成绩的差异来看，就语文平均成绩而言，分数最高的随迁子女，其父亲的职业为专业技术人员，其次为私营企业老板，再次为办事人员；从数学平均成绩来看，父亲的职业为专业技术人员的随迁子女同样表现更好，其后依次为私营企业老板和商业服务人员；从英语平均成绩来看，父亲从事的职业为专业技术人员、私营企业老板和办事人员的随迁子女成绩较为优异。从整体上看，父亲从事职业的社会地位越高，其随迁子女的学业成绩表现越好，如图 6.3 所示。

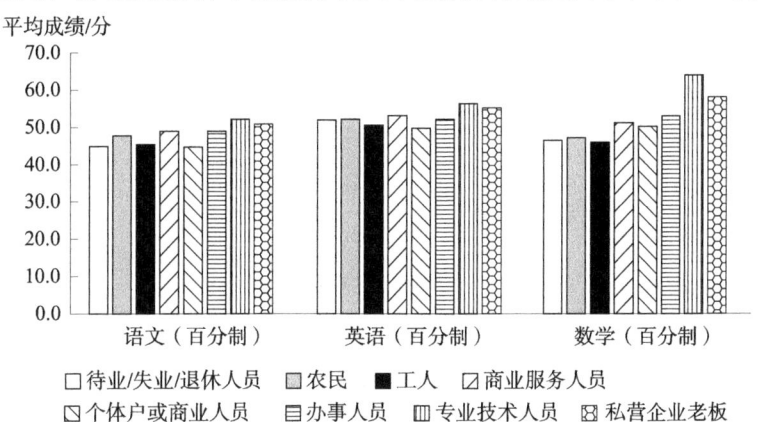

图 6.3　父亲职业与随迁子女学业成绩

随迁子女的母亲从事的职业对其学业成绩的影响与父亲职业的影响类似，从总体上看，职业为专业技术人员、私营企业老板和办事人员的母亲，其随迁子女在语文、数学、英语三个科目上的学业成绩表现更优异，如图6.4所示。

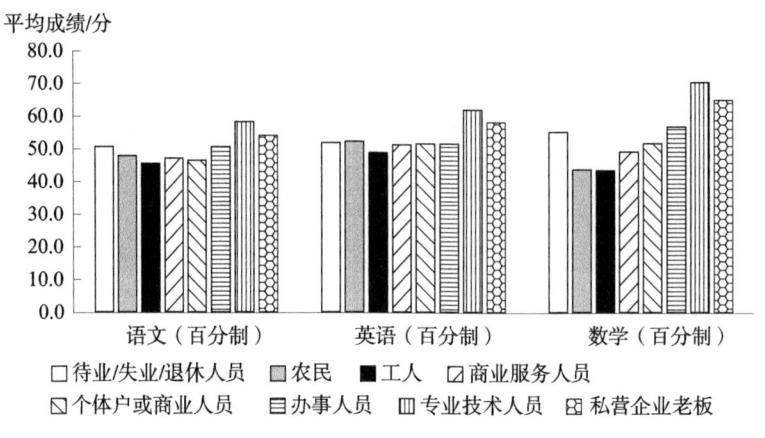

图 6.4　母亲职业与随迁子女学业成绩

3. 家庭社会经济地位与学业成绩的关系

通过对随迁子女家庭社会经济地位的因子分析，将 SES 因子得分 ≤ -0.63 定义为低 SES 水平，-0.63 < SES 因子得分 < 0 定义为较低 SES 水平，0 ≤ SES 因子得分 < 0.53 定义为较高 SES 水平，SES 因子得分 ≥ 0.53 定义为高 SES 水平。数据分析结果显示，随迁子女的学业成绩与家庭社会经济地位显著正相关，家庭社会经济地位得分越高，随迁子女各科成绩越好。具体而言，高 SES 水平家庭的随迁子女，其各科成绩均高于其他家庭的随迁子女，其语文、数学、英语平均成绩分别为 53.7300 分、62.2472 分、58.1453 分，比低 SES 水平家庭随迁子女的各科成绩分别高出约 11 分、20 分、10 分，如表6.10 所示。

表 6.10　家庭社会经济地位与随迁子女学业成绩的关系　　　　单位：分

SES 水平四分位数	语文（百分制）	数学（百分制）	英语（百分制）
低 SES 水平	42.4041	41.9396	48.0114
较低 SES 水平	45.8941	48.2546	49.5691
较高 SES 水平	51.0153	55.7602	55.3621
高 SES 水平	53.7300	62.2472	58.1453
总体平均值	48.2349	52.0137	52.7648

4. 父母教育期望与学业成绩的关系

在实证调查中，本章将父母是否期望孩子将来上大学作为测量教育期望的指标，结果表明父母对其有教育期望的随迁子女的各科平均成绩显著优于父母对其没有教育期望的随迁子女。具体而言，父母对其有教育期望的随迁子女的语文、数学、英语平均成绩分别为 48.5815 分、52.4438 分、53.1602 分，高于父母对其没有教育期望的随迁子女的 39.8333 分、39.1405 分、45.0909 分。进一步的显著性检验结果显示，两类随迁子女各科成绩的显著性检验 P 值分别为 0.024、0.002、0.037，均在 95% 的置信区间内表现出显著差异，如表 6.11 所示。

表 6.11　父母教育期望与随迁子女学业成绩的关系

科目（百分制）	父母是否希望子女将来上大学	N	平均数/分	标准偏差	P
语文	是	671	48.5815	17.82072	0.024
	否	22	39.8333	19.15856	
数学	是	671	52.4438	24.48793	0.002
	否	22	39.1405	17.51623	
英语	是	668	53.1602	17.68082	0.037
	否	22	45.0909	20.93962	

5. 父母辅导与学业成绩的关系

在问卷调查中，我们以父母一周内检查随迁子女家庭作业的次数衡量父母对随迁子女学习的辅导情况。数据结果显示，父母辅导的频率与随迁子女学习成绩之间的关系表现出差异性，两者在语文和英语成绩方面为非线性关系，而在数学成绩方面显著正相关。具体而言，父母没有检查其家庭作业的随迁子女，其语文和英语成绩优于父母检查家庭作业频率为 1~2 次/周的随迁子女；此外，父母检查家庭作业的频率越高，随迁子女的学业成绩越好。随迁子女的数学成绩随着父母检查家庭作业次数的增加而提高，两者呈线性关系，如表 6.12 所示。

表 6.12　父母辅导与随迁子女学业成绩的关系　　　　　　单位：分

父母每周检查家庭作业的次数	语文（百分制）	数学（百分制）	英语（百分制）
没有	43.9016	46.8935	50.5794
1~2 次	41.5708	46.9230	47.3625
3~4 次	48.5217	52.1288	54.3222

续表

父母每周检查家庭作业的次数	语文（百分制）	数学（百分制）	英语（百分制）
5~6次	51.2542	56.4857	54.9125
每天都检查	53.8953	56.5796	56.3017

第二节 研究假设与模型构建

一、理论模型

基于文献回顾可以发现，教育生产函数是研究儿童学业成绩的经典理论框架，一个基本的共识是儿童的学业成绩受到诸多因素的共同影响，包括个体（学生的智力水平、个体特征）、家庭（父母的职业与受教育程度、家庭收入）和学校（师资配置、班级规模、学校管理）等方面。结合社会资本与学业成绩相关文献的启示，将与社会资本有关的变量引入教育生产函数的分析框架中。

本章在 Hanushek[①] 和 Belfield[②] 建立的教育生产函数理论模型的基础上，针对农民工随迁子女这一特殊群体做了一定修正。经过部分修正后的教育生产函数扩展理论模型如下：

$$A_t = f(T_{t-1}, R_{t-1}, S_{t-1}, F_{t-1})$$

式中，A_t 代表教育质量，用学生在单位时间所取得的学业成绩来衡量；T_{t-1} 代表教师因素，主要包括教师学历、教师教龄、教师对随迁子女的接纳度等；R_{t-1} 代表教师以外的其他学校因素，主要包括学校类型、班级规模、班级中随迁子女比例等；S_{t-1} 代表学生个体因素，主要包括学生性别、转学次数、是否跨省流动、学生遇到问题时与谁讨论（包括家长、教师、同伴）；F_{t-1} 代表家庭因素，主要包括家庭社会经济地位、家庭社会网络、父母教育监督、父母陪伴、父母对子女的教育期望等。

---

① HANUSHEK E A. The economics of schooling: production and efficiency in public schools [J]. Journal of economic literature, 24 (3), 1141-1177.

② BELFIELD C R. Economic principles for education: theory and evidence [M]. 曹淑江, 译. 北京: 中国人民大学出版社, 2007.

二、研究假设

基于研究目的与数据的可得性，本章将运用两层分析方法对第一层和第二层模型的主要研究结论进行验证。现有研究为本章提供了理论援引和假设依据，根据研究目的，假设农民工随迁子女的学业成绩由学生个体特征、家庭特征、学校和班级特征共同决定。

（一）个体特征

① 假设随迁子女性别对其学业成绩有显著影响。由前文中对学业成绩性别差异的分析可知，随迁子女的语文、数学和英语成绩在性别上均存在一定差异，其中，语文成绩和英语成绩存在显著差异，且在三个科目的比较上，女生的表现均优于男生。这一差异也符合来自田野调查的经验，访谈中了解到，不论在公办学校还是民办打工子弟学校，从整体上看，女生的学习习惯更好、学习态度更端正；而处于中小学阶段的男生，往往相对更活泼和调皮，对待学习的关注度和耐心较差。因此，基于数据分析和经验判断，假设性别对随迁子女的学业成绩有显著影响。

② 假设随迁子女的流动性对学业成绩有显著影响。学生流动性通过两个指标来测量：一是转学次数，二是是否跨省流动。假设转学次数越多，学业成绩越差；跨省流动对成绩作用的方向有待进一步考察。

③ 假设随迁子女家庭的社会网络对其学业成绩有显著影响。

④ 家庭人口结构。贝克尔等人提出的"子女数量—质量权衡理论"和"资源稀释理论"认为，夫妇的生育行为就是一种在既定资源约束下的权衡。为了满足将来的养老需要，夫妇需要在生育孩子的数量和质量之间做出选择。当生育数量下降时，家庭在进行子女人力资本投资时所面临的资源约束被放松，平均每个孩子的教育资源投入会增加。教育资源投入的增加将带来产出的增加，因此平均而言，每个孩子的教育质量就会上升。[①] 这一理论遵循的是家庭规模—资源约束—教育成果的逻辑路线，即较小的家庭规模有助于缓解家庭在进行人力资本投资时所面临的资源约束状况，因此平均每个孩子的教育投资会增加，进而提高教育质量。另一项针对家庭规模与儿童教育发展关系的研究

---

① BECKER G S, LEWIS H G. On the interaction between the quantity and quality of children [J]. Journal of political Economy, 1973, 2 (2): S279-288.

则表明，家庭孩子数量多会显著降低子女的学业成绩，但是，独生子女的学业成绩并不显著高于非独生子女。[①]

本章以是否为独生子女家庭测量家庭人口结构，考察其对随迁子女学业成绩的影响。本章假设：相对于非独生子女，独生子女的标准化测试成绩更好。

(二) 家庭特征

1. 家庭社会经济地位对学业成绩的影响

家庭社会经济地位是一个综合性的指标，一般由父母受教育程度、父母职业和家庭收入所反映。已有的许多研究都证明了父母受教育程度、职业、家庭收入与子女受教育水平之间的正相关关系。

家庭社会经济地位越高，随迁子女的学业成绩越好，家庭社会经济地位可能会通过多种途径和形式对随迁子女的学业成绩产生影响。随着对家庭社会经济地位讨论视角的扩展，有研究者提出家庭所拥有的社会资本的数量，如家庭成员所拥有和可以利用的社会关系等，是能反映其社会地位的重要构成要素。[②] 因此，本章将家庭社会网络纳入回归模型。

2. 父母教育参与对学业成绩的影响

父母对子女的关注和时间、精力投入是其参与子女教育的一种重要表现形式，父母的教育参与有利于各种有关孩子学习与生活信息的交流和传递，从而可以监督、鼓励和促进学生更加努力、有效地学习。因此，本章假设：家长对子女的教育参与得越多，随迁子女的学业成绩越好。

(三) 学校和班级特征

1. 教师资质对学业成绩的影响

假设随迁子女在学校的学业成绩受到所在班级教师资质的影响，教师资质可以由受教育水平和教龄来反映。假设班级教师平均受教育水平越高，随迁子女的学业成绩越好。一般来说，受教育程度较高的教师往往具备更先进的教育理念，掌握更科学的教育教学方法，在针对不同群体孩子的教育教学管理上更游刃有余。假设班级教师平均教龄越长，对提高随迁子女的学业成绩越有积极

[①] 郑磊，侯玉娜，刘叶. 家庭规模与儿童教育发展的关系研究 [J]. 教育研究，2014，35 (4)：59-69.

[②] OAKES J M, ROSSI P H. The measurement of SES in health research: current practice and steps toward a new approach [J]. Social science & medicine, 2003, 56 (4): 769-784.

作用，因为教育年限较长的教师，有更丰富的管理经验和教学经验，更可以提升随迁子女在学校的学业成绩。

2. 班级特征对学业成绩的影响

班级特征主要是指班级规模和班级中随迁子女的比例。其一，假设班级规模越大，随迁子女的学业成绩越差。其二，假设随迁子女比例对学生的学业成绩有负向影响，提出这一假设的依据是，研究者普遍发现，随迁子女在学习基础、学习习惯、家庭教育上与本地学生有所差异。由此假设，随迁子女比例越高的班级，学生的学业成绩越差。

3. 学校类型对学业成绩的影响

学校类型可分为两类：一类是公办学校，另一类是民办打工子弟学校。将学校类型作为自变量的依据有两个：一是数据表明，随迁子女在公办学校比在民办打工子弟学校的学业成绩更好，对二者的均值比较也验证了学业成绩存在校际差异；二是不同类型学校的师资状况、文化氛围等有所不同，由此对学生的学业成绩产生影响。

基于以上模型假设，本章构建了如图 6.5 所示的分析框架。

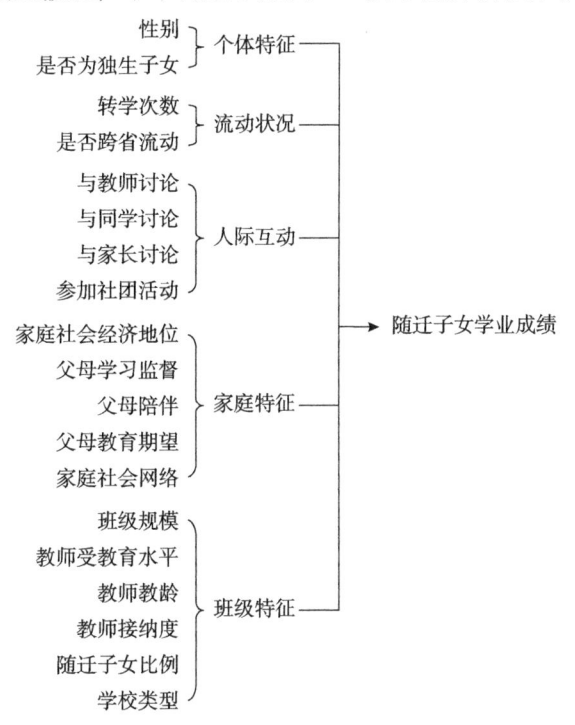

图 6.5　随迁子女学业成绩分析框架

三、模型构建

(一) 因变量

本章的因变量为学生学业成绩,具体而言是语文、数学、英语三个科目的标准化测试分数。由于样本来自五年级和八年级两个年级,测试试卷分值不同,因此,将分数统一做百分制的标准化处理。

(二) 自变量

1. 第一层:学生个体特征变量(见表6.13)

表6.13 第一层变量界定与测量

变量名称	变量界定与测量	均值	标准差
① 转学次数	非正常升学的转学次数	1.04	1.23
② 参加社团活动	参加学校社团活动次数	1.39	2.90
③ 与教师讨论	与教师讨论=1;不与教师讨论=0	0.45	0.50
④ 与同学讨论	与同学讨论=1;不与同学讨论=0	0.68	0.47
⑤ 与家长讨论	与家长讨论=1;不与家长讨论=0	0.67	0.48
⑥ 家庭社会网络	家庭社会网络因子得分	5.90	2.47
⑦ 儿童性别	男=1;女=0	0.55	0.50
⑧ 父母学习监督	父母上周检查作业次数	4.13	2.72
⑨ 父母陪伴	父母平时带孩子参加活动的种类	2.83	2.26
⑩ 是否跨省流动	跨省流动=1;省内流动=0	0.51	0.50
⑪ 家庭社会经济地位	家庭社会经济地位综合因子得分	0.19	0.95
⑫ 父母教育期望	期望子女上大学=1;不期望子女上大学=0	0.96	0.18
⑬ 是否为独生子女	独生子女=1;非独生子女=0	0.26	0.44

① 人口学特征。反映随迁子女个体特征的变量是儿童性别与是否为独生子女。在性别上,"男生"赋值为1,"女生"赋值为0;在是否为独生子女上,将"独生子女"赋值为1,"非独生子女"作为参照。

② 流动状况。反映随迁子女流动状况的变量有两个:转学次数和是否跨省流动。其中,转学次数是指非正常升学因素的转学;跨省流动中,以跨省流动为参照。

③ 家庭社会经济地位。参照前文测量标准，本章使用的是"独立书桌"和"拥有课外书籍册数"两个替代指标。最后，采用因子分析法将本要素与人口学特征、流动状况合并为家庭社会经济地位因子得分指标。

④ 学生社会网络。学生个体社会网络的测量主要有"提名法"和"定位法"。测量家庭社会网络时采用"定位法"，而测量随迁子女个体的社会网络时，由于其本人是社会交往活动的亲历者，拥有自己的社交网络，可以准确地提供关于关系网络的信息。根据前文对随迁子女社会网络的测量中有关学生讨论网的测量，讨论网包括三个指标，分别指在学习中遇到困难时，会与父母讨论、与同学讨论和与教师讨论。

⑤ 社团参与。社团参与情况测算的是随迁子女本学期参加社团活动的次数。

⑥ 家庭社会网络。根据前文提到的测算指标，家庭社会网络测算的是家庭社会网络因子得分。

⑦ 父母教育期望。本指标考察父母是否希望子女上大学。

⑧ 父母学习监督。本指标测量父母上周检查作业的次数。

⑨ 父母陪伴。根据前文的测量方式，本指标考察父母陪伴子女参加活动的类型数。

2. 第二层：班级和学校特征变量（见表6.14）

表6.14 第二层变量界定与测量

变量名称	变量界定与测量	均值	标准差
① 随迁子女比例	班级平均随迁子女比例	0.55	0.39
② 教师学历	班级教师平均受教育年限	15.63	1.03
③ 教师教龄	班级教师平均工作年限	15.77	6.62
④ 班级规模	班级平均学生数	47.41	5.68
⑤ 教师接纳度	非常欢迎=5；比较欢迎=4；无所谓=3；不太欢迎=2；非常不欢迎=1	3.84	2.47
⑥ 学校类型	公办学校=1；民办学校=0	0.71	0.46

班级是儿童学习生活的主要场所，班级层面变量主要反映教师平均资质以及班级教师对随迁子女的欢迎和接纳程度。选取的自变量包括：①班级平均规模；②班级随迁子女的平均比例；③班级教师的平均学历；④班级教师的平均教龄；⑤教师接纳度，即班级教师对随迁子女的欢迎程度；⑥学校类型，以"公办学校"为参照。

四、分析思路

建立理论模型的目的是为实证检验提供可供检验的理论假设。本章以来自深圳、东莞、武汉、宜昌四个城市不同区县的学校及其学生的实证调查数据为基础建立回归模型,利用教育生产函数模型,建构随迁子女学业成绩影响因素的分析框架,探讨家庭社会网络、父母参与、父母教育期望、学生社团参与等因素在随迁子女学业成绩中的作用。

本章所用数据具有明确的层次关系与嵌套结构(学校—班级—学生),因此尝试采用包含班级层面(班级层面的变量归入学校层面)和学生个体层面的两层线性模型来分析投入变量对产出的影响。多层分析可以把随迁子女学业成绩的差异分解为不同班级之间的差异和同一班级内不同儿童之间的差异,同时还可以引入个体特征和班级特征分别解释随迁子女学业成绩的个体差异和班级差异。

第一,构建单因素方差分析模型,也称作零模型。在零模型中,第一层和第二层中都不包含自变量,只包括班级层面的随机效应。其目的是将随迁子女学业成绩的总方差分解为学生个人、班级两个层面,检验各层方差比例是否显著,确定学业成绩的总变异在多大程度上是由组间(即班级)差异产生的,并由此决定是否有必要引入班级层面的变量。如果学业成绩的方差被分解到班级层面的比例较大,则有理由认为学业成绩的变异受班级层面中变量的影响较大;反之,则认为学业成绩受班级层面的影响较小。

第二,构建只关注个体层面的随机系数模型。在随机效应模型中,第一层的回归系数截距与斜率在第二层中被设定为随机效应,第二层不放任何解释变量。[1] 加入第一层变量的随机效应回归模型与完整模型的区别在于,它没有第二层的预测变量;与传统 OLS 回归模型不同的是,第一层的截距和回归系数都不是固定的,而是随机的。从理论上讲,在多层分析中,不仅总变异均值会跨组变化,且第一层的解释变量与因变量之间的关系也会随着组的变化而变化,也就是说,第一层的每个解释变量可能都有一个随机斜率。

第三,在完全模型中,最主要的两类模型包括以截距为结果的模型以及以

---

[1] DISETH Å. Approaches to learning, course experience and examination grade among undergraduate psychology students: testing of mediator effects and construct validity [J]. Studies in higher education, 2007, 32 (3): 373-388.

斜率和截距为结果的模型。以截距为结果的模型是指只对截距进行解释，不对斜率进行解释；顾名思义，第二类模型是对斜率和截距均进行解释，该模型重点探讨上层背景与下层变量之间的关系，很好地体现了数据的层次性。随机回归模型的主要作用是确定第一层的回归系数在第二层上是否有显著差异，这个差异是指方差上的差异。而随机模型中固定部分的回归系数显著与否与建立第二层模型没有关系，第二层模型的建立主要取决于方差部分显著与否。[①] 这意味着在随机系数回归模型中，如果第一层中某个变量的回归系数显著，但在卡方检验中不显著，也就是在第二层班级间的方差不显著，那么说明系数在不同班级之间的变异不显著。因此，没有必要以该回归斜率为因变量来构建相应的第二层模型。

第三节　研究分析结果

本节主要报告分别以语文成绩、数学成绩、英语成绩为因变量的多层线性模型结果。分析思路如下：首先，利用零模型分析随迁子女学业成绩在班级之间是否存在显著差异；其次，通过随机系数模型分析学生个体变量对其学业成绩的影响；最后，通过完全模型分析学生个体变量和班级变量对随迁子女学业成绩的影响。由于多层线性模型分析不允许第二层存在缺失值，因而本节删去第二层存在缺失值的班级数据和相应学生个人数据，最终进入模型分析的匹配样本量为：学生样本456个，班级样本48个。

一、随迁子女语文成绩的分层分析

（一）随迁子女语文成绩的零模型结果

语文成绩的零模型表达式为：

第一层：$CHINESE_{ij} = \beta_{0j} + r_{ij}$

第二层：$\beta_{0j} = \gamma_{00} + u_{0j}$

[①] 张雷，雷雳，郭伯良. 多层线性模型应用［M］. 北京：教育科学出版社. 2003：61.

随迁子女语文成绩零模型单因素方差分析结果如表6.15所示。

表6.15 随迁子女语文成绩零模型方差分析结果

固定效应	系数	标准误	T值	自由度	P值	信度 λ
常数 γ_{00}	53.236894	1.840202	28.930	47	<0.001	—
随机效应	标准差	方差成分	自由度	卡方	P值	信度 λ
第二层,u_0	11.62749	135.19863	47	449.37367	<0.001	0.817
第一层,r	13.39728	179.48705	—	—	—	—

由固定效应模型和随机效应模型可以得出以下信息：①语文成绩零模型的随机系数信度 $\lambda=0.814$[①]，这表明模型拟合的估计值与随迁子女语文成绩差异的实际值很接近，信度较高。②在不考虑任何解释变量的零模型中，语文成绩零模型估计得到的组内 Var(r_{ij}) $=\sigma^2=179.48705$，组间 Var(β_{0j}) $=$ Var(μ_{0j}) $=\hat{\tau}_{00}=135.19863$，由组内相关系数（ICC）的计算公式可得：$\hat{\rho}=\frac{\hat{\tau}_{00}}{\hat{\tau}_{00}+\hat{\sigma}^2}=135.19863/(135.19863+179.48705)=0.43$，属于高度相关。[②] 这说明随迁子女的学业成绩的变异有约43%是来自班级间的差异，57%来自学生个体差异。经检验，第二层随机项方差估计的卡方检验 P 值小于0.001，表明随迁子女的学业成绩在第二层（班级层）有显著差异。③经检验，第二层方差显著存在，也就是说对于不同学校，随迁子女的语文平均成绩存在显著差异。总的来说，"学生—班级"两层模型设计有效。同时，方差成分在两层间的分配比例表明：第一，个体因素是农民工随迁子女语文成绩存在差异的主要影响因素；第二，班级层面因素的影响也不可忽视，有必要引入班级层面的特征变量进行进一步分析。

（二）随迁子女语文成绩的随机效应模型结果

首先构建只包含学生层面预测变量的模型，包括儿童性别、转学次数、好友数量、是否跨省流动、是否为独生子女、家庭社会经济地位、家庭社会网

---

① 信度的取值范围是（0，1），1表示完全可靠，取值越大，信度越高。

② 根据 Cohen（1988）的界定，当 $0.010\leq\rho<0.059$ 时，为低度相关；当 $0.059\leq\rho<0.138$ 时，为中度相关；当 $\rho\geq0.138$ 时，为高度相关。也就是说，当跨级相关系数大于或等于0.059时，组间差异是不可忽略的，需要在模型中考虑如何处理组间效应。详见 COHEN J. Statistical power analysis for the behavioral sciences [M]. 2th ed. Hillsdale：Eribaum, 1988：44.

络、父母陪伴、父母监督、父母教育期望、与教师讨论、与父母讨论、与同学讨论、参加社团活动次数等变量。第二层不放任何解释变量，在随机效应模型中，第一层的回归系数截距与斜率在第二层中被设定为随机效应。[①] 为了减少模型中参数估计迭代收敛不好的问题，除了虚拟变量，对第一层其他变量进行了均值中心化处理。"对中"处理后，第一层模型的截距 β_{0j} 代表第二层（班级）的平均学业成绩。

在引入第一层自变量后，语文成绩的随机效应模型如下：

第一层模型为：

$CHINESEI_{ij} = \beta_{0j} + \beta_{1j} \times TRANSSCH_{ij} + \beta_{2j} \times ACTCOUNT_{ij} + \beta_{3j} \times TEATALK_{ij} + \beta_{4j} \times MATALK_{ij} + \beta_{5j} \times PARTALK_{ij} + \beta_{6j} \times NETWORK_{ij} + \beta_{7j} \times BOY_{ij} + \beta_{8j} \times HOMEWORK_{ij} + \beta_{9j} \times ACTIPARE_{ij} + \beta_{10j} \times TRANSPRO_{ij} + \beta_{11j} \times SESFACT_{ij} + \beta_{12j} \times EXPECTAT_{ij} + \beta_{13j} \times ONLYCHIL_{ij} + r_{ij}$

第二层模型为：

$\beta_{0j} = \gamma_{00} + u_{0j}$

$\beta_{1j} = \gamma_{10} + u_{1j}$

……

$\beta_{13j} = \gamma_{130} + u_{13j}$

在第一层模型中，为了解释上的方便，本节对随迁子女的转学次数、是否为独生子女、家庭社会经济地位、家庭社会网络、父母陪伴、父母监督、参加社团活动次数等连续变量进行了均值中心化处理，并将系数设置为随机效应。模型估计结果如表 6.16 所示。

表 6.16 随迁子女语文成绩随机效应模型参数估计结果（固定效应）

固定效应	系数	P 值
截距，γ_{00}	48.958679	<0.001
转学次数，γ_{10}	-1.225776	0.076
参加社团次数，γ_{20}	0.392996	0.212
与教师讨论，γ_{30}	0.095857	0.943
与同学讨论，γ_{40}	1.837762	0.210

[①] DISETHÅ. Approaches to learning, course experience and examination grade among undergraduate psychology students: testing of mediator effects and construct validity [J]. Studies in higher education, 2007, 32 (3): 373-388.

续表

固定效应	系数	P 值
与父母讨论，γ_{50}	3.435848	0.006
家庭社会网络，γ_{60}	0.110067	0.682
儿童性别（男生），γ_{70}	-5.948591	<0.001
父母监督，γ_{80}	0.171158	0.514
父母陪伴，γ_{90}	-0.534793	0.099
是否跨省流动，γ_{100}	2.464686	0.167
家庭社会经济地位，γ_{110}	2.271833	0.003
父母教育期望，γ_{120}	2.559942	0.559
是否为独生子女，γ_{130}	1.597666	0.259

由表 6.16 可知，在第一层的变量中，对语文成绩有显著影响的变量有转学次数、与父母讨论、儿童性别、家庭社会经济地位。具体来看：①语文成绩有显著的性别差异（$P<0.001$），女生比男生的语文平均成绩高 5.948591 分；②转学次数对随迁子女的语文成绩存在消极影响，转学次数越多，语文成绩越差，P 值（0.076）在 0.1 的水平上显著；③与父母讨论对语文成绩有显著正向影响（$P=0.006$），学习遇到困难时与父母讨论的学生比不与父母讨论的学生语文平均成绩高 3.4 分左右；④家庭社会经济地位较高的随迁子女，其语文成绩更好（$P=0.003$）。

通过比较随机效应模型和零模型的 σ^2 估计值，可以测算第一层方差消减比例或"解释方差"。在随机效应模型中，第一层的方差估计值是 105.69549，而单因素方差分析模型的方差估计值是 179.48705。通过计算可知，在随机效应模型中，所有引入的预测变量对学生层变异的方差解释率为：[（179.48705 - 105.69549）/179.48705] ×100% = 41.1%。

表 6.17 提供了几个变量的回归效应在不同班级之间的变异信息。其中，与父母讨论、家庭社会网络、家庭社会经济地位和父母教育期望在班级之间存在显著变异。卡方检验结果显示：①与父母讨论的回归系数随班级的不同而不同，卡方检验结果表明，其回归系数在班级之间存在显著差异（$P=0.020$），表明学生是否与父母讨论的回归系数在班级间有明显的变异；②家庭社会网络回归系数的方差成分达到显著水平（$P=0.005$），表明家庭社会网络的回归系

数在班级间有明显的变异；③家庭社会经济地位回归系数的方差成分达到显著水平（$P=0.033$），表明家庭社会经济地位的回归系数在班级间有明显的变异；④父母教育期望回归系数的方差成分达到显著水平（$P<0.001$），表明父母教育期望的回归系数在班级间有明显的变异。

表 6.17 随迁子女语文成绩随机效应模型参数估计结果（随机效应）

随机效应	方差成分	P 值
截距，u_0	573.30946	<0.001
转学次数，u_1	4.38293	>0.500
参加社团次数，u_2	0.92208	0.073
与教师讨论，u_3	24.77080	>0.500
与同学讨论，u_4	37.61464	0.099
与父母讨论，u_5	12.90334	0.020
家庭社会网络，u_6	0.94503	0.005
儿童性别（男孩），u_7	36.49925	0.053
父母监督，u_8	1.14189	0.260
父母陪伴，u_9	0.76182	0.388
是否跨省流动，u_{10}	27.86043	0.331
家庭社会经济地位，u_{11}	6.25699	0.033
父母教育期望，u_{12}	198.95496	<0.001
是否为独生子女，u_{13}	19.72407	0.060
第一层，r	105.69549	—

（三）随迁子女语文成绩的完全模型结果

在完全模型的构建中，对那些在随机模型中随机效应卡方检验结果显著的变量进行解释。根据随迁子女语文成绩的随机模型中的结果，与父母讨论、家庭社会网络、家庭社会经济地位和父母教育期望等变量在班级间的差异显著（$P<0.05$），这表明需要进一步引入变量对上述变量在班级层面的差异进行解释。

基于研究需要，构建一个可以同时解释截距和斜率变化的完全模型。引入第二层中的班级规模、随迁子女比例、教师平均教龄、教师平均学历、教师接纳度和学校类型六个预测变量。为了避免出现信度过小、无法对高层模型离差统计量进行分析等问题，减少随意出现的模型随机项，完全模型只在两层的截距模型中设置随机项，而所有斜率模型都设置为固定效应模型。对与父母讨论、家庭社会网络、家庭社会经济地位和父母教育期望可能受到的第二层班级变量影响，做如下研究假设：

① 假设家庭社会网络对随迁子女学业成绩的影响会受到随迁子女比例和学校类型的调节作用。

② 假设家庭社会经济地位对随迁子女学业成绩的影响会受到随迁子女比例和学校类型的调节作用。

③ 假设父母教育期望对随迁子女学业成绩的影响会受到随迁子女比例和学校类型的影响。

最终形成的完全回归模型如下：

第一层：

$CHINESEI_{ij} = \beta_{0j} + \beta_{1j} \times TRANSSCH_{ij} + \beta_{2j} \times ACTCOUNT_{ij} + \beta_{3j} \times TEATALK_{ij} + \beta_{4j} \times MATALK_{ij} + \beta_{5j} \times PARTALK_{ij} + \beta_{6j} \times NETWORK_{ij} + \beta_{7j} \times BOY_{ij} + \beta_{8j} \times HOMEWORK_{ij} + \beta_{9j} \times ACTIPARE_{ij} + \beta_{10j} \times TRANSPRO_{ij} + \beta_{11j} \times SESFACT_{ij} + \beta_{12j} \times EXPECTAT_{ij} + \beta_{13j} \times ONLYCHIL_{ij} + r_{ij}$

第二层：

$\beta_{0j} = \gamma_{00} + \gamma_{01} \times MIGRANTA_j + \gamma_{02} \times ASTEDUAV_j + \gamma_{03} \times TEACHYAV_j + \gamma_{04} \times CLASSSIZ_j + \gamma_{05} \times WELCOME_j + \gamma_{06} \times SCHOOLTY_j + u_{0j}$

$\beta_{1j} = \gamma_{10}$

$\beta_{2j} = \gamma_{20}$

$\beta_{3j} = \gamma_{30}$

$\beta_{4j} = \gamma_{40}$

$\beta_{5j} = \gamma_{50}$

$\beta_{6j} = \gamma_{60} + \gamma_{61} \times MIGRANTA_j + \gamma_{62} \times SCHOOLTY_j$

$\beta_{7j} = \gamma_{70}$

$\beta_{8j} = \gamma_{80}$

$\beta_{9j} = \gamma_{90}$

$\beta_{10j} = \gamma_{110}$

$\beta_{11j} = \gamma_{110} + \gamma_{111} \times MIGRANTA_j + \gamma_{112} \times SCHOOLTY_j$

$\beta_{12j} = \gamma_{120} + \gamma_{121} \times MIGRANTA_j + \gamma_{122} \times SCHOOLTY_j$

$$\beta_{13j} = \gamma_{130}$$

模型的固定效应部分描述了学生层面和班级层面自变量对随迁子女学业成绩的影响，如表 6.18 所示。

表 6.18 随迁子女语文成绩完全模型的固定效应结果

固定效应	系数	P 值
截距，γ_{00}	8.283226	<0.001
随迁子女比例，γ_{01}	-14.285231	0.046
教师平均学历，γ_{02}	4.896356	0.566
教师平均教龄，γ_{03}	1.490370	0.016
班级规模，γ_{04}	-1.168942	0.446
教师接纳度，γ_{05}	5.864267	0.004
学校类型，γ_{06}	4.693862	0.010
转学次数斜率，β_1		
截距，γ_{10}	-0.903041	0.053
参加社团活动次数斜率，β_2		
截距，γ_{20}	0.108314	0.435
与教师讨论斜率，β_3		
截距，γ_{30}	0.756539	0.573
与同学讨论斜率，β_4		
截距，γ_{40}	2.191648	0.132
与父母讨论斜率，β_5		
截距，γ_{50}	4.044008	<0.001
家庭社会网络斜率，β_6		
截距，γ_{60}	1.231972	0.006
随迁子女比例，γ_{61}	-1.817048	0.008
学校类型，γ_{62}	-1.500617	0.002
儿童性别（男生）斜率，β_7		
截距，γ_{70}	-6.625373	<0.001
父母监督斜率，β_8		

续表

固定效应	系数	P 值
截距，γ_{80}	0.247898	0.314
父母陪伴斜率，β_9		
截距，γ_{90}	0.811771	0.008
是否跨省流动斜率，β_{10}		
截距，γ_{100}	2.279643	0.101
家庭社会经济地位斜率，β_{11}		
截距，γ_{110}	3.850151	0.022
随迁子女比例，γ_{111}	0.672066	0.737
学校类型，γ_{112}	-1.634900	0.419
父母教育期望斜率，β_{12}		
截距，γ_{120}	6.611052	0.029
随迁子女比例，γ_{121}	8.850225	0.066
学校类型，γ_{122}	9.327821	0.002
是否为独生子女斜率，β_{13}		
截距，γ_{130}	1.803416	0.203

第一，考察第一层变量对语文成绩的影响。在控制班级层面变量的情况下，随迁子女是否与父母讨论、家庭社会网络、儿童性别（男生）、父母陪伴、家庭社会经济地位和父母教育期望对学习适应性有显著影响；转学次数在0.1的水平上边际显著；其他变量（参加社团活动次数、与教师讨论、与同学讨论、父母监督、是否跨省流动和是否为独生子女）对随迁子女语文平均成绩没有显著影响。①转学次数对语文成绩有显著负向影响，每多转学一次，随迁子女的语文平均成绩约减少0.9分（$P=0.053$）；②与父母讨论对语文成绩有显著正向影响（$P<0.001$），相比于不与父母讨论的随迁子女，与父母讨论的随迁子女的语文平均成绩约高4.0分；③家庭社会网络对语文成绩有显著正向影响，家庭社会网络因子得分越高的随迁子女，其语文成绩越好（$P=0.006$）；④随迁子女语文成绩存在显著的性别差异，女生比男生平均高出约6.6分（$P<0.001$）；⑤父母陪伴对随迁子女语文成绩有显著正向影响（$P=0.008$）；⑥家庭社会经济地位对随迁子女语文成绩有显著正向影响，家庭社会

经济地位因子得分每增加 1 个单位,随迁子女的语文平均成绩约增加 3.9 分 ($P=0.022$);⑦父母教育期望对随迁子女语文成绩有显著正向影响,父母期望子女将来上大学的比不期望上大学的随迁子女语文平均成绩约高 6.6 分 ($P=0.029$)。

第二,考察第二层的变量对随迁子女语文成绩的影响。结果显示,随迁子女比例、教师接纳度和学校类型对语文成绩有显著影响。具体来看:①班级中随迁子女的比例对语文成绩有显著负向影响,在控制其他第二层预测变量不变的情况下,随迁子女比例每增加 1 个百分点,其语文平均成绩约减少 14.3 个标准分 ($P=0.046$);②教师平均教龄对语文成绩有显著正向影响,教师教龄越长的班级,语文平均成绩越高 ($P=0.016$);③教师接纳度对语文平均成绩有显著正向影响,教师对随迁子女的欢迎度和接纳度越高,随迁子女的语文平均成绩越好 ($P=0.004$);④学校类型对语文平均成绩有显著正向影响 ($P=0.010$)。

第三,考察班级层面随迁子女比例和学校类型两个变量对第一层变量的交互作用。

① 班级中随迁子女比例的调节作用。随迁子女比例与家庭社会网络的交互项系数为 -1.817048 ($P=0.008$),表明家庭社会网络对随迁子女语文平均成绩的正向作用会随着班级中随迁子女比例的提高而减弱。在随迁子女比例较低的班级中,家庭社会网络对学生语文成绩的影响相对较大;而在随迁子女比例较高的班级中,家庭社会网络对学生语文成绩的作用相对较弱。也就是说,在随迁子女比例相同的班级中,家庭社会网络因子得分越高的学生,其语文成绩越好;而当家庭社会网络得分相同时,随迁子女比例较高的班级中,学生的语文成绩越差。随迁子女比例对家庭社会经济地位、父母期望分别对语文成绩的调节作用不显著。

② 学校类型的调节作用。学校类型对家庭社会经济地位对学生学习适应性的影响无显著作用;而对家庭社会网络、父母教育期望对语文成绩的影响有显著的调节作用。具体来看,家庭社会网络的回归系数为 1.231972,而学校类型与家庭社会网络交互项的回归系数为 -1.500617,且在 0.05 的水平上显著 ($P=0.002$)。这表明在公办学校中就读会削弱家庭社会网络对随迁子女语文成绩的影响;而在民办打工子弟学校中就读会增强家庭社会网络对随迁子女语文成绩的正向影响。

学校类型与父母教育期望交互项的回归系数为 9.327821 ($P=0.002$),且与父母教育期望的回归系数方向一致。这表明在公办学校中就读会削减父母教育期望对随迁子女语文成绩的影响；而在民办打工子弟学校中就读会增强父母教育期望对随迁子女语文成绩的正向影响。结果显示，在公办学校，父母教育期望与语文成绩关系直线的斜率为正，二者呈正相关关系；而在民办打工子弟学校，二者关系直线斜率大致为负，二者呈负相关关系。

二、随迁子女数学成绩的分层分析

（一）随迁子女数学成绩的零模型结果

数学成绩的零模型表达式为：

第一层：$MATHS_{ij} = \beta_{0j} + r_{ij}$

第二层：$\beta_{0j} = \gamma_{00} + u_{0j}$

随迁子女数学成绩零模型的单因素方差分析结果如表6.19所示。

表6.19 随迁子女数学成绩零模型方差分析结果

固定效应	系数	标准误	T值	自由度	P值	信度λ
常数γ_{00}	0.192022	0.096462	1.991	46	0.052	—
随机效应	标准差	方差成分	自由度	卡方	P值	信度λ
第二层，u_0	0.60141	0.36169	46	415.61949	<0.001	0.809
第一层，r	0.72234	0.52178	—	—	—	—

由固定效应模型和随机效应模型可以得出以下信息：①数学成绩零模型的随机系数信度$\lambda=0.809$，这表明模型拟合的估计值与随迁子女数学成绩差异的实际值很接近，信度非常高；②组内相关系数$\bar{\beta}=\dfrac{\hat{\tau}_{00}}{\hat{\tau}_{00}+\hat{\sigma}^2}=0.36169/(0.36169+0.52178)=0.41$，说明随迁子女数学成绩的变异有约41%来自班级间的差异，59%来自学生个体差异。同时，第二层随机项方差估计的卡方检验P值小于0.001，表明随迁子女的数学成绩在班级层有显著差异，需要引入班级层的特征变量进行分析。

（二）随迁子女数学成绩的随机效应模型结果

在第一层模型中引入性别、转学次数、是否跨省流动、是否为独生子女、家庭社会经济地位、家庭社会网络、父母陪伴、父母监督、父母教育期望、与教师讨论、与父母讨论、与同学讨论、参加社团活动次数等变量。根据前文的分析，把某些变量的回归系数设定成随机的，而其他系数是固定的，构建混合模型。与语文成绩随机模型不同的是，在运行数据时，如果随机项太多，HLM将显示无法处理，因此将数学成绩的随机效应模型设置为混合模型。在第一层模型中，将参加社团活动次数、与教师讨论、父母陪伴、是否跨省流动和父母教育期望几个变量在第二层中设置为随机项，其他变量为固定项。

数学平均成绩的随机效应模型如下：

第一层模型为：

$MATHS_{ij} = \beta_{0j} + \beta_{1j} \times TRANSSCH_{ij} + \beta_{2j} \times ACTCOUNT_{ij} + \beta_{3j} \times TEATALK_{ij} + \beta_{4j} \times MATALK_{ij} + \beta_{5j} \times PARTALK_{ij} + \beta_{6j} \times NETWORK_{ij} + \beta_{7j} \times BOY_{ij} + \beta_{8j} \times HOMEWORK_{ij} + \beta_{9j} \times ACTIPARE_{ij} + \beta_{10j} \times TRANSPRO_{ij} + \beta_{11j} \times SESFACT_{ij} + \beta_{12j} \times EXPECTAT_{ij} + \beta_{13j} \times ONLYCHIL_{ij} + r_{ij}$

第二层模型为：

$\beta_{0j} = \gamma_{00} + u_{0j}$

$\beta_{1j} = \gamma_{10}$

$\beta_{2j} = \gamma_{20} + u_{2j}$

$\beta_{3j} = \gamma_{30} + u_{3j}$

$\beta_{4j} = \gamma_{40}$

$\beta_{5j} = \gamma_{50}$

$\beta_{6j} = \gamma_{60}$

$\beta_{7j} = \gamma_{70}$

$\beta_{8j} = \gamma_{80}$

$\beta_{9j} = \gamma_{90} + u_{9j}$

$\beta_{10j} = \gamma_{100} + u_{10j}$

$\beta_{11j} = \gamma_{110}$

$\beta_{12j} = \gamma_{120} + u_{12j}$

$\beta_{13j} = \gamma_{130}$

通过比较随机效应模型和零模型的 σ^2 估计值，可以测算第一层方差消减比例或"解释方差"。在随机效应模型中，第一层的方差估计值是 0.35314，而单因素方差分析模型的方差估计值是 0.52178。通过计算可知，在随机效应模型中，所有引入的预测变量对学生层变异的方差解释率为：（0.52178 −

0.35314)/0.52178 = 32.3%。

表6.20提供了参加社团活动次数、与教师讨论、父母陪伴、是否跨省流动和父母教育期望等变量的回归效应在不同班级之间的变异信息。卡方检验结果显示,只有学生参加社团次数在班级之间存在显著差异,其他变量在第二层的差异均不显著。因此,在下一步模型构建中,仅选择引入第二层变量对参加社团活动次数在班级之间的差异进行解释。

表6.20 随迁子女数学成绩随机效应模型参数估计结果(随机效应)

随机效应	方差成分	卡方	P 值
截距,u_0	0.54814	24.14584	0.003
参加社团活动次数斜率,u_2	0.00087	13.40289	0.048
与教师讨论斜率,u_3	0.00864	9.28982	0.318
父母陪伴斜率,u_9	0.00134	12.76996	0.119
跨省流动斜率,u_{10}	0.03805	11.66206	0.166
父母教育期望斜率,u_{12}	0.15378	13.04984	0.110
第一层,r	0.35314	—	—

(三)随迁子女数学成绩的完全模型结果

基于研究需要,构建以截距和斜率为结果的完全模型。引入第二层中的班级规模、随迁子女比例、教师平均教龄、教师平均学历、教师接纳度、学校类型六个预测变量,完全模型只在第二层的截距模型中设置随机项,而所有斜率模型都设置为固定效应模型。根据随机效应模型中随机效应的结果,对参加社团活动次数可能受到的第二层班级变量的影响做如下研究假设:假设参加社团次数会受到班级规模、随迁子女比例、教师平均教龄、教师平均学历、教师接纳度、学校类型的影响。最终形成的完全模型设置如下:

第一层:

$$MATHS_{ij} = \beta_{0j} + \beta_{1j} \times TRANSSCH_{ij} + \beta_{2j} \times ACTCOUNT_{ij} + \beta_{3j} \times TEATALK_{ij} + \beta_{4j} \times MATALK_{ij} + \beta_{5j} \times PARTALK_{ij} + \beta_{6j} \times NETWORK_{ij} + \beta_{7j} \times BOY_{ij} + \beta_{8j} \times HOMEWORK_{ij} + \beta_{9j} \times ACTIPARE_{ij} + \beta_{10j} \times TRANSPRO_{ij} + \beta_{11j} \times SESFACT_{ij} + \beta_{12j} \times EXPECTAT_{ij} + \beta_{13j} \times ONLYCHIL_{ij} + r_{ij}$$

第二层:

$$\beta_{0j} = \gamma_{00} + \gamma_{01} \times MIGRANTA_j + \gamma_{02} \times ASTEDUAV_j + \gamma_{03} \times TEACHYAV_j + \gamma_{04} \times$$

$CLASSSIZ_j + \gamma_{05} \times WELCOME_j + \gamma_{06} \times SCHOOLTY_j + u_{0j}$

$\beta_{1j} = \gamma_{10}$

$\beta_{2j} = \gamma_{20} + \gamma_{21} \times MIGRANTA_j + \gamma_{22} \times ASTEDUAV_j + \gamma_{23} \times TEACHYAV_j + \gamma_{24} \times CLASSSIZ_j + \gamma_{25} \times WELCOME_j + \gamma_{26} \times SCHOOLTY_j$

$\beta_{3j} = \gamma_{30}$

$\beta_{4j} = \gamma_{40}$

$\beta_{5j} = \gamma_{50}$

$\beta_{6j} = \gamma_{60}$

$\beta_{7j} = \gamma_{70}$

$\beta_{8j} = \gamma_{80}$

$\beta_{9j} = \gamma_{90}$

$\beta_{10j} = \gamma_{100}$

$\beta_{11j} = \gamma_{110}$

$\beta_{12j} = \gamma_{120}$

$\beta_{13j} = \gamma_{130}$

模型的固定效应部分描述了学生层面和班级层面自变量对随迁子女数学平均成绩的影响，如表6.21所示。

表6.21 随迁子女数学成绩完全模型参数估计结果（固定效应）

固定效应	系数	P值
截距，γ_{00}	0.646613	0.053
随迁子女比例，γ_{01}	0.063000	0.808
教师平均学历，γ_{02}	0.306806	0.022
教师平均教龄，γ_{03}	0.017664	0.334
班级规模，γ_{04}	0.014433	0.366
教师接纳度，γ_{05}	0.168782	0.162
学校类型，γ_{06}	0.695968	0.017
转学次数斜率，β_1		
截距，γ_{10}	0.045244	0.098
参加社团活动次数斜率，β_2		
截距，γ_{20}	0.021045	0.442
随迁子女比例，γ_{21}	0.030385	0.707

续表

固定效应	系数	P 值
教师平均学历，γ_{22}	0.081624	0.006
教师平均教龄，γ_{23}	0.004448	0.361
班级规模，γ_{24}	0.000139	0.960
教师接纳度，γ_{25}	0.017066	0.496
学校类型，γ_{26}	0.034755	0.542
与教师讨论斜率，β_3		
截距，γ_{30}	0.039656	0.633
与同学讨论斜率，β_4		
截距，γ_{40}	0.077753	0.300
与父母讨论斜率，β_5		
截距，γ_{50}	0.262546	0.002
家庭社会网络斜率，β_6		
截距，γ_{60}	0.025083	0.059
儿童性别（男生）斜率，β_7		
截距，γ_{70}	0.149505	0.033
父母监督斜率，β_8		
截距，γ_{80}	0.014480	0.355
父母陪伴斜率，β_9		
截距，γ_{90}	0.011366	0.413
是否跨省流动斜率，β_{10}		
截距，γ_{100}	0.194041	0.008
家庭社会经济地位斜率，β_{11}		
截距，γ_{110}	0.000951	0.984
父母教育期望斜率，β_{12}		
截距，γ_{120}	0.041559	0.803
是否为独生子女斜率，β_{13}		
截距，γ_{130}		0.202

第一，学生层面变量对数学成绩的影响。在控制班级变量的情况下，随迁子女与父母讨论、性别（男生）、是否跨省流动三个变量在 0.05 水平上对数学水平成绩有显著影响；家庭社会网络对数学成绩的影响在 0.1 的水平上边际显著；其他变量对数学成绩均没有显著影响。具体来看：①与父母讨论对数学成绩有显著正向影响（$P=0.002$），学习遇到困难时与父母讨论的学生比不与父母讨论的学生平均高出 0.26 个标准分；②随迁子女数学成绩存在显著的性别差异，男生比女生平均高出 0.15 个标准分（$P=0.033$）；③是否跨省流动对数学成绩有显著正向影响，跨省流动的学生比省内流动的学生平均高 0.19 个标准分（$P=0.008$）。

第二，班级层面变量对数学成绩的影响。教师平均学历、学校类型对数学成绩有显著影响；其他变量无显著影响。其中：①教师平均学历对数学成绩有显著正向影响，教师平均学历越高的班级，随迁子女的数学成绩越好（$P=0.022$）；②学校类型对数学成绩有显著正向影响，公办学校的学生比民办打工子弟学校学生平均高约 0.70 个标准分（$P=0.017$）。

第三，从教师平均学历对随迁子女参加社团活动次数对数学成绩的调节作用来看，随迁子女参加社团活动次数的回归系数为 0.021045，教师平均学历对随迁子女参加社团活动次数的交互项系数为 0.081624（$P=0.006$），表明班级教师平均学历的提高会强化学生参加社团活动次数对数学成绩的正向影响。

三、随迁子女英语成绩的分层分析

（一）随迁子女英语成绩的零模型

英语成绩的零模型表达式为：
第一层：$ENLISH_{ij} = \beta_{0j} + r_{ij}$
第二层：$\beta_{0j} = \gamma_{00} + u_{0j}$
随迁子女英语成绩零模型的单因素方差分析结果如表 6.22 所示。

表 6.22　随迁子女英语成绩零模型方差分析结果

固定效应	系数	标准误	T值	自由度	P值	信度 λ
常数 γ_{00}	0.245103	0.121918	2.010	46	0.050	—

续表

随机效应	标准差	方差成分	自由度	卡方	P 值	信度 λ
第二层，u_0	0.80335	0.64537	46	839.75454	<0.001	0.904
第一层，r	0.62317	0.38834	—	—	—	—

由固定效应模型和随机效应模型可以得出以下信息：①英语成绩零模型的随机系数信度 $\lambda=0.904$，这表明模型拟合的估计值与随迁子女数学成绩差异的实际值很接近，信度非常高；②组内相关系数 $\hat{\rho}=\dfrac{\hat{\tau}_{00}}{\hat{\tau}_{00}+\hat{\sigma}^2}=0.64537/$ (0.38834+0.64537) =0.62，说明随迁子女英语平均成绩的变异中有约62%来自班级之间的差异，38%来自学生个体差异。同时，第二层随机项方差估计的卡方检验 P 值小于0.001，表明随迁子女的英语成绩在班级层有显著差异，需要引入班级层的特征变量进行分析。

(二) 随迁子女英语成绩的随机效应模型

与语文成绩的随机效应模型一样，在第一层中引入性别、转学次数、是否跨省流动、是否为独生子女、家庭社会经济地位、家庭社会网络、父母陪伴、父母监督、父母教育期望、与教师讨论、与父母讨论、与同学讨论、参加社团次数等变量。在随机效应模型的设置中，可以把第一层中所有的斜率都设定为随机斜率，其他变量为固定项。

第一层：

$ENGLISH_{ij} = \beta_{0j} + \beta_{1j} \times TRANSSCH_{ij} + \beta_{2j} \times ACTCOUNT_{ij} + \beta_{3j} \times TEATALK_{ij} + \beta_{4j} \times MATALK_{ij} + \beta_{5j} \times PARTALK_{ij} + \beta_{6j} \times NETWORK_{ij} + \beta_{7j} \times BOY_{ij} + \beta_{8j} \times HOMEWORK_{ij} + \beta_{9j} \times ACTIPARE_{ij} + \beta_{10j} \times TRANSPRO_{ij} + \beta_{11j} \times SESFACT_{ij} + \beta_{12j} \times EXPECTAT_{ij} + \beta_{13j} \times ONLYCHIL_{ij} + r_{ij}$

第二层：

$\beta_{0j} = \gamma_{00} + \gamma_{01} \times MIGRANTA_j + \gamma_{02} \times ASTEDUAV_j + \gamma_{03} \times TEACHYAV_j + \gamma_{04} \times CLASSSIZ_j + \gamma_{05} \times WELCOME_j + \gamma_{06} \times SCHOOLTY_j + u_{0j}$

$\beta_{1j} = \gamma_{10} + u_{1j}$

……

$\beta_{13j} = \gamma_{130} + u_{13j}$

表6.23提供了变量的回归效应在不同班级之间的变异信息。其中，参加

社团活动次数、与父母讨论、家庭社会网络、儿童性别（男生）、父母监督、家庭社会经济地位和父母教育期望等变量均在班级之间存在显著差异。卡方检验的结果显示：①参加社团活动次数的回归系数的方差成分达到显著水平（$P=0.033$）；②与父母讨论的回归系数随班级的不同而不同，在班级之间存在显著差异（$P=0.009$）；③家庭社会网络的回归系数的方差成分达到显著水平（$P<0.001$），表明家庭社会网络的回归系数在班级之间有明显的变异；④儿童性别（男生）的方差成分达到显著水平（$P=0.011$）；⑤父母监督的回归系数的方差成分达到显著水平（$P=0.038$）；⑥家庭社会经济地位的方差成分达到显著水平（$P=0.012$）；⑦父母教育期望的回归系数的方差成分达到显著水平（$P<0.001$），这表明父母教育期望的回归系数在班级之间有明显的变异。数据表明，在完全模型的构建中，需要进一步引入变量来解释这些变量在班级之间的变异。

表 6.23　随迁子女英语成绩随机效应模型参数估计结果（随机效应）

随机效应	方差成分	P 值
截距，u_0	728.65696	<0.001
转学次数，u_1	6.91583	0.300
参加社团活动次数，u_2	1.12329	0.033
与教师讨论，u_3	34.90023	0.259
与同学讨论，u_4	40.50535	0.193
与父母讨论，u_5	15.13740	0.009
家庭社会网络，u_6	1.42039	<0.001
儿童性别（男生），u_7	55.84634	0.011
父母监督，u_8	1.11426	0.038
父母陪伴，u_9	1.47976	0.086
是否跨省流动，u_{10}	27.85035	0.342
家庭社会经济地位，u_{11}	7.30600	0.012
父母教育期望，u_{12}	291.68086	<0.001
是否为独生子女，u_{13}	20.09236	0.076
第一层，r	111.15060	—

(三) 随迁子女英语成绩的完全模型

在第二层中引入班级规模、随迁子女比例、教师平均教龄、教师平均学历、教师接纳度和学校类型六个预测变量，只在第二层的截距模型中设置随机项，第一层变量在第二层中均被设置为固定项。在完全模型的构建中，对那些在随机效应模型中卡方检验结果显著的变量进行解释。根据随迁子女英语成绩的随机模型中随机效应部分的结果，参加社团活动次数、与父母讨论、家庭社会网络、儿童性别（男生）、父母监督、家庭社会经济地位和父母教育期望的卡方检验 P 值显著，这表明需要进一步引入变量对上述变量在班级层面的差异进行解释。基于数据情况和研究假设，对第二层的斜率模型做如下假设：

①假设随迁子女参加社团活动次数对英语成绩的影响会受到班级规模、随迁子女比例、教师平均教龄、教师平均学历、教师接纳度和学校类型的调节作用。

②假设随迁子女家庭社会网络对英语成绩的影响会受到班级规模、随迁子女比例和学校类型的调节作用。

③假设随迁子女父母监督对英语成绩的影响会受到班级规模、随迁子女比例、教师平均教龄、教师平均学历、教师接纳度和学校类型的调节作用。

④假设随迁子女家庭社会经济地位对英语成绩的影响会受到班级规模、随迁子女比例、教师平均教龄、教师接纳度和学校类型的调节作用。

⑤假设随迁子女父母教育期望对英语成绩的影响会受到班级规模、随迁子女比例、教师平均教龄、教师平均学历、教师接纳度和学校类型的调节作用。

根据上述研究假设，基于研究需要，构建以截距和斜率为结果的完全模型，最终形成的完全模型如下。

第一层模型：

$$ENGLISH_{ij} = \beta_{0j} + \beta_{1j} \times TRANSSCH_{ij} + \beta_{2j} \times ACTCOUNT_{ij} + \beta_{3j} \times TEATALK_{ij} + \beta_{4j} \times MATALK_{ij} + \beta_{5j} \times PARTALK_{ij} + \beta_{6j} \times NETWORK_{ij} + \beta_{7j} \times BOY_{ij} + \beta_{8j} \times HOMEWORK_{ij} + \beta_{9j} \times ACTIPARE_{ij} + \beta_{10j} \times TRANSPRO_{ij} + \beta_{11j} \times SESFACT_{ij} + \beta_{12j} \times EXPECTAT_{ij} + \beta_{13j} \times ONLYCHIL_{ij} + r_{ij}$$

第二层模型：

$$\beta_{0j} = \gamma_{00} + \gamma_{01} \times MIGRANTA_j + \gamma_{02} \times ASTEDUAV_j + \gamma_{03} \times TEACHYAV_j + \gamma_{04} \times CLASSSIZ_j + \gamma_{05} \times WELCOME_j + \gamma_{06} \times SCHOOLTY_j + u_{0j}$$

$\beta_{1j} = \gamma_{10}$

$\beta_{2j} = \gamma_{20} + \gamma_{21} \times MIGRANTA_j + \gamma_{22} \times ASTEDUAV_j + \gamma_{23} \times TEACHYAV_j + \gamma_{24} \times CLASSSIZ_j + \gamma_{25} \times WELCOME_j + \gamma_{26} \times SCHOOLTY_j$

$\beta_{3j} = \gamma_{30}$

$\beta_{4j} = \gamma_{40}$

$\beta_{5j} = \gamma_{50}$

$\beta_{6j} = \gamma_{60} + \gamma_{61} \times MIGRANTA_j + \gamma_{62} \times CLASSSIZ_j + \gamma_{63} \times SCHOOLTY_j$

$\beta_{7j} = \gamma_{70}$

$\beta_{8j} = \gamma_{80} + \gamma_{81} \times MIGRANTA_j + \gamma_{82} \times ASTEDUAV_j + \gamma_{83} \times TEACHYAV_j + \gamma_{84} \times CLASSSIZ_j + \gamma_{85} \times WELCOME_j + \gamma_{86} \times SCHOOLTY_j$

$\beta_{9j} = \gamma_{90}$

$\beta_{10j} = \gamma_{100}$

$\beta_{11j} = \gamma_{110} + \gamma_{111} \times MIGRANTA_j + \gamma_{112} \times TEACHYAV_j + \gamma_{113} \times CLASSSIZ_j + \gamma_{114} \times WELCOME_j + \gamma_{115} \times SCHOOLTY_j$

$\beta_{12j} = \gamma_{120} + \gamma_{121} \times MIGRANTA_j + \gamma_{122} \times ASTEDUAV_j + \gamma_{123} \times TEACHYAV_j + \gamma_{124} \times CLASSSIZ_j + \gamma_{125} \times WELCOME_j + \gamma_{126} \times SCHOOLTY_j$

$\beta_{13j} = \gamma_{130}$

完全模型的固定效应部分描述了学生层面和班级层面自变量对随迁子女英语平均成绩的影响，如表6.24所示。

表6.24 随迁子女英语成绩完全模型参数估计结果（固定效应）

固定效应	系数	P值
截距，γ_{00}	55.796576	<0.001
随迁子女比例，γ_{01}	-51.739201	0.046
教师平均学历，γ_{02}	4.757129	0.619
教师平均教龄，γ_{03}	1.345869	0.047
班级规模，γ_{04}	-1.004295	0.516
教师接纳度，γ_{05}	1.071502	0.905
学校类型，γ_{06}	-44.838752	0.907
转学次数斜率，β_1		
截距，γ_{10}	-1.005803	0.098
参加社团活动次数斜率，β_2		

续表

固定效应	系数	P 值
截距，γ_{20}	0.155546	0.780
随迁子女比例，γ_{21}	2.255067	0.060
教师平均学历，γ_{22}	-0.474297	0.539
教师平均教龄，γ_{23}	0.021150	0.853
班级规模，γ_{24}	-0.074705	0.376
教师接纳度，γ_{25}	-0.634139	0.398
学校类型，γ_{26}	0.302130	0.813
与教师讨论斜率，β_3		
截距，γ_{30}	1.679526	0.260
与同学讨论斜率，β_4		
截距，γ_{40}	1.680198	0.280
与父母讨论斜率，β_5		
截距，γ_{50}	2.469827	0.090
家庭社会网络斜率，β_6		
截距，γ_{60}	0.319660	0.334
随迁子女比例，γ_{61}	-2.236048	0.003
班级规模，γ_{62}	-0.033549	0.668
学校类型，γ_{63}	-1.763904	<0.001
儿童性别（男生）斜率，β_7		
截距，γ_{70}	-7.961059	<0.001
父母监督斜率，β_8		
截距，γ_{80}	0.152017	0.629
随迁子女比例，γ_{81}	0.011979	0.989
教师平均学历，γ_{82}	-0.071545	0.829
教师平均教龄，γ_{83}	-0.013612	0.766
班级规模，γ_{84}	-0.060844	0.479
教师接纳度，γ_{85}	0.744062	0.278

续表

固定效应	系数	P 值
学校类型，γ_{86}	-1.810088	0.043
父母陪伴斜率，β_9		
截距，γ_{90}	0.709645	0.019
是否跨省流动斜率，β_{10}		
截距，γ_{100}	2.394472	0.096
家庭社会经济地位斜率，β_{11}		
截距，γ_{110}	3.139784	<0.001
随迁子女比例，γ_{111}	0.974519	0.695
教师平均教龄，γ_{112}	-0.031006	0.739
班级规模，γ_{113}	-0.498046	<0.001
教师接纳度，γ_{114}	2.191476	0.205
学校类型，γ_{115}	-0.223836	0.923
父母教育期望斜率，β_{12}		
截距，γ_{120}	1.215181	0.869
随迁子女比例，γ_{121}	47.131265	0.070
教师平均学历，γ_{122}	-6.998448	0.445
教师平均教龄，γ_{123}	-1.361616	0.038
班级规模，γ_{124}	1.792683	0.238
教师接纳度，γ_{125}	5.527720	0.550
学校类型，γ_{126}	49.407303	0.002
是否为独生子女斜率，β_{13}		
截距，γ_{130}	1.474971	0.298

1. 第一层变量对英语成绩的影响

在控制班级变量的情况下，儿童性别（男生）、父母陪伴、家庭社会经济地位对英语成绩在 0.05 的水平上有显著影响；转学次数、与父母讨论和是否跨省流动在 0.1 的水平上有显著影响。①转学次数对英语成绩有显著负向影响，随迁子女每多转学一次，其英语平均成绩约减少 1.0 分（$P = 0.098$）；

②与父母讨论对英语成绩有显著正向影响（$P=0.090$），相比于不与父母讨论的随迁子女，与父母讨论的随迁子女的英语平均成绩约高2.5分；③随迁子女英语成绩存在显著的性别差异，女生比男生平均高约8.0个标准分（$P<0.001$）；④父母陪伴对随迁子女英语成绩有显著正向影响（$P=0.019$）；⑤跨省流动对随迁子女英语成绩有显著正向影响，跨省流动的随迁子女比省内流动的随迁子女英语平均成绩约高2.4分；⑥家庭社会经济地位对英语成绩有显著正向影响，家庭社会经济地位因子得分每增加1个单位，随迁子女的英语平均成绩增加3.1个标准分（$P<0.001$）。

2. 第二层变量对英语成绩的影响

在班级层的变量中，随迁子女比例、教师平均教龄对英语成绩有显著影响。数据显示：①随迁子女比例对随迁子女英语成绩有显著负向影响（$P=0.046$），即班级中随迁子女比例越高，学生英语平均成绩越低；②教师平均教龄对英语成绩有显著正向影响（$P=0.047$）。

3. 第二层变量的调节作用

数据显示，班级层面中部分变量对第一层变量对英语成绩的影响具有调节作用。

① 随迁子女比例的调节作用。家庭社会网络的回归系数为0.319660，随迁子女比例与家庭社会网络的交互项系数为-2.236048（$P=0.003$），表明家庭社会网络对随迁子女英语成绩的正向作用会随着班级中随迁子女比例的提高而减弱。分析显示，在随迁子女比例较低的班级中，家庭社会网络与学生英语成绩关系直线的斜率较大，表明影响较大；而在随迁子女比例较高的班级中，家庭社会网络对学生英语成绩的影响相对较小。

② 学校类型的调节作用。从学校类型与家庭社会网络的交互作用来看，随迁子女家庭社会网络的回归系数为0.319660，这意味着家庭社会网络得分越高，子女的英语成绩越好。然而，学校类型对这一关系有调节作用。具体来说，在公办学校中，家庭社会网络的正向影响显著减弱，其交互项系数为-1.763904（$P<0.001$）。这可能是因为公办学校提供了更统一的资源和学习环境，削弱了家庭背景的影响力。相反，在民办打工子弟学校，家庭社会网络的作用更为明显，提示这些学校在资源和环境上可能存在差异。因此，为了提升随迁子女的整体学业成绩，不同类型学校可以考虑优化教育资源和策略以更好地利用家庭社会支持。

从学校类型与父母教育期望的交互作用来看，其交互系数同学校类型与家庭社会网络的交互项系数的方向一致（$P = 0.002$），表明学校类型会增强父母教育期望对随迁子女英语成绩的正向影响。分析发现，在公办学校中，父母教育期望与随迁子女英语成绩关系直线的斜率更大，表明父母教育期望对随迁子女英语成绩的影响相对较大；在民办打工子弟学校中，父母教育期望对学生英语成绩的作用相对较弱。

③ 班级规模与家庭社会经济地位的交互作用。从班级规模与家庭社会经济地位的交互作用来看，家庭社会经济地位的回归系数为 3.139784，班级规模与家庭社会经济地位的交互项系数为 -0.498046（$P < 0.001$），表明班级规模的扩大会削弱家庭社会经济地位对随迁子女英语成绩的正向影响。进一步分析发现，当班级规模较小时，家庭社会经济地位与学生英语成绩关系直线的斜率更大，表明其影响相对较大；而当班级规模较大时，直线的斜率较小，家庭社会经济地位对学生英语成绩的作用相对较弱。也就是说，在班级规模相同的情况下，家庭社会经济地位越高的随迁子女，其英语成绩越好；而当家庭社会经济地位相同时，班级规模越大，学生的英语成绩越差。

四、模型分析小结

按照教育生产函数的经典框架，本章通过构建学生—班级两层模型对随迁子女语文、数学和英语三个科目成绩的影响因素进行了多层次分析，得到了以下主要结论。

1. 农民工随迁子女学业成绩的差异来自个体和班级两个层面的因素

组内相关分析显示，随迁子女语文成绩的变异有约 43% 来自班级间的差异，57% 来自学生个体差异；数学成绩的变异有约 41% 来自班级间的差异，59% 来自学生个体差异；英语成绩的变异有约 62% 来自班级间的差异，38% 来自学生个体差异。其中，语文成绩和数学成绩的个体差异大于班级间的差异，即随迁子女个体及其家庭的因素是造成这两科成绩差异最重要的因素；而英语成绩的班级差异比个体差异要大，说明英语成绩更多地受到来自班级层面因素的影响。

2. 随迁子女个体因素对学业成绩的影响

根据模型变量的设定和选择，反映随迁子女个体因素的变量包括儿童性别、是否为独生子女、转学次数、是否跨省流动、遇到问题会优先与谁讨论（包括与父母讨论、与教师讨论和与同学讨论）以及参加社团活动次数。其中，参加社团活动次数和是否为独生子女对学业成绩无显著影响。其他变量的影响如下：

① 从性别上看，随迁子女在语文、数学和英语成绩上均存在显著的性别差异。其中，女生在语文和英语成绩上的表现比男生好，女生比男生的语文成绩平均约高 6.6 个标准分，英语成绩约高 8.0 个标准分；而男生在数学成绩上的表现略好，男生比女生的数学成绩约高 0.1 个标准分。

② 转学次数对学业成绩的影响均在 0.1 的水平上边际显著。从语文、数学、英语三个科目来看，转学次数均对成绩有负向影响，每多转学一次，语文成绩降低约 0.9 个标准分，数学成绩降低约 0.05 个标准分，英语成绩降低约 1.0 个标准分。

③ 是否跨省流动对数学和英语成绩有显著影响，跨省流动的学生在这两科上的表现均优于省内流动的学生，其中跨省流动学生比省内流动学生的数学平均成绩高约 0.1 分，英语平均成绩高约 2.4 分。

④ 在学生遇到问题时优先与谁讨论的三个虚拟变量中，只有与父母讨论对成绩有显著影响，而与同学讨论、与教师讨论两个变量没有显著影响。数据显示，与父母讨论对三科成绩均有显著正向影响。

3. 随迁子女家庭因素对学业成绩的影响

反映随迁子女家庭因素的变量包括家庭社会经济地位、家庭社会网络、父母监督、父母陪伴和父母教育期望。其中，与研究假设不同的是，父母监督对随迁子女语文、数学和英语的学业成绩无显著影响。其他变量的影响如下：

① 家庭社会网络对学生语文和数学成绩有显著正向影响。以"你的亲戚朋友中职业类型"来测量随迁子女家庭社会网络的广泛度、达高度和声望幅度，利用因子分析降维得到家庭社会网络因子得分。数据结果显示，在控制其他变量的前提下，家庭社会网络因子得分每增加一个单位，语文成绩提高 1.23 分，数学成绩提高 0.03 分。

② 父母陪伴孩子参与活动数量与随迁子女的学业成绩显著正相关。父母陪子女参加活动的类型每增加一种，语文平均成绩提高 0.81 分，英语平均成绩提高 0.71 分。同时，父母陪伴对随迁子女数学成绩的影响在统计上不显著。造成上述科目差异的原因在于：一是参加公园游玩、观看音乐会和话剧等社会活动有利于语文、英语等语言类科目的学习；二是数学的学科性质更偏向于逻辑思维，数学成绩难以在实践活动中得到显著提升。

③ 父母教育期望的虚拟变量对学生语文成绩有显著正向影响。从父母期望子女上大学和父母不期望子女上大学的随迁子女语文成绩对比来看，前者的语文平均成绩比后者高 6.6 个标准分。而父母教育期望对数学和英语成绩的影响在统计上不显著。

4. 班级和学校因素对学业成绩的影响

班级和学校方面的变量包括随迁子女比例、班级规模、教师平均学历、教师平均教龄、教师接纳度和学校类型。班级和学校因素对随迁子女学业成绩的影响可以从两个方面分析：其一是班级和学校因素对学业成绩的直接影响，其二是班级和学校因素对第一层变量对学业成绩影响的调节作用。

从班级和学校因素来看：① 班级中随迁子女比例对三门课程的成绩均有显著负向影响，随迁子女比例越高的班级，语文、数学和英语的平均成绩均越低；② 教师平均学历仅对数学成绩有显著正向影响，教师平均学历越高的班级，数学平均成绩越高；③ 教师平均教龄对语文和英语成绩有显著正向影响，教师平均教龄越长的班级，语文、英语平均成绩均越高；④ 教师接纳度对语文成绩有显著正向影响，教师接纳度越高的班级，语文平均成绩越高；⑤ 学校类型也是影响学业成绩的重要因素，数据显示，公办学校与民办打工子弟学校在语文和数学成绩上有显著差异，而在英语成绩上无显著差异。公办学校比民办打工子弟学校的语文成绩高约 4.7 个标准分，数学成绩高约 0.7 个标准分。

从班级和学校因素的调节作用来看：① 随迁子女比例对参加社团活动次数、父母教育期望、家庭社会网络有显著影响。具体来看，随迁子女比例的提高强化了参加社团活动次数与父母教育期望对英语成绩的影响，削弱了家庭社会网络对语文成绩和英语成绩的正向影响。② 教师平均学历对参加社团活动次数有显著正向影响，教师平均学历的提高加强了学生参加社团活动次数对数学成绩的正向影响。③ 教师平均教龄对父母教育期望有显著负向影响，分析结果表明，教师平均教龄长，会弱化父母教育期望对英语成绩的影响。④ 学校类型对父母教育期望、家庭社会经济地位、父母监督有显著影响。具体来看，在公办学校中，其会强化父母教育期望对语文成绩的正向影响；而在民办打工子弟学校中，其会强化家庭社会网络对语文成绩的正向影响，以及父母监督对英语成绩的正向影响。⑤ 班级规模对家庭社会经济地位对英语成绩的影响具有负向调节作用。

第四节 本章小结及讨论

本章展现了随迁子女学业成绩的总体特征及不同群体间的差异性。总体特征反映出随迁子女学业成绩的整体状况;而差异性分析则凸显不同个体特征、不同家庭特征、不同学校类型等群体在学业成绩上的差异。在了解差异的基础上,进一步探索影响随迁子女学业成绩的有关要素在教育生产中的影响。

一、研究结论

按照教育生产函数的经典框架,本章通过构建学生—班级两层模型对随迁子女语文、数学和英语三个科目成绩的影响因素进行了多层线性分析,获得了以下主要结论。

(一) 随迁子女学业成绩的差异性来源

不同个人禀赋、家庭社会经济背景的随迁子女在学业成绩上存在一定差异。回归分析表明,农民工随迁子女学习成绩的差异来自个体和班级两个层面的因素。本章揭示了随迁子女学业成绩差异的来源主要分布在个体和班级两个层面。大约43%的语文成绩和41%的数学成绩差异源自班级间差异,而英语成绩有62%的变异归因于班级层面。这表明,语文和数学成绩更多受到个体禀赋和家庭背景的影响,而英语成绩较强烈地受到了班级因素的影响。

(二) 学生个体特征对学业成绩的影响

随迁子女的学业成绩在个体特征上表现出显著差异。在性别方面,女生在语文和英语成绩上明显优于男生,数学成绩中男生则略占上风;在流动经历方面,转学次数负向影响所有学科学业表现,表明了稳定学习环境对成绩的重要性。此外,跨省流动学生在数学和英语成绩上表现优于省内流动学生,反映出跨省流动可能提供了更多的教育机会。解决学习问题时,首选与父母讨论具有显著正向影响,凸显了父母在支持和指导子女学业中的重要地位。

（三）家庭因素对学业成绩的影响

随迁子女家庭因素主要包括家庭社会网络、父母陪伴、父母监督和父母教育期望。本章数据分析得出的基本结论如下：首先，家庭社会网络对学生的学业表现尤其是语文和数学成绩表现出显著的提升作用。广泛的家庭社会网络为学生提供了获取更多教育资源和支持的机会，可以帮助他们在学业上取得更好的成绩。这种网络包括亲戚朋友的职业类型和社会声望，这些因素共同构建了学生在学校之外的学习支持体系。其次，父母陪伴对学业成绩具有重要意义。父母与子女共同参加的活动类型每增加一种，语文和英语成绩将显著提高。这可能是因为这些活动不仅提升了学生的语言能力和社会技能，还增进了亲子关系，为学生带来了情感支持。然而，这种影响在数学成绩上并不显著，可能是因为数学学科更依赖于抽象的逻辑思维。再次，父母教育期望对语文成绩有明显的正向影响。父母期望子女接受高等教育的愿望激励着子女努力提高自己的学业成绩，高期望反映了父母对教育的重视，这种重视可以转化为对子女学习的实际支持和监督。然而，数学和英语成绩对父母期望的响应不如语文成绩那样明显，这可能与不同学科的学习模式和家庭支持的侧重点不同有关。最后，在家庭因素中，父母监督在学生学业成绩表现中也发挥了不可忽视的作用。父母对学习活动的监控和对教育资源的合理配置能够有效促进子女的学业发展。

（四）班级和学校因素对学业成绩的影响

班级和学校变量包括班级中随迁子女比例、教师接纳度和学校类型三项。研究表明，三个指标对随迁子女的学业成绩均有显著影响。

第一，班级随迁子女比例与语文和英语成绩显著负相关。班级中随迁子女比例越高，语文、英语平均成绩越低。具体而言，随迁子女在班级中的比例每增加1%，语文平均成绩降低14.3个标准分。第二，教师接纳度对语文成绩有显著正向影响，对随迁子女接纳度越高的班级，平均成绩越高。第三，学校类型也是影响学业成绩的重要因素，数据显示，公办学校与民办打工子弟学校在语文和数学成绩上有显著差异，而在英语成绩上无显著差异。公办学校比民办打工子弟学校的语文平均成绩高4.7个标准分，数学平均成绩高0.7个标准分。

二、分析与讨论

第一，从随迁子女个体因素来看，在知识习得的过程中，学习不是既定的或一成不变的活动，而是学生与教师、家长、同伴在沟通和相互影响中的交流，与此同时，学习的过程亦非单向度的认知活动和信息的单向传递，而是涉及情感和人格系统的整体性学习。因此，知识的学习、教育与传授离不开人与人之间的沟通和讨论。在此意义上，学生与其所在学习环境中的不同群体之间的沟通、开放讨论、平等交流被看作一种有益的人际互动。

但从本章的结论来看，以学习遇到困难时"与教师讨论""与父母讨论""与同学讨论"和参加社团活动的次数为衡量因素的讨论网络中，只有"与父母讨论"对学业成绩有显著正向影响，其余变量的影响均不显著。究其原因，一方面在于在新的学习环境中，面对不同的活动场域，随迁子女群体尚未与同学和教师建立起稳固的社会网络，处于相对隔离的状态，其对学校环境的融入有待加强；另一方面，随迁子女社会讨论网络仅存在家长沟通这一维度，说明家校合作、校内学习网络有待加强，这可能与本章中的样本——随迁子女大多就读于整体质量较低的民办打工子弟学校有关。笔者从若干次访谈中了解到，民办打工子弟学校教师与随迁子女家长的联系并不多，通过家校合作为随迁子女建立学习讨论网络的基础较差，亟待加强。

第二，父母对子女的学习监督、教育参与、陪伴和教育期望等都在不同程度上对随迁子女的学业成绩具有积极影响。家庭教育是促进儿童发展的重要因素，是随迁子女发展过程中不可或缺的影响因素，父母是孩子的第一任教师，也是孩子社会网络的核心，两者之间的互动作用明显。

从现实角度看，农民工群体由于其文化程度、工作性质等，往往会出现父母在家庭教育中的缺位，家庭教育的缺失将进一步阻碍农民工随迁子女的身心发展。随迁子女的父母大多属于打工族，在访谈中我们了解到，他们大多工作时间较长、工作强度较大，这就导致父母在对子女的陪伴、学习督促等方面存在一定劣势。另外，研究数据表明，随迁子女家庭由于社会经济地位不高，父母对子女的教育期望也相对较低，这进一步导致了家庭教育对学校教育辅助作用的弱化。在访谈中我们也了解到，部分农民工对随迁子女在学业上的要求不高，一些农民工希望随迁子女能够早日结束学业，或者就读于职业学校学习技能，以便早日找到工作。从一定程度上讲，农民工家庭在父母陪伴、学习督促、教育期望等方面不能为随迁子女提供较高水平的支持，整体来看仍然处于相对弱势的地位。

第三，研究发现，学校、班级特征对随迁子女学业成绩的影响主要体现在三个方面。其一，随迁子女比例较高的学校，随迁子女成绩相对较差。这一方面与样本中随迁子女比例较高的学校大多是教学质量相对较差的民办打工子弟学校有关；另一方面，数据显示，能够就读于当地较好公办学校的随迁子女往往家庭社会经济背景较好，在就读学校质量与家庭社会经济背景的双重作用下，学业成绩呈现出显著差异。其二，教师接纳度对随迁子女学业成绩具有显著影响。教师作为教学中的主导者，其观念、意识等会对学生的关注度产生影响，在一定程度上会形成先入为主的观念，导致其对随迁子女的忽视，进而影响随迁子女的学业成绩。在调研中发现，一些教师对随迁子女存在诸如"顽皮""学习不用心""没礼貌"等刻板印象，这些观念会不知不觉地影响他们对随迁子女的接纳度。其三，随迁子女所就读的公办学校与民办打工子弟学校的教育质量差异是影响随迁子女发展的重要因素，但关键在于教师。当前就读于民办打工子弟学校的随迁子女，其学业成绩显著低于就读于公办学校的随迁子女，造成上述现状的原因在于，民办打工子弟学校的筹资渠道有限，营利或非营利的民办打工子弟学校教育投入不足，办学条件简陋，师资力量薄弱。教师是除父母外直接影响随迁子女发展的重要个体，多元文化的教育理念是城镇化背景下教师不可或缺的专业素养之一，教师应以包容、平等的态度对待不同文化背景、家庭出身的学生，这样才能更好地促进农民工随迁子女在流入地的社会、经济、文化融合。

第七章 研究结论与启示

第一节 研究结论

本研究利用大规模调查问卷、标准化测试的量化数据,以及个别访谈的质化资料,对义务教育阶段农民工随迁子女的教育问题进行了探讨。研究从教育起点、教育过程和教育结果出发,分别考察农民工随迁子女在入学机会、学习适应性和学业成绩三个方面的差异状况及其影响因素。从实证研究的结论来看,随迁子女在入学机会、学习适应性和学业成绩上均存在一定差异。

从教育起点来看,农民工随迁子女在不同类型的学校就读代表了入学机会的差别。公办学校在生均教育经费、生师比、师资质量、教学质量、社会声誉等方面均优于民办打工子弟学校,即就读于公办学校的随迁子女在入学机会上优于就读于民办打工子弟学校的随迁子女。回归分析表明,影响随迁子女就读学校类型的因素很多,既有来自学生个体的因素,也有来自家庭的因素。从个体因素来看,是否为独生子女、本地生活年限影响就读学校类型的选择;从家庭因素来看,父母学历、父母职业、家庭社会网络均对学生就读公办学校有显著正向影响。考虑到城市"入学门槛"对农民工家庭的筛选作用,在控制学生个体因素和家庭其他因素的情况下,家庭社会网络的数量和质量对随迁子女获取不同入学机会有显著正向影响。进一步分析发现,代表家庭社会网络成员中最高社会地位的达高度对学校选择的影响最显著,达高度每增加1个单位,随迁子女在公办学校就读的发生比是在民办打工子弟学校就读的1.112倍;代表社会网络异质性的声望幅度对学校选择也有显著正向影响,声望幅度每增加1个单位,随迁子女在公办学校就读的发生比是在民办打工子弟学校就读的

1.077 倍；而代表社会网络规模的广泛度则无显著影响。这一结论反映出社会资源越丰富的农民工家庭在择校过程中越处于相对有利的地位，而其中真正发挥作用的是社会网络的质量而非数量。拥有较丰富和较高质量社会网络资源的农民工家庭，能够掌握更多的信息渠道，了解更多教育政策与学校信息；同时，获取来自更高职业地位的强关系网络的外部支持，也有助于其对较好入学机会的获得。

从教育过程来看，随迁子女在学校的适应状况是其在学校受教育情况的直接反映，学习适应性是反映"上好学"的重要指标。通过构建学生—班级和学校两层模型，探讨随迁子女个体、家庭、班级等层面因素各自的影响及其相互作用。研究发现，影响随迁子女学习适应性的因素主要来自学生个体和家庭两个方面，但是班级因素的影响也不容忽视。从个体因素的影响来看，小学生的学习适应性显著高于初中生；随迁子女的人际互动状况对其学习适应性有显著影响，同伴关系（好友数量）越好（越多）、师生关系（感知到教师的关注）越好，越有利于其在学校的学习适应。从家庭因素来看，父母教育参与，包括陪伴子女开展文化活动和督促子女学习对子女的学习适应性有显著促进作用。从代表宏观环境的班级和学校因素来看，教师接纳度越高，学生的学习适应性越好；公办学校学生的学习适应性显著高于民办打工子弟学校学生。

从教育结果来看，随迁子女学业成绩是教育产出的重要衡量指标。本研究按照教育生产函数的经典框架，通过两层线性模型探讨了随迁子女个体、家庭以及班级和学校层面变量对学业成绩的影响。研究发现，随迁子女语文成绩的变异有约43%来自班级间的差异，57%来自学生个体差异；数学成绩的变异有约41%来自班级间的差异，59%来自学生个体差异；英语成绩的变异有约62%来自班级间的差异，38%来自学生个体差异。语文成绩和数学成绩的个体差异大于班级间差异，随迁子女个体及其家庭的因素是造成这两门成绩差异最重要的因素；而英语成绩的班级差异比个体间差异更大，说明英语成绩更多受到来自班级层面因素的影响。

在学生个体因素中，性别、流动经历、学生交流网络均对学业成绩有显著影响。其中，女生在语文和英语成绩上的表现比男生好，男生的数学成绩则更优；转学次数对学业成绩有负向影响；学生交流网络中，与父母建立的讨论网对语文、数学和英语成绩有较大的促进作用。在家庭因素中，家庭社会经济地位对语文和数学成绩有显著正向影响；家庭社会网络对语文和数学成绩有显著提升作用；父母陪伴对语文和英语成绩有显著影响；父母教育期望越高，子女的语文成绩越好。在班级与学校因素中，随迁子女比例与语文和英语平均成绩显著负相关；代表班级友好氛围的教师接纳度对语文成绩有显著正向影响。同时，学校类型也是影响学业成绩的重要因素，数据显示，公办学校随迁子女在语文和数学成绩上显著高于民办打工子弟学校随迁子女。

考察随迁子女在入学机会、教育过程和教育结果上的差异及其影响因素，实质是对教育公平这一经典议题的回应。罗尔斯的正义观认为，所有的社会基本价值——自由和机会，收入和财富、自尊的基础，都应该平等分配，除非对其中一种或所有价值的不平等分配合乎每个人的利益。而体现这一正义观要遵循的第一条原则是每个人应拥有与他人相容的最广泛平等的基本自由权利。[①] 这是有关公民享有平等自由权利的原则，延伸到受教育权利，其是所有公民都应该享有的权利，也是宪法所要保障的。也就是说，这一权利对于所有学生来说都是一样的，城镇儿童所享受的公共教育资源，农村儿童也应享受；户籍所在地儿童享受的公共教育资源，非本地户籍儿童也应该平等享受。也就是说，平等的受教育权利不仅是"接受教育"本身，更重要的是有平等的机会享有公共教育资源，在教育过程中被平等地对待，并有获得教育成就的同等机会。

对于上述研究结论，可以做出如下回应：

第一，随迁子女内部存在一定分化，他们在入学机会、学习适应性和学业表现上均存在一定差异。然而，需要了解的是，在任何社会中，都会存在一定的个体差异，群体之间的差异并不一定意味着"社会不平等"。因此，比关注差异或者不均等更重要的是关注产生这些差异的原因。对于随迁子女而言，影响他们受教育状况的因素主要来自其自身、家庭和学校。

第二，父母对子女的陪伴和学业督促是教育投入的重要因素。父母积极参与孩子的教育生活，有利于各种有关孩子学习与生活信息的交流和传递，从而督促、鼓励和促进随迁子女更好地适应城市学校的学习，获得更好的教育成就。也就是说，父母和家庭在介入随迁子女教育的过程中，仅提供物质资源是不够的，家庭内部环境的过程维度，即在随迁子女的社会化过程中"家庭做什么"是子女教育获得的重要影响因素。[②] 尤其是在我国流动社会的脉络下，农民工家长对其子女的教育参与显得尤为重要。这一结论对于随迁子女家庭教

---

① 罗尔斯. 正义论 [M]. 何怀宏, 等译. 北京: 中国社会科学出版社, 1988: 7.
② BOOCOCK S S. Sociology of education: an introduction [M]. New York: Houghton Mifflin Company, 1980.

育具有有益的启示。

第三,随迁子女的代际传递正在悄然发生。家庭背景对学生在学校中的入学机会、学习适应性和学业成绩均存在重要影响。随迁子女的入学机会在某种程度上印证了学校教育与家庭社会网络、人力资本和经济资本的多寡所代表的不同社会阶层结构之间存在的"对应"关系,这些资源背后隐藏着其与经济、权利、资源分配的复杂关系,对于社会经济地位较低的人而言,受教育机会的平等只是一种表面上的平等。从教育生产来看,受教育水平较高的家长可以为子女的学习提供更多的辅导,家庭教育氛围相对民主;社会经济地位较高的家庭能够给子女提供较优越的学习条件,如图书及相关学习配置、各类培训及参观学习的机会等,所有这些资源利用上的优势即家庭社会资本有助于城市学生学业成就的获得。

第四,作为教育宏观环境的班级和学校,在维持教育公平的过程中显得尤为重要。教师对随迁子女的态度越开放、越包容,学生的学习适应性和学业成绩越好。联合国教科文组织曾指出,"教育系统的首要目标,应是降低来自社会边缘和处境不利阶层的儿童在社会上易受伤害的程度,以便打破贫困和排斥现象的恶性循环"[1],学校和教师作为教育系统的重要组成部分,有责任和义务友善对待随迁子女。

第二节 有益建议

一、家庭方面的建议

(一) 重视教育参与,转变随迁子女家庭教育观念

家庭是青少年生活和成长的主要场所。在农民工家庭中,父母应当积极承担教育责任,采取更多的行动来改善随迁子女所处的劣势地位。家庭教育具有早期性、针对性、长期性、灵活性和社会性等特点,农民工父母在日常生活中

---

[1] 国际21世纪教育委员会向联合国教科文组织提交的报告. 教育:财富蕴藏其中 [M]. 联合国教科文组织总部中文科,译. 北京:教育科学出版社,1996:129.

的观念与行为会潜移默化地影响其子女的观念与行为，而这一影响是任何教师、任何学校都无法代替的。农民工父母若以积极心态适应城市生活与工作，其在市民化的过程中所表现的观念与行为，就能够潜移默化地引导其子女适应城市生活；而农民工父母的消极心态，则会阻碍其子女适应城市生活。

第一，构建良好的家庭环境。良好的家庭环境可以在很大程度上促进孩子身心健康成长，形成优良的品质，养成良好的行为习惯；反之，不良的家庭环境对子女的行为、品格养成都会产生负面影响。这里的家庭环境不仅是"家里有什么"，更重要的是"家里发生了什么"。农民工父母要注重提高自身的文化素养，培养自己的文化旨趣，改善家庭文化氛围；积极参加各类家庭教育培训，通过各种支持平台接受先进的家庭教育知识、理念，以农民工父母整体素养的提高来改善随迁子女的家庭教育环境。

第二，加强对子女教育的参与。改变过去对教育参与不足的状况，尤其是要加强对随迁子女的教育监督与陪伴。具体而言，条件允许的农民工父母应当每天晚上按时检查随迁子女的家庭作业，工作非常忙碌的农民工父母也应当隔一天或者隔两天检查子女的家庭作业。农民工父母如果能有效指导子女的家庭作业，其子女的学业成绩就会得到一定程度的提高，在城市学生面前也会表现得更有自信。此外，除了监督子女的学习状况，农民工父母还应定期陪伴随迁子女外出参加户外活动，丰富随迁子女的课余生活，至少每半个月陪伴子女参加一次户外活动，父母的陪伴能够有效促进其与子女的沟通，提高子女的语言表达能力。

（二）加强亲子沟通，营造和谐的家庭氛围

受传统文化、农民工受教育程度和家庭经济条件的限制，一些农民工家庭的亲子互动较少，形式单一，满意度不高。而加强亲子沟通，全面关注随迁子女的学习、生活、情感等，有助于父母与子女之间相互理解，促进随迁子女适应城市生活。具体而言，可以从沟通内容、沟通方式、家庭氛围等方面改善农民工家庭的亲子沟通状态。

一是丰富沟通内容，改变只关注子女学习成绩的单一形式，转为关注子女的学习、生活、情感等多方面内容。教育是改变命运的途径，而学习成绩是决定个体能否继续接受教育的重要标准，农民工家庭要改变自身命运，实现社会阶层的向上流动，更应关注子女的学业成绩。但是，对学业成绩的过度关注不利于随迁子女适应城市生活，而这种不适感反过来又会影响随迁子女的学习成绩，由此形成恶性循环。为了打破这一恶性循环，农民工父母要转变自身的态度，关注子女的生活需要、情感需要，积极与子女交流新学校、新教师、新同伴等话题，关注子女成长过程中的心理变化，及时解决子女在适应新学校过程中遇到的问题。

二是改善沟通方式，农民工父母要耐心倾听子女的声音。在中国传统文化中，父母作为长辈，对子女的教育问题有决定权，在沟通过程中往往会站在父母的立场，采用权威命令的方式进行沟通，有的农民工父母甚至采用暴力的形式教育其子女。已有研究表明，父母的倾听能力比表达能力更重要。农民工父母应借助积极的非语言沟通方式，如肯定或鼓励的眼神、拥抱与手势等，让子女感受到父母在认真倾听，感受到父母对自己的投入与关注，这样亲子沟通质量就能够得到有效提升。

三是营造良好的家庭氛围。有研究发现，在充满温暖、民主的家庭环境中，父母与子女能够更直接、耐心地进行沟通；而在充满敌意和强制的家庭环境中，父母与子女的沟通则较为困难。因此，农民工父母要积极营造温暖、民主、支持的家庭环境，让子女在遇到挫折或产生不适感后，有一个合适的表达渠道，并能够迅速获得父母的支持与鼓励，从而快速恢复自信。

（三）扩展社会网络，积极融入城市生活

不可否认的是，现代社会中存在一定的资源失衡现象，一些群体在各种资源的拥有上处于相对强势地位，而一些群体则处于弱势地位。知识、教育和信息是促进城乡居民平等、消除鸿沟、实现社会阶层有序流动的重要途径。由于二元社会结构、二元经济结构及二元劳动力市场等各方面的原因，农民工被隔离在特定的社会经济空间中。[1] 农民工家庭从农村流入城市，其社会网络中的强关系主要是同乡、亲戚和工友等，而本地人在其社会网络中的比重较小。农民工应发挥主体能动性，将自身的身份定位由"过客"转为"市民"，主动了解城市公共政策、行为规则、文化底蕴等。在人际交往上，避免依赖"熟人"的单一社会网络，在工作、社会参与中建立拓展性社会网络，在此基础上融入城市生活，重建和扩展人际网络，拓宽信息渠道。

---

[1] 李春玲. 流动人口地位获得的非制度途径：流动劳动力与非流动劳动力之比较 [J]. 社会学研究, 2006 (5): 85-106, 244.

二、学校方面的建议

(一) 创造平等学习环境，促进学校融合教育

学校教育是融合教育发展的有效组成部分，学校是融合教育的主要阵地。学校要在保证平等和不歧视的原则下，采取多种措施推动融合教育的构建与发展。具体而言：其一，开展校园文化活动，促进城乡文化互动。学校应利用自身优势，开发体现城乡文化的校本课程，在课堂上给学生讲述不同文化的共同点与优劣势；同时，学校既要带领学生到城市的动物园、图书馆与博物馆进行参观，也可以组织走进农村、春游等活动，组织学生到农村感受农村文化，使农民工随迁子女与城市儿童能够切身体验城乡文化的差异，树立尊重彼此文化的观念。

其二，采取混合编班、混合编组的形式为农民工子女创造一个平等的学习环境。笔者认为，所有接收随迁子女的公办学校都应采取混合编班原则，将随迁子女与本地儿童混合编班，杜绝将农民工随迁子女单独编班。进入公办学校读书的农民工随迁子女有更多的机会接触城市本地儿童，两者有更多的交流机会，农民工随迁子女也更有可能实现城市的社会融合。而对农民工随迁子女单独编班，是对农民工子女身份歧视和群体性隔离的典型表现，是隔离教育而不是融合教育，不利于他们在城市学校、城市社会的融合，是一种不平等的做法。

在混合编班的基础上，学校还应采取对随迁子女与本地儿童混合编组的形式，杜绝将农民工子女安排在教室后排位置的做法。统一安排在某一区域的做法，其本质与单独编班一样，是对随迁子女的隔离教育。而混合编组，顾名思义就是通过合理安排学生座位，将不同身份的学生编排在同一个小组内，可以为学生的互动提供更多机会，并淡化随迁子女与本地儿童的区别，使农民工随迁子女真正拥有平等的学习环境。

其三，学校应通过多方合作，共同开发与实施农民工随迁子女融合教育校本课程。融合教育校本课程的目标是培养学生的学习适应能力、社会交往能力、跨文化沟通交流能力、城市归属感等，其开发过程是一种中小学、政府、高等教育机构、社会机构多方合作的过程。首先，在校本课程开发方面，学校应拓宽资金来源渠道，争取更多的政策与资金支持；其次，要与相关高等学校

或科研机构建立紧密的合作伙伴关系，为校本课程开发提供智力支持；最后，学校应加强与社会机构的合作交流，为校本课程的开发争取更多的社会资源支持和服务。

（二）加强家校互动，推动家庭间交流

首先，学校可以通过专门的家长委员会、家长会、教师家访、家长开放日等活动，积极主动地邀请农民工家长参与学校教育。例如，学校可以定期举办家长交流会，让子女表现良好的农民工父母与城市父母相互介绍彼此的教育经验，一方面，可以为其他父母提供学习的渠道，以便采取有效措施改善其子女的表现，改变学校对农民工家庭不良的刻板印象；另一方面，农民工父母与城市父母也能够学习和借鉴对方的优势，弥补自身的劣势，在家长中树立农民工父母与城市父母平等的观念。此外，学校还可以在儿童节、国庆节等节假日组织集体活动，将农民工家庭与城市家庭聚集在学校内，通过一对一的方式配对，并要求两类家庭共同完成活动任务，从而增加双方家庭互动的机会，促进农民工家庭与城市社会的融合。

（三）教师有教无类与差别对待

学校是融合教育实施的主阵地，教师是随迁子女学习适应过程中的重要他人。在城市学校对随迁子女设置的"显性门槛"逐步消除的情况下，教师要警惕"隐性区隔"现象的发生。对此，教师首先要秉持"有教无类"的教育观念，充分尊重学生来源多样性，一视同仁地对待所有学生，不能因其家庭背景、社会来源等差异而区别对待。

罗尔斯认为，正义除了平等自由原则和机会的公平均等原则外，还包括适合于最少受惠者最大利益的差别原则。而随迁子女作为城镇化进程中的弱势群体，其学业成绩水平较低，学校适应性不良，应当受到教师的"差别对待"。因此，教师在教育教学过程中还应"差别对待"部分随迁子女学生，尤其是对跟不上学习内容、不适应教学方法、不适应学习环境的随迁子女学生，教师有义务、有责任为他们提供更多的关注、帮扶与辅导，帮助他们迅速适应新的学校环境；在课堂教学过程中要鼓励随迁子女学生踊跃发言，让随迁子女学生自信地表达自己的观点，培养其自信心。最后，在混合编组教学模式中，教师可以组织合作学习、共同进步的学习小组，通过设置学习目标等策略，使随迁子女与城市儿童充分互动、交流与沟通。

三、政策制定者方面的建议

教育公平是社会公平的基石，促进教育公平、关注教育领域中处于不利地位的学生，促进其发展也是政府应尽的责任。根据本研究的结论，农民工随迁子女不论是在教育起点、过程还是结果上都与城市户籍学生存在显著差异，这一方面是由农民工随迁子女家庭的社会经济地位相对较低所致，另一方面也与我国现阶段针对农民工随迁子女教育的一些制度的不合理、政策实施中的问题存在一定关联。

科尔曼的报告指出，完全的教育机会均等"只能是消除所有来自学校外部的差别才能实现"，因此，有观点认为，罗尔斯构建的理想社会最终只是一个乌托邦，社会中的最不利者与最有利者的受教育机会永远不能达到均等。从这个角度看，追求教育公平，特别是针对当前我国农民工随迁子女的教育公平，政府应该从多方面同时入手方能取得较好的效果，才能从真正意义上改善其不利的教育地位。

（一）明确政府间责任划分，改善政府激励

中央和省级政府应在完善现有农民工随迁子女"经费可携带"制度的基础上，设立针对随迁子女的专项资金，进一步强化政府对农民工随迁子女的教育责任。其中，流入地政府应担负起义务教育经费的主要责任，将农民工随迁子女的教育经费纳入地方财政预算。流入地政府有责任组织教育行政部门、学校开展一系列的活动，帮助农民工随迁子女尽快适应城市的学习生活，如开设针对农民工随迁子女的课程。流出地政府应当在电子学籍系统建设、信息服务、辍学防控等方面加强与流入地政府的协作，确保义务教育阶段的流动儿童全部接受义务教育。

（二）创新教育供给模式，购买教育服务

政府应创新教育供给模式，采用购买服务等方式，引导民办打工子弟学校发展。农民工随迁子女入学存在诸多问题，在很大程度上与我国当前教育供给模式有关。在当前全面深化改革的新时期，传统的教育发展方式和"大一统"教育管理模式尚未得到根本改变，僵化的教育供给模式导致了一些低效、无效的教育供给，无法满足社会对多样化、高质量的教育需求的迅速增长，也未能

有效地匹配社会经济转型对高素质、创新型人才的需要。

当前，全国各地利用教育市场机制，在政府向民办学校购买教育服务等方面进行了许多有益的探索。例如，上海市浦东区、深圳市均利用地方财政向民办学校购买学位以解决农民工随迁子女"有学上"和"上好学"的问题，取得了较好的成效。此外，全国还有较多的政企合作经验。例如，深圳的"混合制学校"，是企业与政府共建的"公立而非公办"学校；深圳龙岗区探索"政府资助学校"；部分学校引入企业力量，采用集团化办学策略，并探索理事会制度。各地的普遍做法是引入社会力量，既确保学校的公益色彩，又激活管理机制。

（三）深入推进义务教育均衡发展，扩大优质教育资源覆盖面

流入地政府应按照个体拥有的"最广泛的基本自由权"原则，进一步放松随迁子女入学政策，降低随迁子女入学门槛。具体来说，流入地政府与学校应在现有门槛的基础上，以保障平等接受义务教育权利的角度，取消部分不合理的入学门槛要求，逐步消除随迁子女就读当地优质公办学校的政策障碍，平等对待本地学生与随迁子女。

此外，为家长和儿童提供自由选择学校的权利是公共政策的应有之义，也是"正义"前行的基本方向。尽管"两为主""两纳入"政策取得了显著成效，但囿于城市教育资源的有限供给，公办学校无法容纳全部随迁子女，部分随迁子女仍需在民办打工子弟学校接受教育。在此情况下，应采取有效措施，缩小公办学校与打工子弟学校之间的差距，让在民办打工子弟学校就读的随迁子女同样享有适应城市学校的环境。

附　　录

_____省_____市_____县（区、市）_____乡镇（街道）_____学校

城镇化进程中教育发展研究（学生卷）

亲爱的同学：

你好！为了解你的学习和生活情况，我们设计了以下问卷。本问卷答案没有对错之分，请你根据真实情况回答，感谢你的配合与支持！

华中师范大学课题组

二〇一五年十月

1. 你的性别是：① 男　②女
2. 你的出生时间是_____年_____月，你是本地出生的吗？① 是 ②否
3. 你的民族是：① 汉族　②少数民族（_____族）
4. 你的老家在_____省_____市_____县（区、市）_____乡镇（街道）_____村。
5. 你在本地生活了_____年；从上学到现在，你转过_____次学（不包括正常升学）。
6. 你的户口性质是：①农业户口　②非农业户口
7. 你的户籍是：①本市户籍　②本省外市户籍　③外省户籍
8. 以下几种情况中，你的爸爸妈妈属于哪种？（请选择一种情况打钩）
①爸妈从外地来本地工作　　②爸妈一直在本地工作
③爸妈在外地工作──（爸妈在外地工作的同学，请回答方框里的题目）

(1) 今年你爸爸或妈妈在外地工作的情况是：
①爸爸一人在外地工作　②妈妈一人在外地工作　③爸妈都在外地工作
(2) 目前为止，爸爸在外地工作有_____年，妈妈在外地工作有_____年。
(3) 今年你爸爸在_____工作，你妈妈在_____工作。（请填序号）

9. 目前你上学的情况是：
① 一直在城市上学　②以前在老家上学，现在转到本地上学
③一直在农村老家上学　④以前在外地上学，现在回本地上学
⑤其他

10. 你有_____个亲生的兄弟姐妹（没有请填"0"），你排行第_____。

11. 与你一起在本地生活的亲人有_____。（可多选）
① 爸爸　②妈妈　③爷爷奶奶　④外公外婆　⑤兄弟姐妹　⑥其他

12. 你上过幼儿园吗？① 上过　②没上过

13. 这学期你住在学校吗？① 是　②否

14. 有没有家人在学校附近租房，照顾你生活，陪你读书？① 有　②没有

15. 你爸爸的受教育程度是_____，你妈妈的受教育程度是_____。（请分别选择一项）
① 小学及以下　②初中　③高中　④中专　⑤大专　⑥本科及以上

16. 你觉得家里的经济状况在本地属于：① 非常好　②比较好　③一般　④比较差　⑤非常差

17. 你的零花钱大约是平均_____元/天。

18. 你爸爸的职业是_____，你妈妈的职业是_____。（请分别选择一项）
① 待业/失业/退休人员　②农民　③工人（如建筑工、工厂工人等）④商业服务人员（如营业员、店员、服务员等）　⑤个体户或商业人员（如做小生意、开店等）　⑥办事人员（如普通政府公务员）　⑦专业技术人员（如教师、医生、律师等）　⑧私营企业老板（如自己开公司、开厂）　⑨经理（大中型企业管理者）　⑩党政机关单位领导干部

19. 你家里的亲戚朋友中有以下类型的职业人员吗？（请打钩）

	没有	有一些	有很多
①党政机关单位领导干部	□	□	□
②经理（大中型企业管理者）	□	□	□
③私营企业老板（如自己开公司、开厂）	□	□	□
④专业技术人员（如教师、医生、律师等）	□	□	□
⑤办事人员（如普通政府公务员）	□	□	□
⑥个体户或商业人员（如做小生意、开店等）	□	□	□
⑦商业服务人员（如营业员、店员、服务员等）	□	□	□
⑧工人（如建筑工人、工厂工人）	□	□	□
⑨农民	□	□	□
⑩待业/失业/退休人员	□	□	□

20. 在家里，你有专门用于学习的书桌吗？① 有　②没有

21. 你家中大约有_____本课外阅读书籍（不含课本和教辅资料）。（请填数字）

22. 平时父母（或监护人）会带你参加下列哪些活动？_____（可多选）

① 去动物园或海洋馆　②去公园　③去游乐场　④去旅游　⑤去电影院看电影　⑥看美术展　⑦听音乐会　⑧观看话剧　⑨参观博物馆　⑩其他　⑪无

23. 下面一些学习辅助用具，你有哪些？_____（可多选）

①工具书（纸质字典、词典）　②电子学习设备　③教辅资料　④其他

24. 你每周约上网_____小时（没有请填"0"），其中大约有_____小时用于学习。

25. 这学期你参加语文、数学或英语等学科补习的时间是_____小时/周。（没有请填"0"）

这学期你参加音乐、美术、舞蹈等兴趣特长班的时间是_____小时/周。（没有请填"0"）

26. 平时你积极主动参加学校或班上组织的集体活动吗？

① 完全不参加　②基本不参加　③偶尔参加　④经常参加　⑤每次都参加

27. 这学期你参加了_____次社团组织、俱乐部或志愿者活动。（没有

请填"0")

28. 在学习或生活上遇到困难，你常常向谁寻求帮助？_____（可多选）

①教师 ②同学 ③父母 ④好朋友 ⑤邻居 ⑥亲戚 ⑦其他

29. 平时父母（或监护人）与你交流时，主要讨论以下哪些内容？_____（可多选）

①安全 ②学习 ③饮食 ④与同学的交往 ⑤与教师的关系 ⑥情绪感受（是否开心）

30. 上周父母（或监护人）辅导或检查你的家庭作业的次数是_____。
①没有 ②1~2次 ③3~4次 ④5~6次 ⑤每天都检查

31. 在班上你是否担任班干部？① 是 ②否

32. 在班上你有_____个关系要好的朋友，其中有_____个是本地同学。（请填数字）

33. 在学校有人欺负你吗？① 有 ②没有

34. 你在班上的学习成绩属于_____。
①前几名 ②中上 ③中等 ④中下 ⑤后几名

35. 目前，你感觉学习哪些课程有困难？_____（可多选）
①语文 ②数学 ③英语 ④其他

36. （1）你认为语文教师教得好吗？
①非常好 ②比较好 ③一般 ④不太好 ⑤很不好

（2）你认为数学教师教得好吗？
①非常好 ②比较好 ③一般 ④不太好 ⑤很不好

（3）你认为英语教师教得好吗？
①非常好 ②比较好 ③一般 ④不太好 ⑤很不好

37. 每天放学之后，你用于学习的时间大约有_____小时。（请填数字）

38. 当你在学习中遇到困难时，教师是否会专门辅导你？① 是 ②否

39. 你对现在就读的学校满意吗？
①非常满意 ②满意 ③一般 ④不满意 ⑤非常不满意

40. 你对现在就读的班级满意吗？
① 非常满意 ②满意 ③一般 ④不满意 ⑤非常不满意

41. 教师关心你的学习和生活吗？
①从不关心 ②很少关心 ③一般 ④比较关心 ⑤经常关心

42. 你喜欢上学吗？

①特别喜欢　②比较喜欢　③无所谓　④比较讨厌　⑤非常讨厌

43. 你认为读书重要吗？

①非常重要　②比较重要　③无所谓　④不太重要　⑤根本不重要

44. 你是否希望自己将来上大学？

①是　②否

45. 你的父母是否希望你将来上大学？

①是　②否

46. 您觉得自己现在是_____。

① 城里人　②既是城里人，也是农村人　③既不是城里人，也不是农村人　④农村人　⑤不好说

47. （1）总体看，你适应这所学校的学习和生活吗？

①非常适应　②比较适应　③一般　④不太适应　⑤完全不能适应

（2）如果有不适应的方面，主要包括_____。（可多选）

①吃饭和住宿不习惯　②想家　③课余生活太单调　④教师口音和方言重，听课有困难　⑤对教师的教学方式不适应　⑥成绩跟不上　⑦对教材不适应　⑧与同学相处不融洽　⑨其他

48. 如果条件允许，你最希望在哪里上学？

①农村　②乡镇　③县城　④大城市

49. 初中毕业后，你打算_____。

① 在农村老家读高中　②在农村老家读中职　③在城市读高中　④在城市读中职　⑤打工

50. 以下说法中，请选出最符合你实际情况的选项：（请在表格中打"√"）

说法	完全不符合	不太符合	比较符合	完全符合
（1）对于身体发育带来的变化，我不紧张				
（2）性的发育没有给我带来烦恼				
（3）我不为自己的外貌、体态苦恼				
（4）当遇到不顺心的事时，我有办法让自己开心				
（5）尽管不顺心，我仍然能坚持做该做的事				
（6）在现实生活中，我的积极情绪多于消极情绪				

续表

说法	完全不符合	不太符合	比较符合	完全符合
（7）在日常生活中，我能根据情境表现出相应的情绪				
（8）我能从艰苦的生活中找到乐趣				
（9）我和父母有很多交谈的话题				
（10）和教师、同学相处的时候，我感到轻松愉快				
（11）同学比较喜欢和我谈心里话				
（12）我觉得别人以友好的眼光看待我				
（13）我能把新旧知识联系起来学习				
（14）我能根据学习任务选择或改进学习方法				
（15）在学习上我有适合自己的目标和计划				
（16）我觉得学习很有意思				
（17）在教师面前我知道该说什么和该做什么				
（18）我感到自己在社会上是一个有用的人				
（19）在群体活动中，我觉得自己能扮演合适的角色				
（20）我总是将生活安排得井井有条				
（21）我清楚自己每天该干什么				
（22）我能合理支配自己的金钱				
（23）我认为自己是个聪明的学生				
（24）我经常感到很孤独				
（25）我认为大部分同学值得信任				
（26）我认为大部分教师值得信任				
（27）在学校我受到了公平的对待				
（28）我从未感受到同学对我有排斥				
（29）我适应现在的学习节奏				
（30）我适应教师的教学方式				
（31）我适应现在的教材				

问卷结束，谢谢你！

　　　　省　　　市　　　县（区、市）　　　　乡镇（街道）　　　学校　　班

城镇化进程中教育发展研究（教师卷）

尊敬的教师：

　　您好！为了解您的教育、教学情况，推动教师专业发展，我们设计了此问卷。本问卷采取匿名方式，请您根据真实情况回答。如未特别说明，题目一般为单项选择题。感谢您的配合与支持！

华中师范大学课题组
二〇一五年十月

1. 您的性别是：①男　②女
2. 您的民族是：①汉族　②少数民族（　　　　族）
3. 您的年龄是　　　　岁，您的教龄是　　　　年。
4. 您已在本校工作　　　　年，曾经在农村工作过　　　　年。（没有请填"0"）
5. 您的婚姻状况是：①未婚　②已婚　③其他
6. 您最初参加工作时的学历是　　　　，您的最高学历是　　　　。（请分别填写序号）

①小学　②初中　③高中　④中专　⑤大专　⑥本科　⑦研究生

7. 读高中（中专）之前，您主要生活在　　　　。

①农村　②乡镇　③县城　④地级市　⑤省会城市（直辖市）

8. 您是　　　　。

①本县（市）人　②本省其他县（市）人　③外省人

9. 您现在的职称是　　　　。

①初级　②中级　③高级　④未评或其他

10. 您属于　　　　。

①公办教师　②特岗（省编）教师　③代课教师　④其他

11. 您的工资收入（包括基本工资、绩效工资、津贴、奖金等）约为　　　　万元/年。
12. 您在中小学读书时，有没有如下经历？

（1）父母在外打工，自己留在老家上学　①有过　②没有

（2）随父母到外地上学　　　　　　　　①有过　②没有

13. 您现在是班主任吗？

①否

②是——
> （1）您担任班主任共有_____年。
> （2）您班里有学生_____人，其中随迁子女_____人，留守儿童_____人。（没有请填"0"）

14. 您是否愿意担任班主任？

①是

②否——>您不愿意担任班主任的原因是_____。（可多选）

①班主任待遇低　②学生不好管理　③精神压力大　④工作太繁杂　⑤身体吃不消　⑥花费太多时间　⑦家庭不支持　⑧不喜欢和学生打交道　⑨其他

15. 您现在任教的主要学科是_____，总共担任_____门课的教学工作。

①语文　②数学　③外语　④其他

16. 您每周要上_____节课，其中使用信息化教学手段的有_____节课。（请填数字）

17. 在教育教学过程中，您使用信息技术的频率大约是_____。

①基本不使用　②每周1~2次　③每周3~4次　④每周5~6次　⑤每次上课都用

18. 您对于在教学过程中运用信息技术的态度是_____。

①非常愿意　②比较愿意　③无所谓　④不太愿意　⑤非常不愿意

19. 您觉得幸福吗？

①非常不幸福　②不幸福　③一般　④比较幸福　⑤非常幸福

20. 您有离开现在学校的想法吗？

①没有

②有——>
> A. 如果打算离开现在的学校，您的去向是_____。
> ①去较好的学校工作　②去差不多好的学校工作　③去较差的学校工作　④转行
> B. 您打算离开现在学校的原因是_____。（可多选）
> ①收入低　②工作量大　③工作条件差　④教师社会地位低
> ⑤学校风气不好　⑥不能实现自我价值情感　⑦家庭因素　⑧其他

21. 您是否欢迎随迁子女或留守儿童到您班上就读？
①非常欢迎　②比较欢迎　③无所谓　④不太欢迎　⑤非常不欢迎
22. 您对随迁子女在城市地区参加"异地中考"的态度是：
①非常支持　②比较支持　③无所谓　④不太支持　⑤非常不支持
23. 您对随迁子女在城市地区参加"异地高考"的态度是：
①非常支持　②比较支持　③无所谓　④不太支持　⑤非常不支持
24. 下列描述中，请在符合您情况的方格中打"√"。

描述	非常不同意	不同意	有点不同意	有点同意	同意	非常同意
（1）在教育上，体罚是不可避免的						
（2）在学生犯错时，善于使用沟通技巧才是成功的教师						
（3）只要不造成学生身体上的伤害，适度的体罚是允许的						
（4）管理学生应从爱护学生的角度出发						
（5）教师应尊重学生不同的意见						
（6）教师应鼓励学生自我管理，培养其自主性						
（7）对学生友善，会使他们变得太随意						
（8）学生无法分辨"民主管理"与放任的区别						
（9）学生通常会故意捣乱，让教师难堪						
（10）班级制度应由教师和学生共同制定						
（11）师生之间应保持距离，以维持教师威严						
（12）教师要经常提醒学生：在学校中，学生的地位与教师不同						
（13）教师除了书本上的知识，还要传授情感、态度和价值观						

续表

描述	非常不同意	不同意	有点不同意	有点同意	同意	非常同意
（14）教学的关键在于激发学生的内在学习动机						
（15）在教学活动中，教师应给予学生更多的思考机会，而不是强调反复地背诵与练习						
（16）教师应鼓励学生根据自己的能力与兴趣，采用不同的学习方式						
（17）对同一班级的学生，可以采用相同的教学方式、教学内容						
（18）应综合评价学生，而不仅仅是依据考试成绩						
（19）教师不应该用统一的标准来评价所有学生						
（20）教师应给学生成绩排名，以了解学生的学习情况						
（21）除了知识评价，还要评价学生的情意与技能						
（22）"考试"比"观察"更能了解学生的学习						
（23）教师最主要的工作是传授学科知识及技能						
（24）能提高学生的考试成绩，就是"好教师"						
（25）一名合格的教师应不断反思自己的教学						
（26）学生都有依赖性，不会主动地学习						

续表

描述	非常不同意	不同意	有点不同意	有点同意	同意	非常同意
(27) 学生的主要任务就是认真听讲，按时交作业						
(28) 学生之间应互相帮助，而不是彼此竞争						
(29) 学生应该对自己的学习负责						
(30) 教师应尽其所能地帮助每个学生						
(31) 每个孩子都有平等的受教育权利						
(32) 每个孩子都有成功的可能						
(33) 教师应该包容学生的缺点和所犯的错误						
(34) 教师应该用欣赏的眼光看待每个学生						
(35) 有必要对随迁子女或留守儿童单独编班						
(36) 有必要对随迁子女或留守儿童专门辅导						
(37) 有必要对随迁子女或留守儿童因材施教						
(38) 我希望一辈子当教师						
(39) 我对目前的工作状况很满意						
(40) 作为一名教师，我感到很自豪						

问卷结束，谢谢您！

_____省_____市_____县（区、市）_____乡镇（街道）_____学校

城镇化进程中教育发展研究（学校卷）

尊敬的校长/学校负责人：

您好！为了解学校发展的基本情况，我们设计了以下问卷。请您根据实际情况作答，所有信息仅供学术研究之用。衷心感谢您的配合与支持！

华中师范大学课题组
二〇一五年十月

1. 贵校的情况属于：

（1）①公办学校　②民办学校　③打工子弟学校　④其他_____

（2）①教学点　②完全小学　③初中　④九年一贯制学校　⑤完全中学

（3）①乡村学校　②乡镇学校　③城区学校

（4）①平原　②丘陵　③山区　④其他_____

（5）①寄宿制学校　②非寄宿制学校

2. 贵校的生均公用经费拨付标准是：（1）小学_____元/生；（2）初中_____元/生。

3. 目前，贵校周边房价约为_____万元/平方米。

4. 贵校在校生有____人，班级有____个。

——→如果贵校有随迁子女，其比例约为_____%。

——→如果贵校有留守儿童，其比例约为_____%。

5. 贵校专职教师有____人，平均年龄约为____岁，其中35岁以下教师比例约为_____%。

6. 贵校女教师比例约为_____%。

7. 教师学历情况：

学历	教师人数
高中（中专）及以下	
大专或本科	
研究生（硕士、博士）	
合计	

8. 2012—2015 年，贵校新进教师_____人，调走教师_____人，退休教师_____人。

9. 贵校在本地学校中属于：

①排名靠前　②中上　③中等　④中下　⑤排名靠后

10. 学校所在区域尊师重教的氛围：

①非常浓厚　②比较浓厚　③一般　④不太浓厚　⑤非常不浓厚

11. 近 5 年来，贵校是否经历过学校布局调整？　①是　②否

12. 如果对您所在的学校粗略描述，您觉得学校处于何种发展阶段？

①生存堪忧　②生存无忧，发展乏力　③发展势头良好

④步入优质学校行列　⑤优质特色发展（有特色、口碑好）

问卷结束，谢谢您！